高职高专财务会计类专业规划教材

# Excel 在财务中的应用

第 2 版

主　编　张　颖

副主编　章　莹

参　编　宋士显　宋　奕

机 械 工 业 出 版 社

本书设计了一家制造企业的财务工作情境，以各个工作任务为主线，详细介绍在每个工作任务中 Excel 2013 软件的常用功能及应用。学习者可以按照书中对小技巧的归纳，对照范例文件进行实际操作，从而快速有效地掌握 Excel 在解决会计工作中的技能，帮助减轻会计工作强度，提高工作效率。本书以理论够用为尺度，突出各种方法的运用，案例丰富，内容翔实。每个项目都列举了大量的例题，并附有实训内容，以便学生课后学习使用。

全书内容丰富，主要包括绪论、Excel 在财务会计表格制作、账务处理、财务报表、职工薪资管理、固定资产管理、进销存管理等内容。

本书可作为高职高专院校财经类相关专业的教材，也可作为实训辅助教材，还可供企事业单位财务工作者学习参考。

为方便教学，本书配备了电子课件等教学资源。凡选用本书作为教材的教师均可登录机械工业出版社教育服务网 www.cmpedu.com 免费下载。如有问题请致电 010-88379375 联系营销人员，或联系 QQ：945379158。

**图书在版编目（CIP）数据**

Excel 在财务中的应用/张颖主编. —2 版. —北京：机械工业出版社，2019.1（2020.1 重印）

高职高专财务会计类专业规划教材

ISBN 978-7-111-61676-4

Ⅰ. ①E… Ⅱ. ①张… Ⅲ. ①表处理软件—应用—财务管理—高等职业教育—教材 Ⅳ. ①F275-39

中国版本图书馆 CIP 数据核字（2018）第 297308 号

机械工业出版社（北京市百万庄大街 22 号 邮政编码 100037）

策划编辑：孔文梅　　责任编辑：孔文梅　乔　晨

责任校对：王　欣　　封面设计：鞠　杨

责任印制：张　博

三河市宏达印刷有限公司印刷

2020 年 1 月第 2 版第 2 次印刷

184mm×260mm · 12 印张 · 273 千字

标准书号：ISBN 978-7-111-61676-4

定价：35.00 元

电话服务

客服电话：010-88361066

010-88379833

010-68326294

网络服务

机　工　官　网：www.cmpbook.com

机　工　官　博：weibo.com/cmp1952

金　　书　　网：www.golden-book.com

机工教育服务网：www.cmpedu.com

# 前　言

在当今信息时代，数据的收集和信息的处理显得越发重要。Excel 是目前关于电子表格处理的最流行的软件之一，具有强大的计算、分析和图表等功能，也是公司最常用的办公数据表格软件之一。它极大地降低了各大公司机构管理人员处理数据资料的难度，使公司对各相关数据资料的收集和归类分析的效率大大提高。

目前，我国很多高等院校的财经专业都开设了 Excel 财务应用类课程，而高职院校的教学则更注重对学生实际应用能力的培养，为了帮助高职院校的教师能够比较全面、系统地讲授这门课程，帮助学生在以后的工作中能够熟练使用 Excel 来处理公司相关的财务数据，编者结合多年应用 Excel 处理财务数据的实践经验，编写了这本《Excel 在财务中的应用（第 2 版）》。本书在实例的基础上，将会计工作细分为若干个任务，通过任务将 Excel 的各种功能融入其中，边学边练，使得学习者可以很好地将知识技能应用到实践中。

本书所有内容的编写均以 Microsoft Office Excel 2013 为基本工具。全书包括六个项目，主要内容如下：

项目一　Excel 制作财务会计表格。通过职工信息表的制作，重点使学习者熟悉 Excel 关于工作表保护，单元格操作，简单的文本函数、时间函数的操作等。

项目二　Excel 在账务处理中的应用。介绍 Excel 在建立会计科目、编制会计凭证和各种账簿中的应用，重点使学习者掌握查找函数、引用函数、数据透视表的应用等。

项目三　Excel 在财务报表中的应用。介绍 Excel 在编制会计报表中的应用，重点使学习者掌握跨表引用技巧、条件求和函数等。

项目四　Excel 在职工薪资管理中的应用，介绍 Excel 在编制薪资管理系统中的应用，重点使学习者掌握数组函数、筛选及数据分析工具等。

项目五　Excel 在固定资产管理中的应用，介绍 Excel 在编制固定资产管理系统中的应用，重点使学习者掌握取数函数、财务函数、画图功能等。

项目六　Excel 在进销存管理中的应用，介绍 Excel 在处理进销存业务中的应用，使学习者掌握分类汇总、条件格式等。

《财政部 税务总局关于调整增值税税率的通知》（财税[2018]32 号）指出，自 2018 年 5 月 1 日起，纳税人发生增值税应税销售行为或者进口货物，原适用 17%税率的，调整为 16%。《财税部 税务总局 海关总署关于深化增值税改革有关政策的公告》（财政部、税务总署、海关总署公告 2019 年第 39 号）指出，增值税一般纳税人发生增值税应税销售行为或者进口货物，自 2019 年 4 月 1 日起，原适用 16%税率的，调整为 13%；原适用 10%税率的，调整为 9%。

此外，个人所得税和财务报表格式也做了较大调整，编者结合最新税收及会计政策对本书进行了修订，由于编者水平有限，书中难免存在疏漏与不当之处，敬请读者批评指正。

为适应教师教学和学生学习的需要，书中每个任务都配有相应的案例以帮助学生随堂巩固新学知识；书中每个任务都有小技巧，便于学生对所学基础知识点的了解和掌握；书中还配有小提示，用于帮助解决一些容易被忽视的注意点；书中的实训内容为拓宽学生的知识面提供了良好的帮助。

本书由张颖任主编，章莹任副主编，参与编写的还有宋士显和宋奕。

本书在编写过程中，参考了一些相关著作和文献，在此向这些著作和文献的作者表示衷心的感谢。

编　者

# 目　录

# 绪　论

## Excel 2013 简介

Excel 是目前关于电子表格处理的最流行的软件之一，具有强大的计算、分析和图表等功能，也是最常用的办公数据表格软件之一。Excel 2013 是继 Excel 2010 后推出的升级版，相比较以前版本，2013 版本还新增了很多功能。

### 一、Excel 2013 界面

启动 Excel 2013，进入其工作界面。Excel 2013 工作界面主要由标题栏、功能区、名称框、编辑栏、工作表区、状态栏六部分组成，如图 0-1 所示。

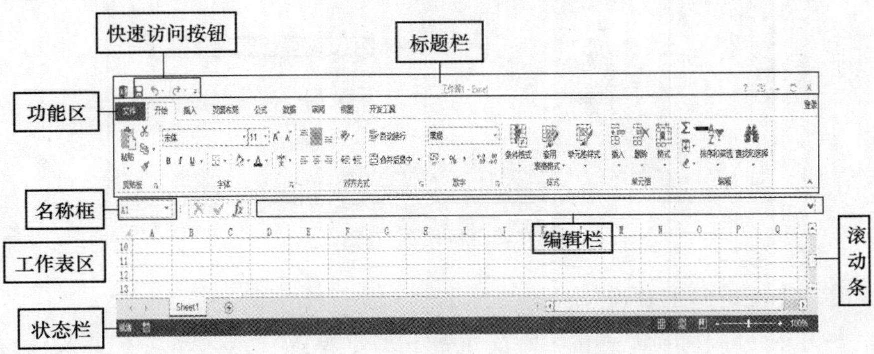


图 0-1　Excel 2013 工作界面

（1）标题栏。位于工作簿的最上面，显示的是一个 Excel 工作簿文件的名称，新建一个文件时，系统自动以工作簿 1、工作簿 2 等命名，可以在保存时进行文件的重命名。

（2）功能区。默认情况下包括文件、开始、插入、页面布局、公式、数据、审阅和视图八个选项卡。

（3）名称框。用来定义当前单元格或单元格区域的名字，如果没有定义名字，则在名称框中显示活动单元格的地址名称。

（4）编辑栏。在名称框的右边，是输入数据和编辑单元格数据的地方。

（5）工作表区。由单元格、行高、列宽、滚动条及工作表标签组成。一个工作表最多有 1048576 行×16384 列。

（6）状态栏。位于工作表窗口的最下端，用来显示 Excel 当前的工作状态。在对单元格进行编辑时，状态栏的最左端就会显示“输入”字样，输入完毕后恢复到“就绪”字样。在状态栏空白处，右击可以自定义状态栏显示的内容。在状态栏的右下角，可以对工作簿视图进行调整，Excel 分别提供了普通视图、页面布局和分页预览三种模式供使用者选择。下面对功能区中几个重要的选项卡做简单的介绍。

1. “文件”功能区

在“文件”功能区里，会出现新建、打开、保存、另存为、打印、共享、选项等功能，其中特别要介绍的是“选项”功能。单击“选项”按钮，会弹出“Excel 选项”对话框，在这个对话框中，有很多功能是很有实用价值的，可以对工作起到事半功倍的效果。

**小技巧 0-1　自定义功能区**

在“自定义功能区”选项中，可以自主设置“主选项卡”和“工具选项卡”包含的内容，还可以依据使用者的需要将常用的功能添加到“主选项卡”中，如勾选“自定义功能区”中的“开发工具”复选框，这就意味着在主选项卡中多了一个“开发工具”选项卡，如图 0-2 所示。

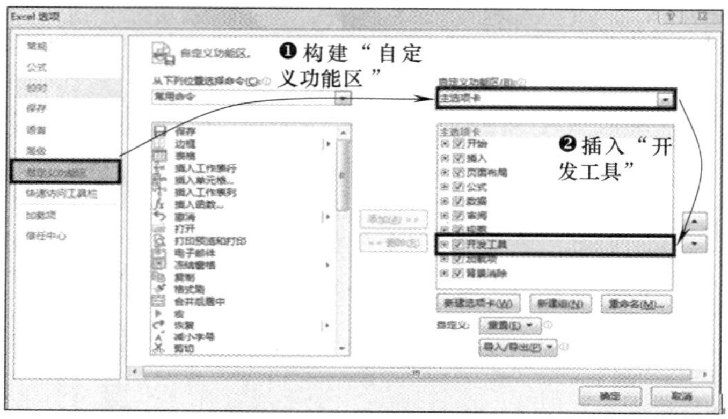


图 0-2　自定义功能区

**小技巧 0-2　快速访问工具栏**

当前自定义的“快速访问工具栏”选项中包含了保存、撤销和恢复三个按钮，如果需要添加、删除其余功能，可以从“常用命令”中选择，如添加“表格”到“快速访问工具栏”，则从“常用命令”中找到“表格”，然后单击“添加”按钮，就会在右边的框中出现“表格”，也就意味着在“快速访问工具栏”中出现了“表格”按钮，如图 0-3 所示。

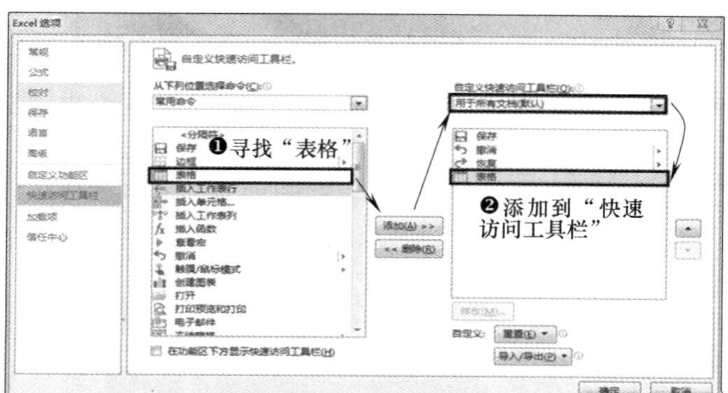


图 0-3　快速访问工具栏

### 2．“开始”功能区

在默认的情况下，“开始”功能区拥有剪切板、字体、对齐方式、数字、样式、单元格和编辑七大功能，单击某一个工具将弹出与该工具相关的菜单列表，每一个菜单项对应一个具体的功能。

### 3．“插入”功能区

在默认的情况下，“插入”功能区涵盖了表格、插图、应用程序、图表、报告、迷你图、筛选器、链接、文本和符号十大工具栏，如图 0-4 所示。“插入”功能区承载了在 Excel 工作表中嵌入图表图形的处理能力。其中，数据透视表、数据透视图以及图表是使用很广泛的功能，会在后面的业务中经常出现，因此放到后面详细讲解。其他比较突出的是在 2010 版本之后才出现的“迷你图”这个工具，对于它的使用将在接下去的新功能中加以详细讲解。

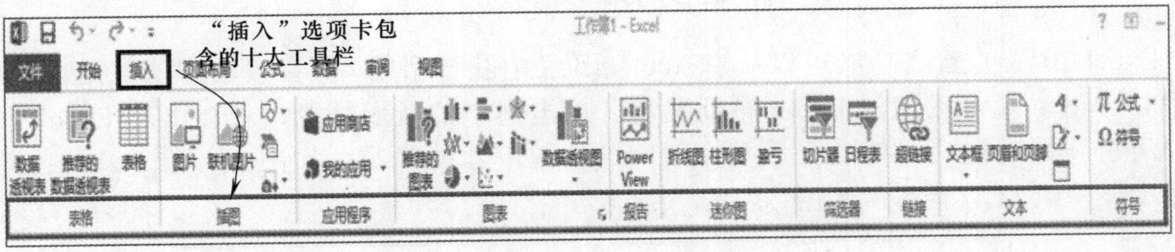


图 0-4 “插入”功能区

### 4．“公式”功能区

“公式”功能区是 Excel 的核心功能之一，承载了函数库、定义的名称、公式审核与计算四大功能，如图 0-5 所示。其中最为复杂的是函数库，包括财务函数、逻辑函数、文本函数、日期和时间函数、查找与引用函数、数学和三角函数，以及其他函数。具体函数与公式的使用将在后面项目中详细介绍。

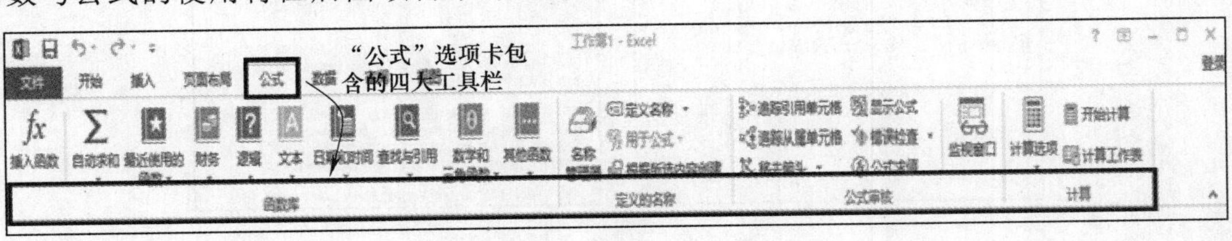


图 0-5 “公式”功能区

### 5．“数据”功能区

“数据”功能区也是 Excel 的核心功能之一，包含了获取外部数据、连接、排序和筛选、数据工具和分级显示，如图 0-6 所示。此功能主要用于在 Excel 工作表中进行数据处理方面的操作。其中排序和筛选及数据工具使用较多，将在后面进行详细讲解。

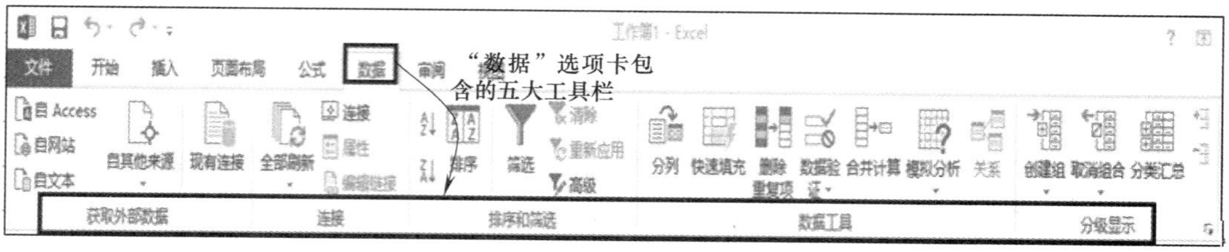


图 0-6 “数据”功能区

### 6.“审阅”和“视图”功能区

“审阅”功能区中最常用的是保护工作表、保护工作簿、允许用户编辑区域等功能，主要用于对编辑的工作表进行保护。“视图”功能区中最常用的是窗口功能，如冻结窗格、全部重排等，主要是为了在表格视觉上能根据需要来进行展示。

## 二、Excel 2013 新增功能

Excel 2013 的新增功能可以从“Excel 帮助”中获得帮助，最直接的方法就是在 Excel 中按<F1>键，就可以调出 Excel 帮助文件。单击其中的新增功能，就会出现 Excel 2013 中的所有新增功能，当然这必须是在联网的情况下才能观看，如图 0-7 所示。这些新增功能中，有几个功能非常好用，我们一起来学习学习。

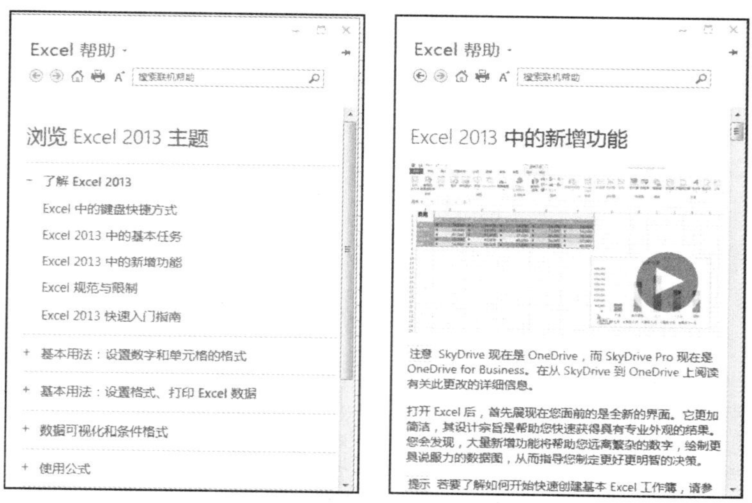


图 0-7 Excel 2013 新增功能

### 1.“快速填充”功能

我们最希望在使用软件时能够帮助我们提高效率，这个时候“快速填充”功能就像能摸透你的心思一样帮助你事半功倍。这个功能可以用于很多方面。

（1）自动填充。在填充数据时，如果已经拥有类似的序列，如图 0-8 中的 A2:A7，那么可以在 B2 单元格输入 1，向下拖动填充柄进行复制。单击右下角按钮，在弹出菜单选择“快速填充”，或者单击“数据”功能区“数据工具”组的“快速填充”按钮，很快就可以完成该序列的自动填充，如图 0-8 所示。

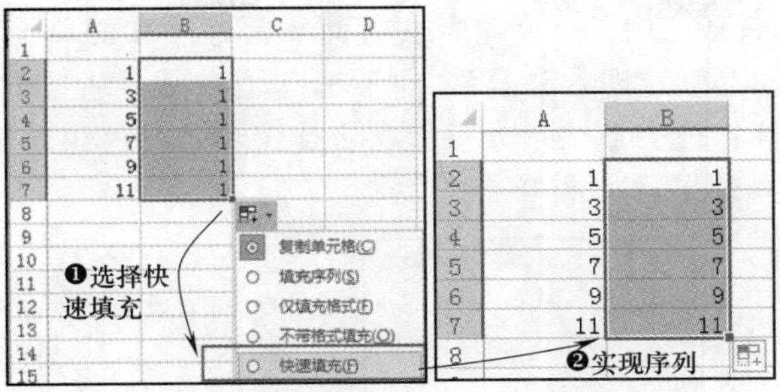


图 0-8　自动填充的效果图

**小提示**

“快速填充”功能在使用时，要注意参照物必须具有一定的规律，否则将无法实现快速填充。所以有的时候你如果希望能够借助快速填充功能，则在输入文本时就需要有规律性地输入。

（2）自动拆分。很多时候，我们需要将某些数值进行拆分，Excel 2013 的“快速填充”功能就可以实现数值的自动拆分。例如，我们需要自右向左拆分，并保留最右侧的第 1 位数字。那么可以在第一个单元格输入最右侧的第 1 位数字，向下拖动至指定位置，单击“快速填充”按钮，此时 Excel 2013 会自动完成智能填充，如图 0-9 所示。

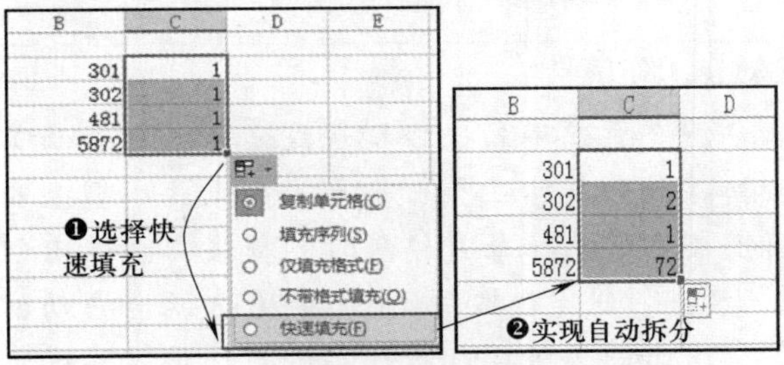


图 0-9　数字自动拆分的结果

按照类似的方法可以对日期、文字进行自动拆分，它会按照从你的数据中识别的模式，一次性输出剩余数据。例如，在一个工作表中有一组职工的名单，现在想把这组名单的职务和姓名区分开来，如图 0-10 所示，只需要在 B2 单元格中输入“孟欣然”，然后往下拖动，选择“快速填充”按钮，就可以将人名全部拆分出来。但是，在拆分时有可能会出错，如对某些相同的数值，Excel 2013 可能难以判别；如果字段不一样长，取数也会出现错误。

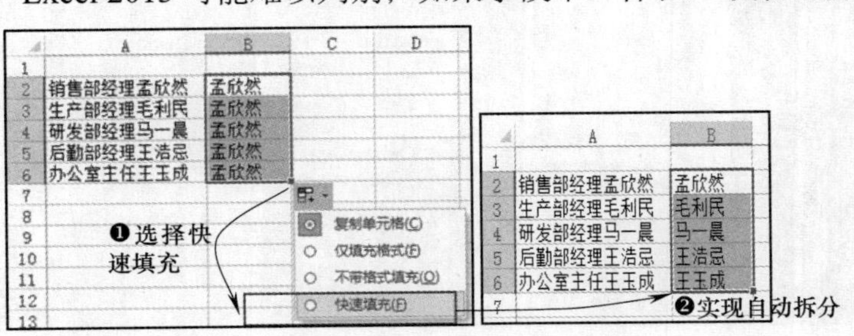


图 0-10　对文字自动拆分的结果

（3）自动合并。Excel 2013 在自动合并方面非常好用和简单。只要第一个单元格输入合并之后的结果，如“总经理刘晓晨”，向下拖动填充柄至适当位置，此时你会看到单元格都显示相同的内容；选中这些单元格，在快捷菜单选择“快速填充”，我们就可以迅速看到更新之后的合并效果，如图 0-11 所示。

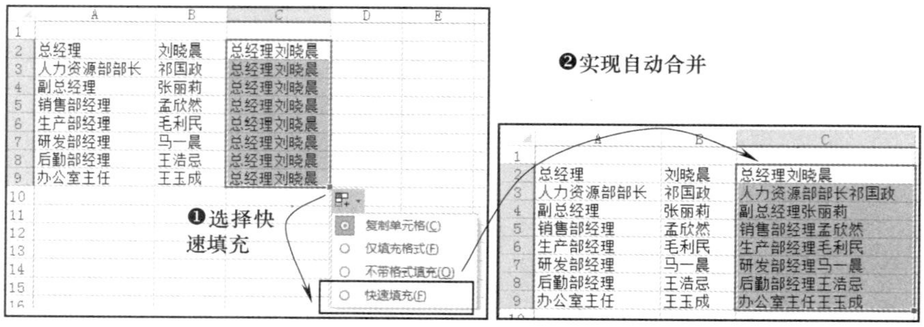


图 0-11　对自动合并的操作及结果

不过在实际应用过程中，Excel 2013 的“快速填充”功能有时会出现这样或那样的问题，如字符相邻内容相同时的拆分结果不完美，数值日期重复时拆分结果出错，字数不一样时拆分结果不够智能等。不过瑕不掩瑜，“快速填充”功能还是提供了很便捷的帮助。

2. 图表分析更加方便

**小技巧 0-3　模板式创建工作簿**

启动 Excel 2013 后，就会自动进入选择模板或空白工作表的界面，新增功能中为用户制作了多种类型的表格，如预算、业务、个人、列表、小型企业等，如图 0-12 所示。

我们选择其中一项模板，如选择每月销售预测模板，会弹出创建每月销售预测的对话框，如图 0-13 所示。单击“创建”按钮，Excel 2013 就会自动创建每月销售预测的工作簿，然后就可以对已经给出的模板稍加修改后进行使用。

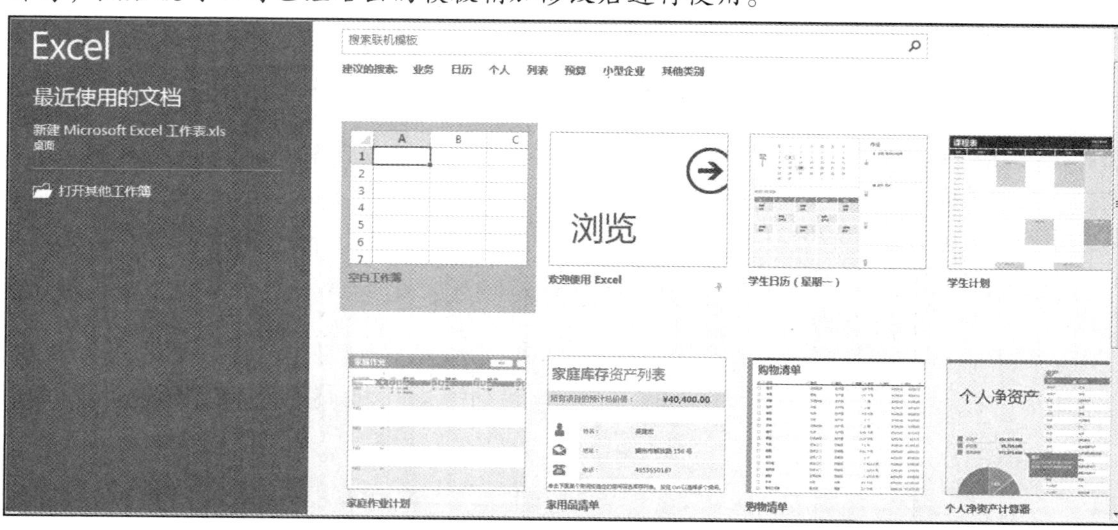


图 0-12　多种表格模板

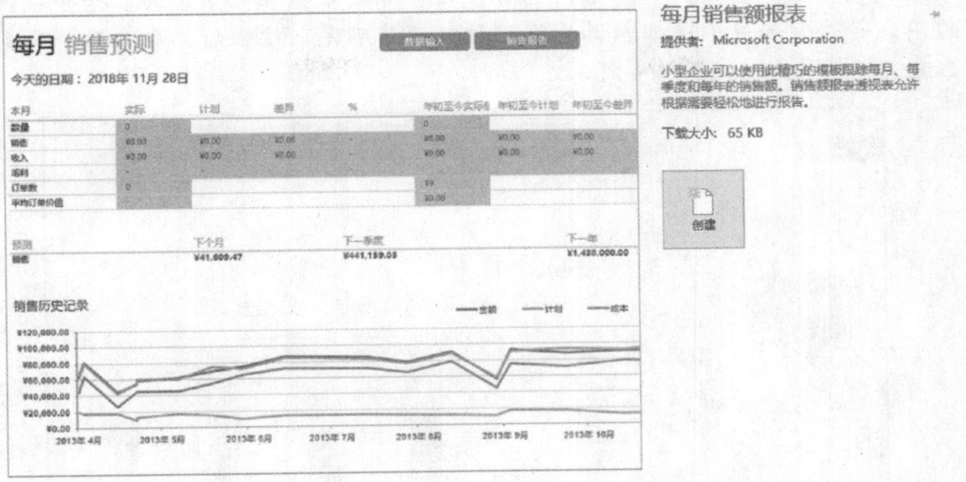


图 0-13 每月销售预测模板对话框

## 小技巧 0-4 为数据创建合适的图表

我们在用图表表示数据时，往往会纠结于到底选用哪一种特别适合数据的图表，在 Excel 2013 中，通过新增的“推荐的图表”功能，可以针对我们给出的数据推荐最合适的若干种图表，然后可以根据需要选择你想展示的某种类型的图表。

我们打开一个“销售明细表”，然后执行“插入”→“图表”→“推荐的图表”命令，就会自动弹出“插入图表”对话框，如图 0-14 所示。

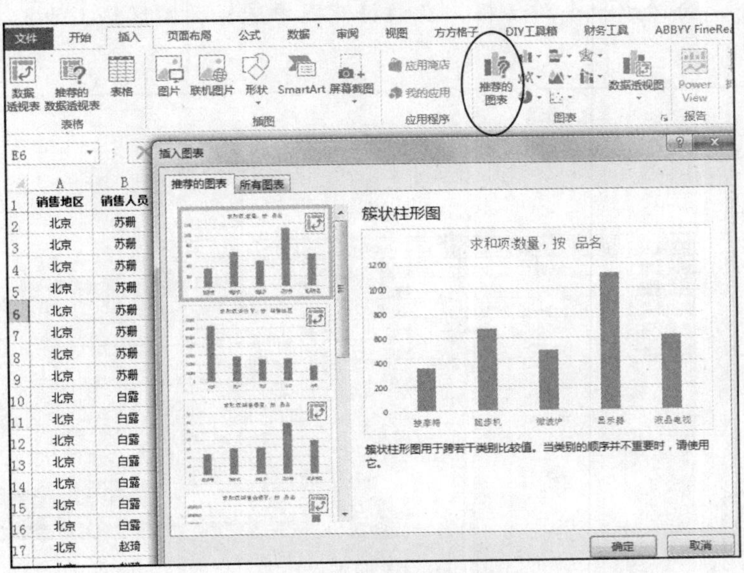


图 0-14 “插入图表”对话框

我们根据滚动条来查看系统推荐的图表类型，并从中选择自己需要的类型，然后单击“确定”按钮，Excel 2013 就会自动制作出图表。对于销售明细表来说，默认图表是按品名分类统计数量的簇状柱形图，也有按销售地区分类统计单价的、按品名统计销售金额的图表等，假如我们选择推荐的第一种，按“确定”按钮后，会自动将数据透视表及图形都显示出来，如图 0-15 所示。

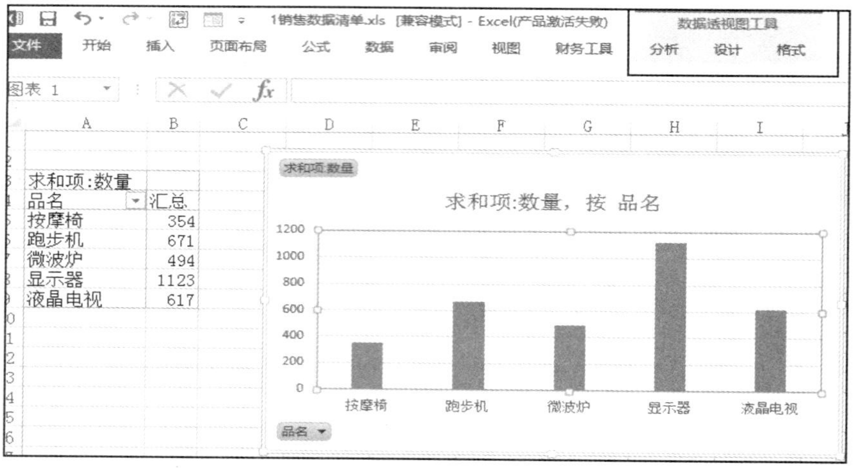

图 0-15　推荐图表功能

## 小技巧 0-5　迷你图

在 Excel 2013 版本中，多了一个迷你图功能，顾名思义，就是这个图形是很迷你的，只在一个单元格中显示。例如，在“各季度各部门销售情况”表中，如果要对第一季度各部门的销售情况做一个分析，这时就需要选中 I5 单元格，执行“插入”→“迷你图”→“折线图”命令，会弹出一个对话框，在数据范围中选择画图区域，也就是 C5:H5 区域，如图 0-16 所示。

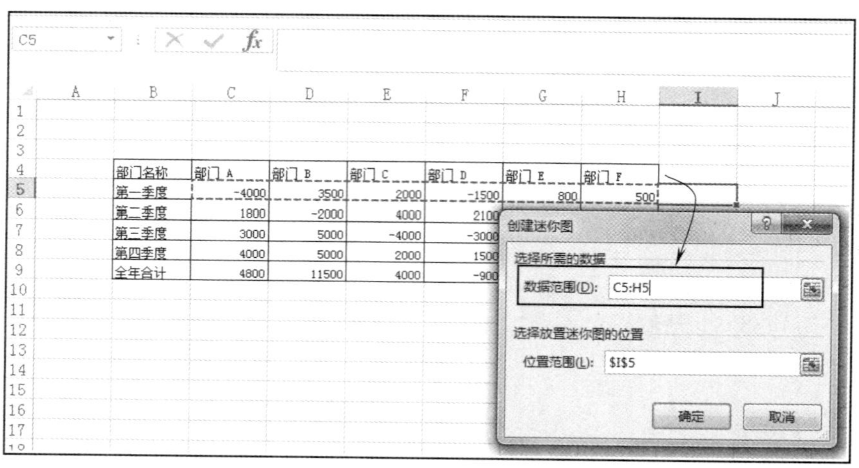

图 0-16　迷你图对话框

单击“确定”按钮后，在 I5 单元格会出现一个折线图，然后将鼠标从 I5 单元格往下拖动到 I9 单元格，图形可以往下复制，如图 0-17 所示。

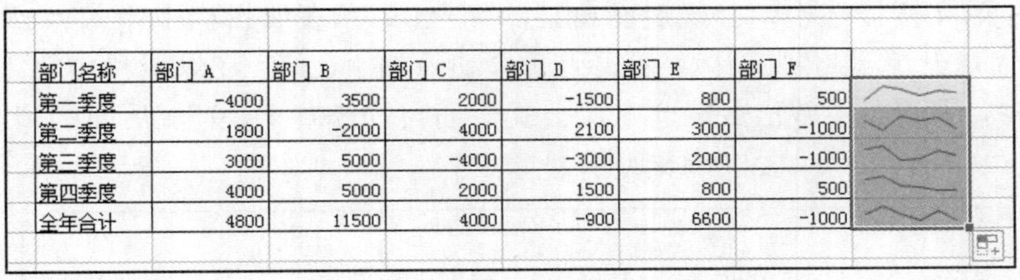

| 部门名称 | 部门 A | 部门 B | 部门 C | 部门 D | 部门 E | 部门 F |
|---|---|---|---|---|---|---|
| 第一季度 | -4000 | 3500 | 2000 | -1500 | 800 | 500 |
| 第二季度 | 1800 | -2000 | 4000 | 2100 | 3000 | -1000 |
| 第三季度 | 3000 | 5000 | -4000 | -3000 | 2000 | -1000 |
| 第四季度 | 4000 | 5000 | 2000 | 1500 | 800 | 500 |
| 全年合计 | 4800 | 11500 | 4000 | -900 | 6600 | -1000 |

图 0-17　迷你图效果图

## 三、Excel 公式和函数基础

### 1．公式的基础

公式是对工作表中的值执行计算的等式。Excel 中的公式始终以等号开头。一般情况下，可以使用常量和运算符创建简单公式。例如，对于公式“=（56+78）/2”，就是常量和运算符结合而成。也可以使用函数创建公式。例如，公式“=SUM（A1:A2）”或者“=SUM（A1, A2）”，都使用 SUM 函数将单元格 A1 和 A2 中的值相加。公式主要包含了以下几个方面：

（1）函数。函数可以简化和缩短工作表中的公式，尤其在用公式执行很长或复杂的计算时。函数输入后用括号括起参数。后面将会对函数基础进行讲解。

（2）单元格引用。利用单元格引用，可以在公式中引用工作表单元格中的数据。例如，某单元格引用 A2，返回 A2 单元格的值或在计算中使用该值。

（3）常量。常量不是通过计算得出的值。例如，数字、文本等均为常量，而表达式或由表达式计算得出的值都不是常量。通常，可以直接在公式中输入数字或文本值等常量。

（4）运算符。运算符是指一个标记或者一个符号，用于指定表达式内执行的计算类型。常用的算术运算符主要有加号“+”、减号“–”、除号“/”及百分号“%”。常用的比较运算符主要有等号“=”、大于号“>”、小于号“<”，大于等于号“>=”、小于等于号“<=”及不等号“<>”。文本连接运算符只有符号“&”，该符号用于将两个文本值连接或串起来产生一个连续的文本值。常用的引用运算符有区域运算符“:”、联合运算符“，”及交叉运算符“ ”（空格）。

### 2．公式的基本操作

（1）输入公式。在 Excel 2013 中，可以通过键盘手动输入公式到工作表中。手动输入 Excel 公式时必须以等号“=”开始，Excel 会将输入的内容作为等式对待。输入完毕后按<Enter>键即可。

如果公式中包含单元格或单元格区域的引用，则也可使用鼠标来辅助输入公式。例如，在“成绩”工作表中计算学生学分积的方法为：学生学分积等于将每门课的成绩乘以学分再乘以 0.01。具体操作如下：

选中要输入公式的 F3 单元格，在编辑栏输入“=”，再输入“（”，单击 B3 单元格，此时 B3 单元格被选中，等号后面自动添加“B3”；在编辑栏中输入“*”，单击 B9 单元格，此时 B9 单元格被选中，公式后面自动添加“B9”；在编辑栏中输入“+”，单击 C3 单元格，此时 C3 单元格被选中，公式后面自动添加“C3”；在编辑栏中输入“*”，单击 C9 单元格，此时 C9 单元格被选中，公式后面自动添加“C9”，后面的步骤类似，最后输入“）*0.01”，结果如图 0-18 所示。

F3 =(B3*B9+C3*C9+D3*D9+E3*E9)*0.01

| | A | B | C | D | E | F | G |
|---|---|---|---|---|---|---|---|
| 1 | 将每门课程的成绩乘以学分再乘以0.01计算出学分积，并汇总总分。 | | | | | | |
| 2 | | 计算机基础 | 大学语文 | 体育 | 高等数学 | 学分积 | 总分 |
| 3 | 马三 | 92 | 77 | 66 | 99 | 9.36 | |
| 4 | 侯林 | 88 | 83 | 77 | 92 | | |
| 5 | 郭儒 | 86 | 55 | 66 | 95 | | |
| 6 | 刘瑞宝 | 75 | 77 | 76 | 97 | | |
| 7 | 高培英 | 80 | 85 | 78 | 96 | | |
| 8 | 黄翔 | 77 | 88 | 87 | 66 | | |
| 9 | 所占学分 | 3 | 3 | 2 | 3 | | |

图 0-18　公式输入举例

（2）公式的引用样式。通过引用，可以在一个公式中使用工作表不同部分中包含的数据，也可以在多个公式中使用同一个单元格的数值。此外，还可以引用同一个工作簿中其他工作表上的单元格和其他工作簿中的数据。引用其他工作簿中的单元格被称为链接或外部引用（外部引用是指对其他 Excel 工作簿中的工作表单元格或区域的引用或对其他工作簿中定义名称的引用）。

1）默认引用样式。默认情况下，Excel 使用 A1 引用样式，此样式引用字母标志列（从 A～XFD）以及数字标志行（从 1～1048576）。这些字母和数字被称为行号和列标，若要引用某个单元格，必须输入行号和列标。例如，A10 表示引用列 A 和行 10 交叉处的单元格，B1:D5 表示引用 B 列～D 列和行 1～行 5 之间的单元格区域；2:2 代表行 2 中的全部单元格等。

2）引用其他工作表中的单元格。引用同一个工作簿中另一个工作表上的单元格区域，如引用“成绩”工作表中的 F3 和 F8 之间的单元格（包括 F3 和 F8），用于计算求和，引用方式为：“=SUM（成绩！F3：F8）”。

（3）公式引用的类型。为满足不同用途的需要，Excel 提供了三种不同的引用类型，即相对引用、绝对引用和混合引用。

1）相对引用。公式中的相对单元格引用（如 A1）是基于包含公式和单元格引用的单元格的相对位置。如果公式所在单元格的位置改变，引用也随之改变。如果多行或多列地复制或填充公式，引用会自动调整。默认情况下，新公式使用相对引用。例如，在“成绩”工作表 G3 单元格中输入公式“=B3+C3+D3+E3”，得到运算结果 334。

选择 G3 单元格，鼠标移至其右下角的填充柄上，当光标变为“+”字形状时，按住鼠标左键向下拖动至 G4 单元格中释放，G4 单元格中复制了单元格 G3 的公式，结果如图 0-19 所示。此时，G4 单元格中的公式变成了“=B4+C4+D4+E4”，单元格引用已经自动变化。

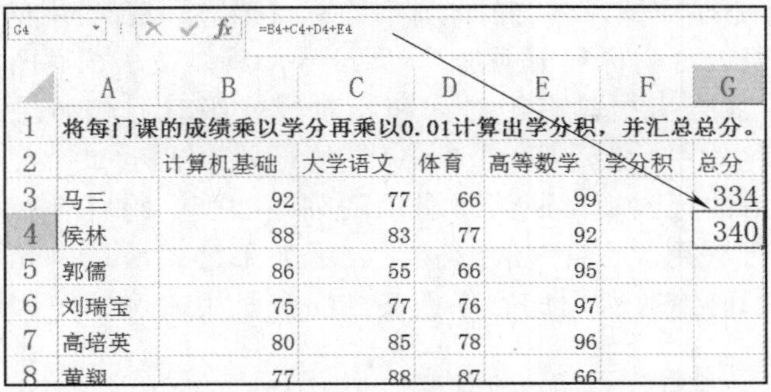


图 0-19 相对引用举例

2）绝对引用。公式中的绝对单元格引用（如“$A$1”）总是在特定位置引用单元格。如果公式所在单元格的位置改变，绝对引用将保持不变。如果多行或多列地复制或填充公式，绝对引用将不做调整。例如，将包含在公式中的绝对引用“$A$1”从单元格 B2 复制或填充到单元格 B3，则仍然是“$A$1”。默认情况下，新公式使用相对引用，用户可以根据需要将它们转换为绝对引用。例如，在“成绩”工作表中计算学分积时，虽然 F3 单元格可以采用图 0-18 时的做法去做，但如果往下复制公式就会出错，因为 B9:E9 区域的学分是不能移动的，因此需要用上“$”符号。具体做法为：在如图 0-18 所示的做法的基础上，将 B9、C9、D9、E9 单元格分别用〈F4〉键实现绝对引用的效果。具体公式如图 0-20 所示。得到 F3 单元格的结果后，往下拖动到 F8 单元格，则可以快速生成其他人的学分积结果。绝对引用的操作及最终结果如图 0-21 所示。

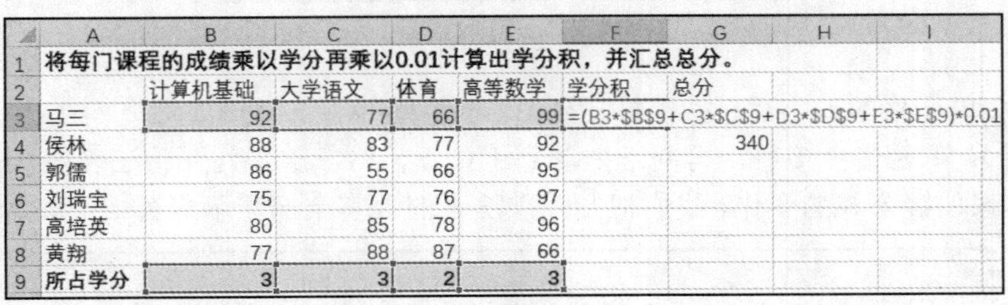


图 0-20 绝对引用公式举例

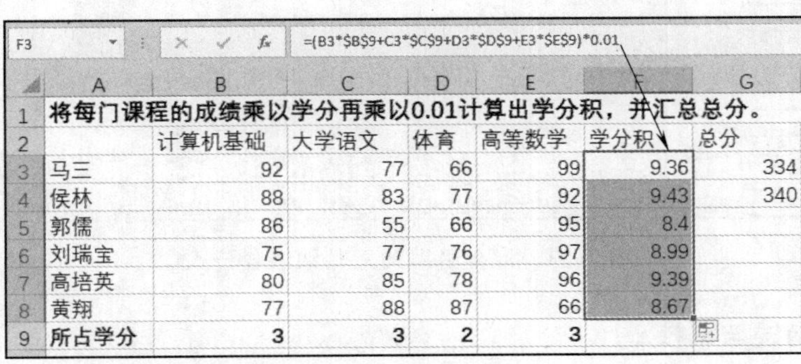


图 0-21 绝对引用结果

按〈F4〉键可以实现相对引用、绝对引用、混合引用之间的转变，绝对引用的表达方式为“$A$1”，也就是行号和列标的前面都有“$”符号；混合引用的表达方式为“$A1”或“A$1”，只在行号或者列标的前面加“$”符号，具体做法在后面详解。

3）混合引用。混合引用具有绝对列和相对行或绝对行和相对列两种形式。绝对列和相对行又称为绝对引用列，采用“$A1”的形式，表示如果公式所在单元格的位置改变，则相对引用的行改变，而绝对引用的列不改变。绝对行和相对列又称为绝对引用行，绝对引用行采用“A$1”的形式，表示如果公式所在单元格的位置改变，则相对引用的列改变，而绝对引用的行不改变。混合引用的例子中比较有名的是九九乘法表的制作。

首先，在第一行的 B1:J1 单元格中输入 1～9 的数字，在 A 列的 A2:A10 单元格中也写上 1～9 的数字。然后，在 B2 单元格中输入乘法口诀的数学公式“=$A2*B$1”，如图 0-22 所示。这个公式中的“$A2”代表无论公式是横向拖动还是纵向拖动，A 列永远保持不变，而行数会相对改变；也就是说，“$A2”代表的是 A 列的数字。“B$1”代表无论公式是横向拖动还是纵向拖动，第一行永远保持不变，列数会相对改变；也就是说，“B$1”代表的是第一行的数字。

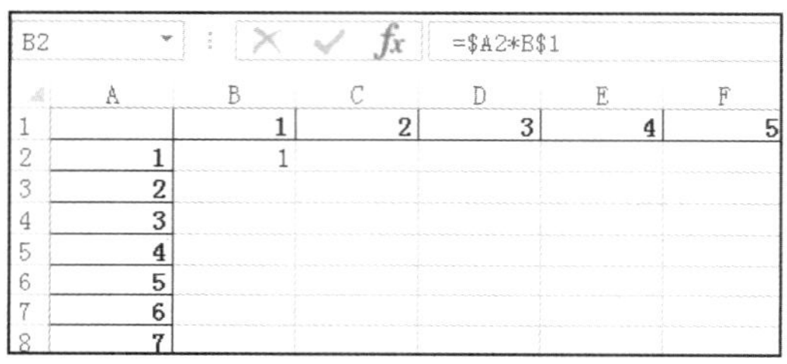


图 0-22　混合引用的公式

求出 B2 单元格的数字后，把鼠标放到 B2 单元格的右下角形成填充柄“+”，然后先往右边拖动到 J2 单元格；接着，再向下拖动到 J10 单元格，整张九九乘法表就全部完成了。为了帮助大家理解公式的变化，我们把九九乘法表的数字全部显示成公式，如图 0-23 所示。

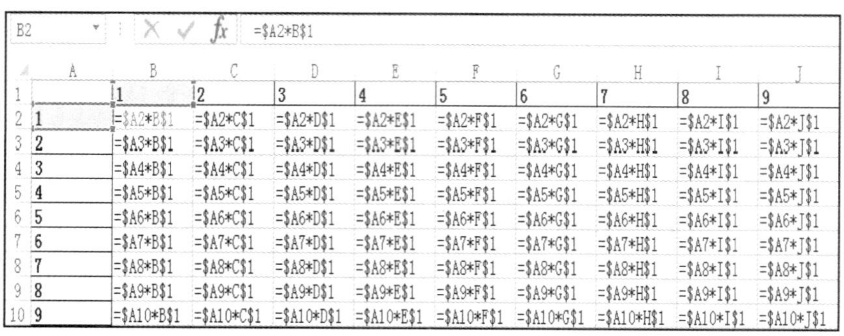


图 0-23　混合引用的九九乘法表公式

### 3．公式的错误与审核

如果使用公式不能正确计算出结果，Excel 将显示一个错误值。每个错误类型都有不同原因和解决方法。

（1）“#####”错误：

可能的错误原因：当列不够宽或者使用了负的日期或时间时，会出现此错误。

可能的解决方法：增加列宽；缩小内容以适合列宽；应用另一种数字格式。

（2）“#DIV/0!”错误：

可能的错误原因：当数字除以零（0）时，会出现此错误。例如：输入的公式中包含明显的除以零的计算；使用对空白单元格或包含零作为除数的单元格的引用。

可能的解决方法：将除数更改为非零值；将单元格引用更改为其他单元格；在单元格中输入一个非零值作为除数；在引用的单元格中输入值“#N/A”作为除数，这样便将公式的结果从“#DIV/0!”更改为“#N/A”，以表示除数不可用；使用 IF 工作表函数来防止显示错误值。

（3）“#N/A”错误：

可能的错误原因：当数值对函数或公式不可用时，将出现此错误。例如：缺少数据，在其位置输入了“#N/A”或“NA（）”；为 HLOOKUP、LOOKUP、MATCH 或 VLOOKUP 工作表函数的 lookup_value 参数赋予了不正确的值；数组公式中使用参数的行数或列数与包含数组公式的区域的行数或列数不一致；内置或自定义工作表函数中省略了一个或多个必需参数；使用的自定义工作表函数不可用；运行的宏程序所输入的函数返回“#N/A”。

可能的解决方法：用新数据替换“#N/A”；确保 lookup_value 参数值的类型正确，在未排序的表中使用 HLOOKUP、LOOKUP、MATCH 或 VLOOKUP 工作表函数来查找值；确保公式所引用的区域具有相同的行数和列数，也可以将数组公式输入更少的单元格；输入函数中的所有参数；确保包含工作表函数的工作簿已经打开且函数工作正常；确保函数中的参数正确，并且位于正确的位置。

（4）“#NAME?”错误：

可能的错误原因：当 Excel 不识别公式中的文本时，会出现此错误。例如：使用 EUROCONVERT 函数，但没有加载“欧元转换工具”加载项；使用不存在的名称；在公式中输入文本时没有用双引号将文本括起来；区域引用中漏掉了冒号；引用的另一个工作表未使用单引号括起来。

可能的解决方法：安装和加载“欧元转换工具”加载项；确保名称确实存在，在“公式”功能区“定义的名称”组中，单击“名称管理器”查看名称是否列出，如果名称未列出，单击“定义名称”以添加名称；将公式中的文本用双引号括起来；确保公式中的所有区域引用都使用了冒号；如果公式中引用了其他工作表或工作簿中的值或单元格，且这些工作簿或工作表的名称中包含非字母字符或空格，用单引号将这个字符括起来。

（5）“#NULL!”错误：

可能的错误原因：如果指定两个并不相交的区域的交点，将出现此错误。例如：使用了不正确的区域运算符；区域不相交。

可能的解决方法：若要引用连续的单元格区域，使用冒号分隔引用区域中的第一个单元格和最后一个单元格，若要引用不相交的两个区域，使用逗号；更改引用以使其相交。

（6）“#NUM!”错误：

可能的错误原因：如果公式或函数中使用了无效的数值，则会出现此错误。例如：在需要数字型参数的函数中使用了无法接受的参数；使用了进行迭代的工作表函数（如IRR 或 RATE），且函数无法得到结果；输入的公式所得出的数字太大或太小，无法在Excel 中表示。

可能的解决方法：确保函数中使用的参数是数字；为工作表函数使用不同的起始值；更改 Excel 迭代公式的次数；更改公式，使其结果介于-1×10307～1×10307 之间。

（7）“#REF!”错误：

可能的错误原因：当单元格引用无效时，会出现此错误。例如：删除其他公式所引用的单元格；将已移动的单元格粘贴到其他公式所引用的单元格上；链接到了不可用的动态数据交换（DDE）主题；运行的宏程序所输入的函数返回“#REF!”。

可能的解决方法：更改公式；在删除或粘贴单元格之后立即单击“撤销”以恢复工作表中的单元格；确保使用的是正确的 DDE 主题；检查函数以确定参数是否引用了无效的单元格或单元格区域。

（8）“#VALUE!”错误：

可能的错误原因：当使用的参数或操作数的类型不正确时，会出现此错误。例如：当公式需要数字或逻辑值时，却输入了文本；输入或编辑数组公式，然后按<Enter>键；将单元格引用、公式或函数作为数组常量输入；为需要单个值（而不是区域）的运算符或函数提供区域；在某个矩阵工作表函数中使用了无效的矩阵；运行的宏程序所输入的函数返回“#VALUE!”。

可能的解决方法：确保公式或函数所需的参数或操作数正确无误，并确保公式引用的单元格中包含有效的值；选择包含数组公式的单元格或单元格区域，按<F2>键编辑公式，然后按<Ctrl+Shift+Enter>组合键；确保数组常量不是单元格引用、公式或函数；将区域更改为单个值；确保矩阵的维度对于矩阵参数是正确的；确保函数未使用不正确的参数。

**4．函数的基础**

Excel 函数是 Excel 内部预先定义的特殊公式，可以执行计算、分析等处理数据的任务，函数最终返回结果为值。函数由两部分组成：①函数名称，如 SUM、AVERAGE、MAX 等，决定了函数的功能和用途。②函数参数，参数规定了函数的运算对象、顺序或结构等，参数可以是一个或多个，多个参数之间以逗号分隔。参数可以是数字、文本、逻辑值、数组、单元格引用等，也可以是公式或其他函数。参数的类型和位置必须满足函数的语法要求，否则将返回错误信息。

（1）函数类型。Excel 函数一共有 11 类，分别是数据库函数、日期与时间函数、工程函数、财务函数、信息函数、逻辑函数、查询和引用函数、数学和三角函数、统计函数、文本函数以及用户自定义函数。

1）数据库函数。当需要分析数据清单中的数值是否符合特定条件时，可以使用数据库工作表函数。例如，在一个包含销售信息的数据清单中，可以计算出所有销售数值大于 1000 且小于 2500 的行或记录的总数。Microsoft Excel 共有 12 个工作表函数用于对存储在数据清单或数据库中的数据进行分析，这些函数的统一名称为 Dfunctions，也称为 D 函数，每个函数均有三个相同的参数：database、field 和 criteria。这些参数指向数据库函数所使用的工作表区域。其中，参数 database 为工作表上包含数据清单的区域；参数 field 为需要汇总的列的标志；参数 criteria 为工作表上包含指定条件的区域。

2）日期与时间函数。通过日期与时间函数，可以在公式中分析和处理日期值及时间值。

3）工程函数。工程函数用于工程分析。这类函数中的大多数可分为三种类型，即对复数进行处理的函数、在不同的数字系统（如十进制系统、十六进制系统、八进制系统和二进制系统）间进行数值转换的函数、在不同的度量系统中进行数值转换的函数。

4）财务函数。财务函数可以进行一般的财务计算，如确定贷款的支付额、投资的未来值或净现值，以及债券或息票的价值。财务函数中常见的参数有：

未来值（fv）—— 在所有付款发生后的投资或贷款的价值。

期间数（nper）—— 投资的总支付期间数。

付款（pmt）—— 对于一项投资或贷款的定期支付数额。

现值（pv）—— 在投资期初的投资或贷款的价值。例如，贷款的现值为所借入的本金数额。

利率（rate）—— 投资或贷款的利率或贴现率。

类型（type）—— 付款期间内进行支付的间隔，如在月初或月末。

5）信息函数。可以使用信息函数确定存储在单元格中的数据的类型。信息函数包含一组称为 IS 的工作表函数，在单元格满足条件时返回 TRUE。例如，如果单元格包含一个偶数值，ISEVEN 工作表函数返回 TRUE。如果需要确定某个单元格区域中是否存在空白单元格，可以使用 COUNTBLANK 工作表函数对单元格区域中的空白单元格进行计数，或者使用 ISBLANK 工作表函数确定区域中的某个单元格是否为空。

6）逻辑函数。使用逻辑函数可以进行真假值判断，或者进行复合检验。例如，可以使用 IF 函数确定条件为真还是假，并由此返回不同的数值。

7）查询和引用函数。当需要在数据清单或表格中查找特定数值，或者需要查找某一单元格的引用时，可以使用查询和引用工作表函数。例如，如果需要在表格中查找与第一列中的值相匹配的数值，可以使用 VLOOKUP 工作表函数。如果需要确定数据清单中数值的位置，可以使用 MATCH 工作表函数。

8）数学和三角函数。通过数学和三角函数，可以处理简单的计算，如对数字取整、计算单元格区域中的数值总和或复杂计算。

9）统计函数。统计函数用于对数据区域进行统计分析。例如，统计函数可以提供由一组给定值绘制出的直线的相关信息，如直线的斜率和 $y$ 轴截距，或构成直线的实际点数值。

10）文本函数。通过文本函数，可以在公式中处理文字串。例如，可以改变大小写或确定文字串的长度，可以将日期插入文字串或连接在文字串上。

11）用户自定义函数。如果要在公式或计算中使用特别复杂的计算，而工作表函数又无法满足需要，则需要创建函数。这些函数称为用户自定义函数，可以通过使用 Visual Basic for Applications 来创建。

（2）函数输入方法。对于函数的输入，Excel 提供了简便的方法。下面使用插入函数向导来输入函数。

1）直接单击单元格编辑栏前面的“插入函数”按钮。

2）在弹出的“插入函数”对话框的“或选择类别”下拉菜单中选择需要的函数类别；并在“选择函数”列表中选择函数。如果对该函数不了解，也可以在“搜索函数”编辑栏中输入简单的描述，单击“转到”按钮，然后在相同显示的一个“推荐”列表中查找。选中需要的函数，单击“确定”按钮。

（3）举例说明。以 AVERAGE 函数为例来加以说明。AVERAGE 函数是 Excel 表格中的计算平均值的函数。

语法格式为：AVERAGE（Number1,[Number2],…）

其中：“Number1,[Number2],…”是要计算平均值的 1～255 个参数。

打开一个新的工作表，在 A1:A5 单元格中分别输入 13、25、17、18、30 这五个数字，然后在 A6 单元格中单击“插入函数”按钮，找到 AVERAGE 函数，会弹出一个对话框，在对话框的参数 Number1 中自动将 A1:A5 单元格选中，得出平均值为 20.6，如图 0-24 所示。

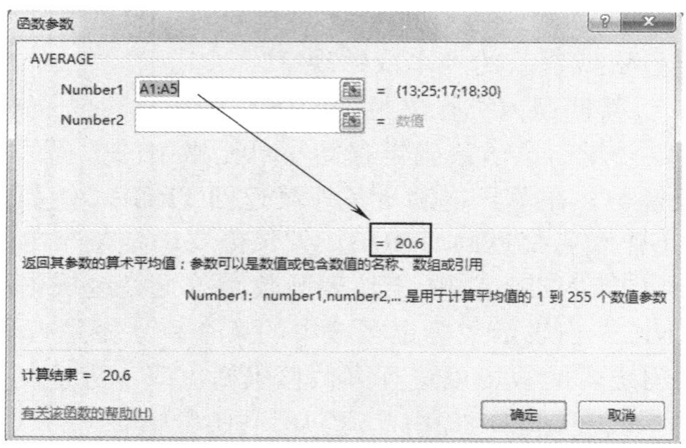


图 0-24　AVERAGE 函数对话框

# 项目一

1

# Excel 制作财务会计表格

【知识目标】

- 熟悉 Excel 关于工作表、单元格等相关概念。

【能力目标】

- 能进行 Excel 工作表创建、保护等操作。
- 掌握相关 Excel 函数公式。

学习情境

学生李燕毕业后来到万隆灯具有限公司做助理会计，她的工作主要是协助会计做一些财务方面的工作。会计告诉她，公司的业务虽然不是很多，但很烦琐，因为公司的业务主要是销售各种灯具，而且灯具种类繁多，汇总工作很麻烦，并且公司没有采用财务软件做账，因此各种核算工作也特别多，所以希望李燕能够更好地掌握数据处理能力，减轻会计的工作量。李燕回到家后，觉得自己需要好好回顾下在学校里学习过的 Excel 课程了，看看如何将所学到的技能用到工作中去。

为了让自己更有效率地复习 Excel 2013 的各项操作，李燕决定结合财务会计工作的各种任务有针对性地进行，第一个任务就是先设置一些会计中需要用到的基本表格，从表格的设置着手，对单元格设置的各项功能及公式函数进行全面回顾。

## 任务一　创建并保存工作表

职工信息表是公司职工的基本信息汇总表，包括职工编号、姓名、部门、职务、身份证号码、联系电话等。职工信息表作为一个基础表可以被用于很多地方，如工资表制作、查询个人信息等。

李燕需要先新建一个工作表，于是她通过双击桌面快捷菜单打开了一个新的工作表，当然也可以右击桌面空白处，选择“新建”中的“Microsoft Excel 工作表”命令，或者在桌面上依次选择“开始”→“所有程序”→“Microsoft Office 2013”→“Microsoft Excel 2013”命令，都能够新建一个新的工作簿。接下来她把工作簿另存为到 D 盘中新建的“万隆灯具有限公司财务表格”文件夹里，更名为“万隆灯具有限公司职工信息表”，操作如图 1-1 所示。

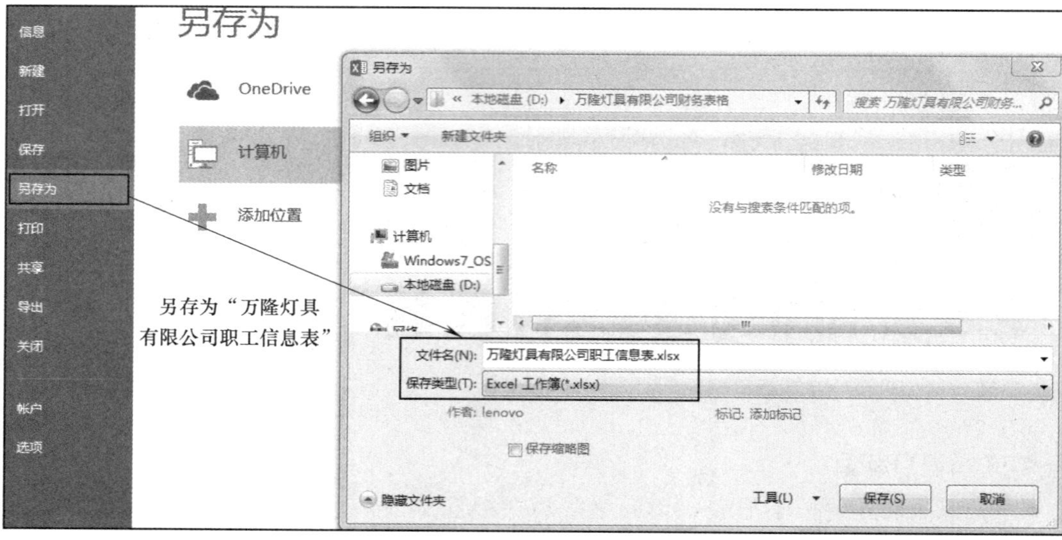


图 1-1　创建及保存工作表

# 任务二　保护及打印工作表

对于比较重要的工作表，李燕总是有一个习惯——及时保护工作表。对于工作表的保护、冻结、打印等相应功能，虽然不复杂，但却很重要。

## 一、工作表保护

首先，打开要保护的工作表，如“万隆灯具有限公司职工信息表”，在功能区单击“审阅”选项卡，在“更改”组中单击“保护工作表”按钮，弹出“保护工作表”对话框，在“取消工作表保护时使用的密码”文本框中输入自己要设定的密码，然后单击“确定”按钮，弹出“确认密码”对话框，重复输入一遍前面设定好的密码，最后单击“确定”按钮，如图 1-2 所示。

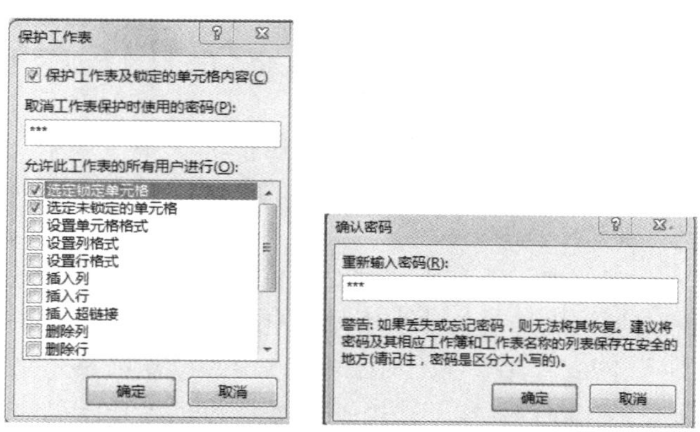


图 1-2　保护工作表

完成了工作表的保护后，在 Sheet1 中的任何一个单元格输入或删除内容，就会弹出一个信息框，如图 1-3 所示。同样，我们右击整行，在弹出的快捷菜单中，如果“行高”按钮已经变成灰显，说明此按钮的功能已经失效。如果要取消对工作表的限制，可以通过撤销保护工作表来实现，在撤销保护工作表时，需要输入之前设置的密码。

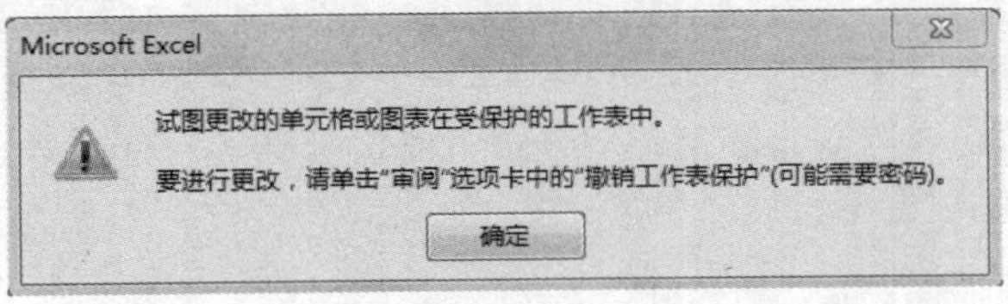


图 1-3　弹出提示信息框

**小提示**

保护工作表只对你保护的某一个工作表有作用，而对其他的工作表不起作用。保护工作簿的做法与保护工作表是类似的，保护工作簿的结果是不能再改变工作簿的结构，如不能再增加工作表等。

## 二、工作表冻结

当一个工作表中含有成百上千条数据时，那么在移动滚动条时，表头会随着滚动条的下移或右移而看不见了，这时就可以利用冻结窗格将首行或首列冻结住。下面我们通过几个步骤来完成工作表冻结。

首先我们打开一个在默认行高情况下，行数至少在 30 行以上的表格，这样我们就无法在当前界面下显示全部数据信息了，如图 1-4 所示。我们想要看最后一行的合计数，但却无法同时看到表格的行标题。

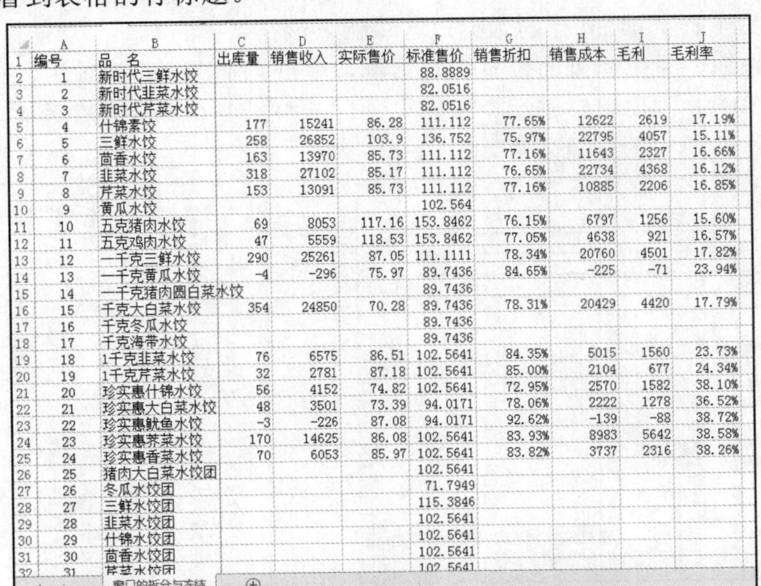

|  | A | B | C | D | E | F | G | H | I | J |
|---|---|---|---|---|---|---|---|---|---|---|
| 1 | 编号 | 品　名 | 出库量 | 销售收入 | 实际售价 | 标准售价 | 销售折扣 | 销售成本 | 毛利 | 毛利率 |
| 2 | 1 | 新时代三鲜水饺 |  |  |  | 88.8889 |  |  |  |  |
| 3 | 2 | 新时代韭菜水饺 |  |  |  | 82.0516 |  |  |  |  |
| 4 | 3 | 新时代芹菜水饺 |  |  |  | 82.0516 |  |  |  |  |
| 5 | 4 | 什锦素饺 | 177 | 15241 | 86.28 | 111.112 | 77.65% | 12622 | 2619 | 17.19% |
| 6 | 5 | 三鲜水饺 | 258 | 26852 | 103.9 | 136.752 | 75.97% | 22795 | 4057 | 15.11% |
| 7 | 6 | 茴香水饺 | 163 | 13970 | 85.73 | 111.112 | 77.16% | 11643 | 2327 | 16.66% |
| 8 | 7 | 韭菜水饺 | 318 | 27102 | 85.17 | 111.112 | 76.65% | 22734 | 4368 | 16.12% |
| 9 | 8 | 芹菜水饺 | 153 | 13091 | 85.73 | 111.112 | 77.16% | 10885 | 2206 | 16.85% |
| 10 | 9 | 黄瓜水饺 |  |  |  | 102.564 |  |  |  |  |
| 11 | 10 | 五克猪肉水饺 | 69 | 8053 | 117.16 | 153.8462 | 76.15% | 6797 | 1256 | 15.60% |
| 12 | 11 | 五克鸡肉水饺 | 47 | 5559 | 118.53 | 153.8462 | 77.05% | 4638 | 921 | 16.57% |
| 13 | 12 | 一千克三鲜水饺 | 290 | 25261 | 87.05 | 111.1111 | 78.34% | 20760 | 4501 | 17.82% |
| 14 | 13 | 一千克黄瓜水饺 | -4 | -296 | 75.97 | 89.7436 | 84.65% | -225 | -71 | 23.94% |
| 15 | 14 | 一千克猪肉圆白菜水饺 |  |  |  | 89.7436 |  |  |  |  |
| 16 | 15 | 千克大白菜水饺 | 354 | 24850 | 70.28 | 89.7436 | 78.31% | 20429 | 4420 | 17.79% |
| 17 | 16 | 千克冬瓜水饺 |  |  |  | 89.7436 |  |  |  |  |
| 18 | 17 | 千克海带水饺 |  |  |  | 89.7436 |  |  |  |  |
| 19 | 18 | 1千克韭菜水饺 | 76 | 6575 | 86.51 | 102.5641 | 84.35% | 5015 | 1560 | 23.73% |
| 20 | 19 | 1千克芹菜水饺 | 32 | 2781 | 87.18 | 102.5641 | 85.00% | 2104 | 677 | 24.34% |
| 21 | 20 | 珍实惠什锦水饺 | 56 | 4152 | 74.82 | 102.5641 | 72.95% | 2570 | 1582 | 38.10% |
| 22 | 21 | 珍实惠大白菜水饺 | 48 | 3501 | 73.39 | 94.0171 | 78.06% | 2222 | 1278 | 36.52% |
| 23 | 22 | 珍实惠鱿鱼水饺 | -3 | -226 | 87.08 | 94.0171 | 92.62% | -139 | -88 | 38.72% |
| 24 | 23 | 珍实惠荠菜水饺 | 170 | 14625 | 86.08 | 102.5641 | 83.93% | 8983 | 5642 | 38.58% |
| 25 | 24 | 珍实惠香菜水饺 | 70 | 6053 | 85.97 | 102.5641 | 83.82% | 3737 | 2316 | 38.26% |
| 26 | 25 | 猪肉大白菜水饺团 |  |  |  | 102.5641 |  |  |  |  |
| 27 | 26 | 冬瓜水饺团 |  |  |  | 71.7949 |  |  |  |  |
| 28 | 27 | 三鲜水饺团 |  |  |  | 115.3846 |  |  |  |  |
| 29 | 28 | 韭菜水饺团 |  |  |  | 102.5641 |  |  |  |  |
| 30 | 29 | 什锦水饺团 |  |  |  | 102.5641 |  |  |  |  |
| 31 | 30 | 茴香水饺团 |  |  |  | 102.5641 |  |  |  |  |
| 32 | 31 | 芹菜水饺团 |  |  |  | 102.5641 |  |  |  |  |



图 1-4　无法同时显示首行和合计行

接下来让我们切换到“视图”功能区，在“窗口”组中单击“冻结窗格”下拉按钮，在弹出的列表框中选择“冻结首行”命令，设置完成后，移动滚动条，我们发现首行始终出现在工作表的最上方，这就方便用户同时查看最末的合计行，如图 1-5 所示。

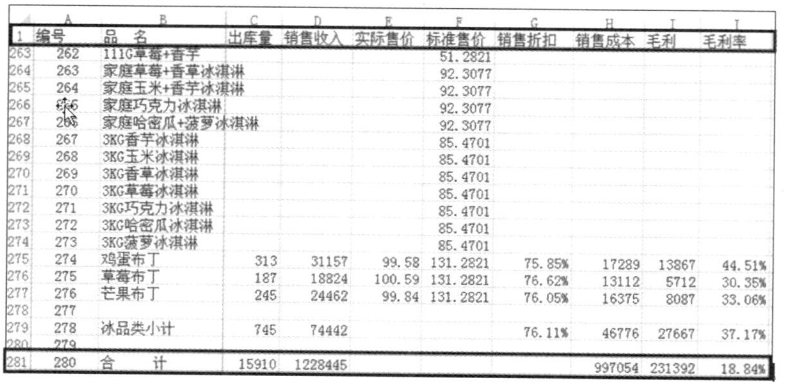

| | A | B | C | D | E | F | G | H | I | J |
|---|---|---|---|---|---|---|---|---|---|---|
| 1 | 编号 | 品 名 | 出库量 | 销售收入 | 实际售价 | 标准售价 | 销售折扣 | 销售成本 | 毛利 | 毛利率 |
| 263 | 262 | 111G草莓+香芋 | | | | 51.2821 | | | | |
| 264 | 263 | 家庭草莓+香草冰淇淋 | | | | 92.3077 | | | | |
| 265 | 264 | 家庭玉米+香芋冰淇淋 | | | | 92.3077 | | | | |
| 266 | 265 | 家庭巧克力冰淇淋 | | | | 92.3077 | | | | |
| 267 | 266 | 家庭哈密瓜+菠萝冰淇淋 | | | | 92.3077 | | | | |
| 268 | 267 | 3KG香芋冰淇淋 | | | | 85.4701 | | | | |
| 269 | 268 | 3KG玉米冰淇淋 | | | | 85.4701 | | | | |
| 270 | 269 | 3KG香草冰淇淋 | | | | 85.4701 | | | | |
| 271 | 270 | 3KG草莓冰淇淋 | | | | 85.4701 | | | | |
| 272 | 271 | 3KG巧克力冰淇淋 | | | | 85.4701 | | | | |
| 273 | 272 | 3KG哈密瓜冰淇淋 | | | | 85.4701 | | | | |
| 274 | 273 | 3KG菠萝冰淇淋 | | | | 85.4701 | | | | |
| 275 | 274 | 鸡蛋布丁 | 313 | 31157 | 99.58 | 131.2821 | 75.85% | 17289 | 13867 | 44.51% |
| 276 | 275 | 草莓布丁 | 187 | 18824 | 100.59 | 131.2821 | 76.62% | 13112 | 5712 | 30.35% |
| 277 | 276 | 芒果布丁 | 245 | 24462 | 99.84 | 131.2821 | 76.05% | 16375 | 8087 | 33.06% |
| 278 | 277 | | | | | | | | | |
| 279 | 278 | 冰品类小计 | 745 | 74442 | | | 76.11% | 46776 | 27667 | 37.17% |
| 280 | 279 | | | | | | | | | |
| 281 | 280 | 合 计 | 15910 | 1228445 | | | | 997054 | 231392 | 18.84% |

图 1-5　同时显示首行和最末的合计行

## 三、工作表打印

工作表的打印看似很简单，事实上往往让人很抓狂，经常会出现如何只打印该打印的部分，小表如何打印满一张纸，大表如何缩小打印到一张纸，表格标题太靠上、页码太靠下，末页有几行字不能显示完整等问题。这些都需要好好掌握工作表打印技能。

### 1. 选择需要打印的区域

不管一个工作表中有多少内容，如果你只想打印你想打印的部分，那么就只要设置好打印区域即可。例如，一张销售清单，我们只想要北京地区的销售情况，也就是我们只需要打印从第 1 行到第 30 行的数据，这时就应该在“页面布局”功能区单击“页面设置”组右下角按钮，弹出“页面设置”对话框，单击“工作表”选项卡，在“打印区域”中输入“A1:H30”，“顶端标题行”选择第一行，如图 1-6 所示。然后单击“打印预览”按钮，出现图 1-7 所示的预览效果。

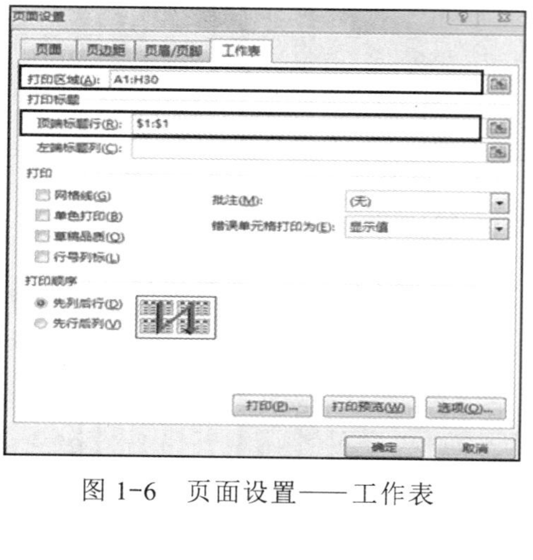


图 1-6　页面设置——工作表

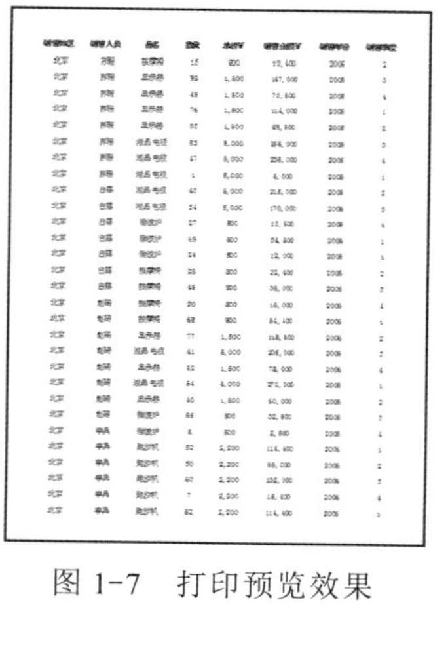

图 1-7　打印预览效果

打印预览后发现整个文档右边和下边显得比较空，这时再单击“页面设置”，通过调高上边距和左边距，最终可以使文档位置居中，如图 1-8、图 1-9 所示。预览后达到预期效果，就可以单击“打印”按钮了。

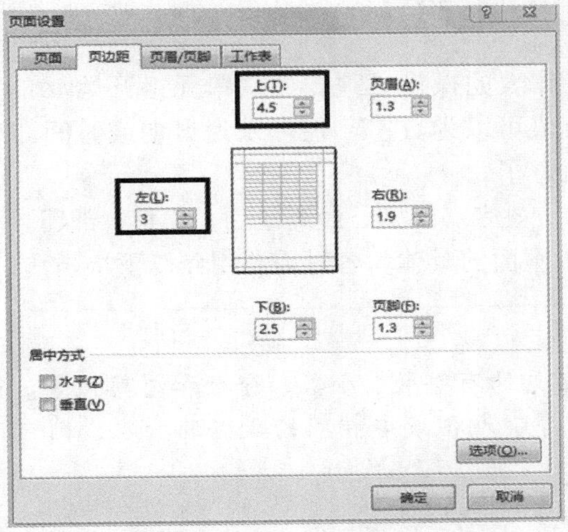


图 1-8　页面设置——页边距

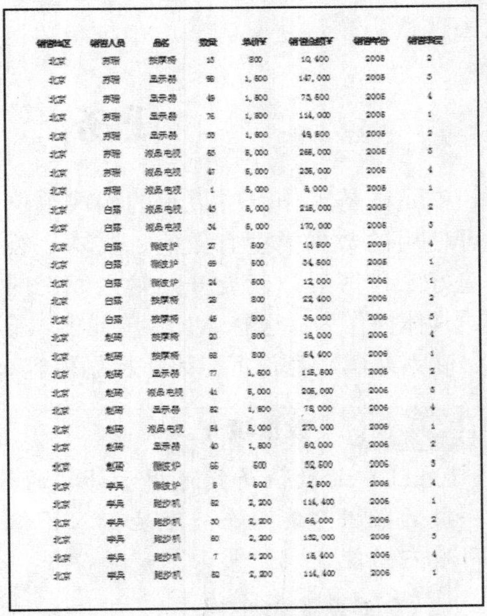

图 1-9　调整后的打印预览效果

## 2. 小表大打或大表小打

Excel 2013 很容易实现这个功能，在“页面设置”对话框中选择“缩放比例”单选按钮，如果设置成大于 100 的比例，就可以做到小表大打，如果设置小于 100 的比例，就可以大表小打，如果想要打成一页的话，也可以通过在“文件”功能区单击“打印”→“设置”中的最下面“无缩放”下拉按钮，在弹出的列表框中选择“将工作表调整为一页”，如图 1-10 所示。

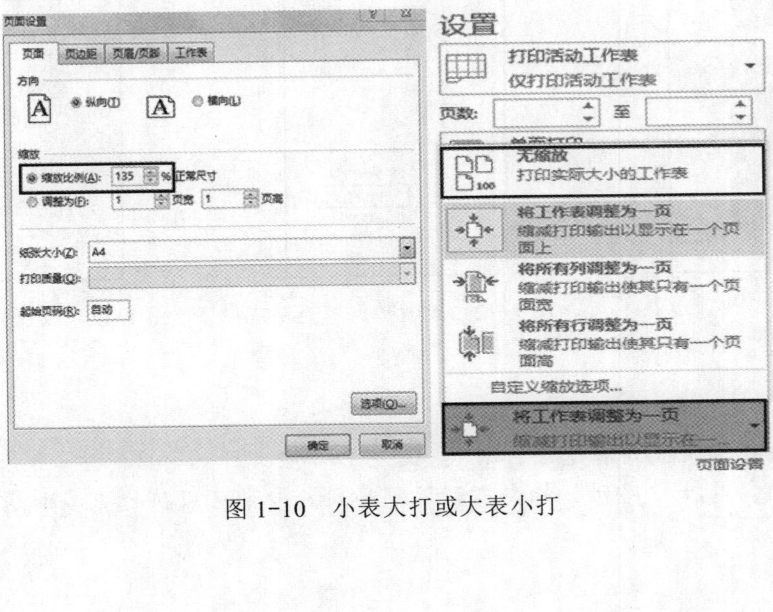


图 1-10　小表大打或大表小打

3．其他打印设置

打印设置中，还有很多别的功能，如可以选择单面打印还是双面打印，可以选择用何种类型的纸张来打印，还可以设置页眉、页脚等，这里就不一一介绍了，大家可以自己去试试。

# 任务三　单元格操作

单元格是工作表中最小的构成单位，对工作表的操作必须要先从单元格开始，单元格可使用的数据类型有数值、文本、公式。数值可以为数字，也可以为日期或时间。李燕建好工作簿后，就要开始输入职工的相关信息了。

具体操作为：选择 A1:I1 单元格，输入序号、姓名、性别、最高学历、职称、部门、职务、联系号码、身份证号码等标题内容。在输入里面的具体内容时需要用到以下小技巧：

**小技巧 1-1　数据填充**

Excel 中的数值是指可用于计算的数据，常见的有整数、小数、分数和逻辑值等。对于一般的数据只能一个一个地输入，但对于有序、相似或者相同的数据的输入，则可以采用填充功能。

1．等差或等比序列

数据填充可以快速地完成一组数据的输入，李燕在输入职工信息表的序号时，先在 A2 单元格上输入 1，然后将鼠标移到 A2 单元格的右下角时，会出现一个黑色的“+”标志（又称填充柄），然后按住鼠标左键并向下拖动至 A14 单元格，则会在 A2:A14 的单元格区域中都出现数字 1，这就是快速填充功能，如图 1-11 所示。在图 1-11 中，我们会发现填充后在 A14 单元格的右下角图标可以帮助我们改变这组数据。我们单击这个图标右下角的下拉按钮，会弹出一个下拉列表，上面有几个选项可供选择，如图 1-12 所示。如果选择了“填充序列”，则从 A2～A14 单元格内容会自动成等差数列排列，公差为 1，如图 1-13 所示。

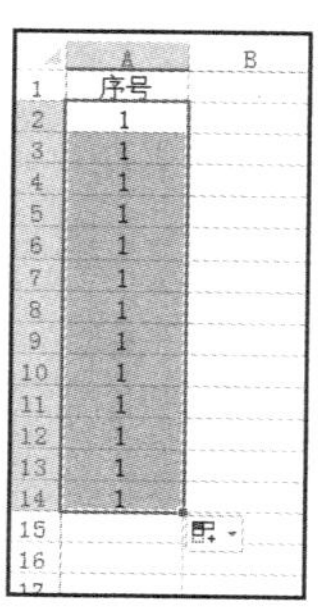

图 1-11　快速填充

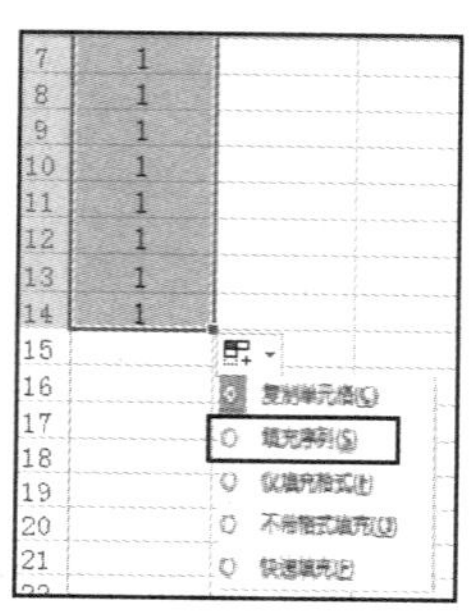

图 1-12　改变数据填充格式

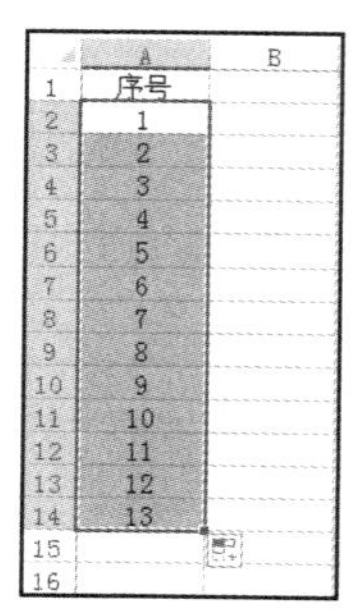

图 1-13　改变后的数据

**小提示**

数据填充并不仅仅只有这一种格式，还可以单击“开始”功能区“编辑”组中“填充”下拉按钮，选择“序列”命令。利用“序列”命令可以执行更多的填充功能。

找一个空白工作表练习一下吧。首先如图 1-14 所示找到“序列”命令，单击“序列”，弹出“序列”对话框，上面可以进行四种类型的数据填充格式的选择，分别是等差序列、等比序列、日期和自动填充。例如，如果要完成一组首项为 2、步长值为 2、终止值为 32 的等比序列，则需要在任意单元格（如 A5）中先输入 2，然后单击“填充”下拉按钮，选择“序列”，弹出“序列”对话框，在“序列产生在”中选择“列”单选按钮，原因是选择列，数据是竖着排列的。然后在“类型”中选择“等比序列”，“步长值”框中输入数字 2，“终止值”框中输入数字 32，单击“确定”按钮，则会从 A5 开始往下排出一组从 2～32、比值为 2 的等比数列，如图 1-15 所示。

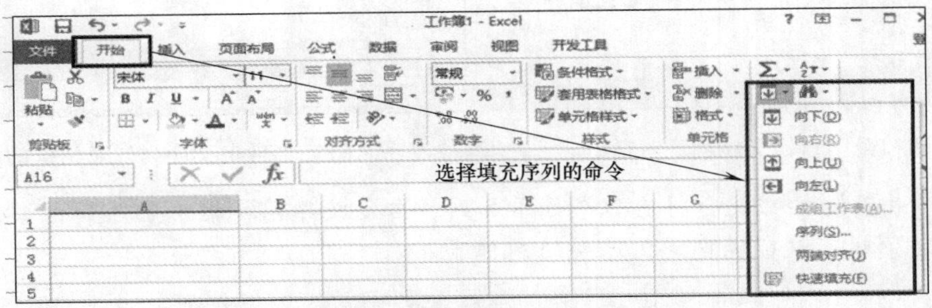


图 1-14 填充序列的命令

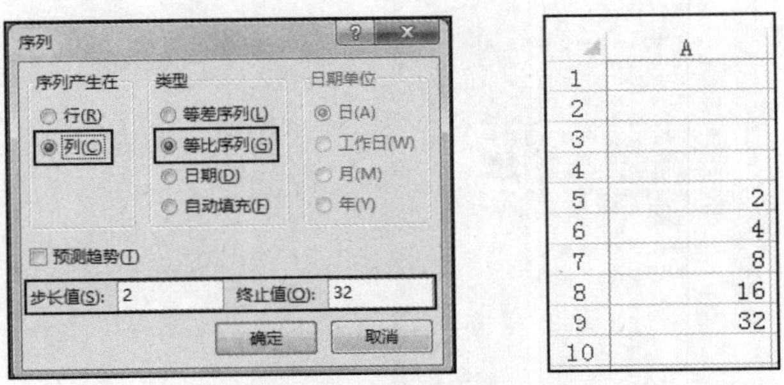


图 1-15 等比数列的填充

### 2. 自定义序列

Excel 中还有一个很方便的功能，就是可以通过拖动单元格右下角填充柄自动生成相应序列，如在两个相邻的单元格内有“甲”“乙”两个汉字，选中这两个单元格拖动右下角填充柄，可以向下或向后生成丙、丁、戊……这就是自动生成序列，但这些序列必须是 Excel 中已经定义的。我们可以根据需要添加设置自定义序列，下面以百家姓为例说明如何自定义序列。

首先，新建一个 Excel 文档，在 B2:B9 八个连续单元格输入赵、钱、孙、李、周、吴、郑、王；在“文件”功能区单击“选项”→“高级”→“编辑自定义列表”，如图 1-16 所示。

然后在“自定义序列”对话框中单击“导入”按钮左边的选择框，选中 B2:B9 中的序列，如图 1-17 所示。

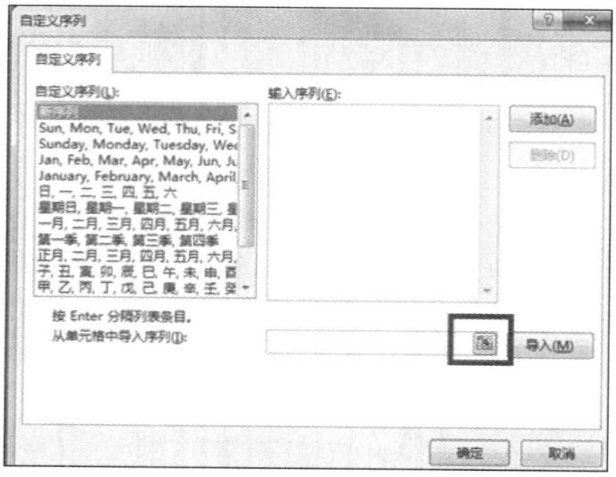


图 1-16 “自定义序列”对话框

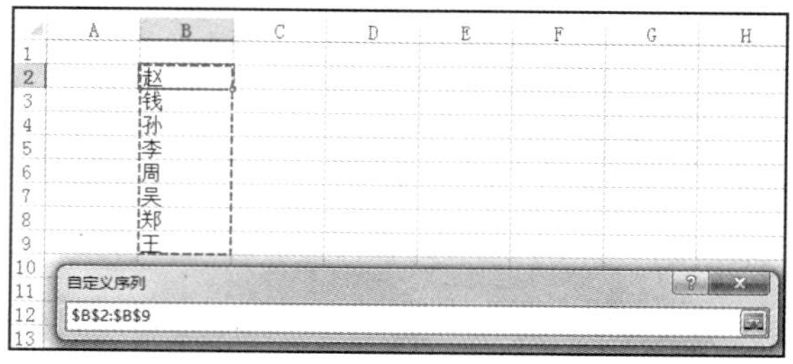


图 1-17 “自定义序列”对话框的用法

单击“导入”按钮就会将前八个姓添加到“自定义序列”框中了，如图 1-18 所示。单击“确定”就可以实现自定义序列的制作了。

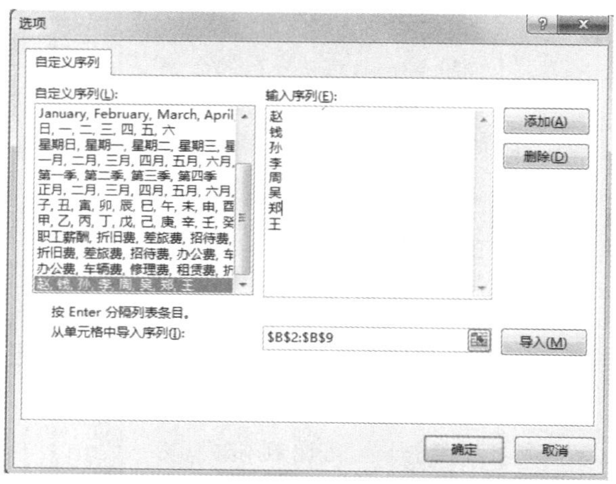


图 1-18 完成自定义序列

## 小技巧 1-2 数据验证（2013 版本之前称为数据有效性）

数据验证是对单元格或单元格区域输入的数据从内容到数量上的限制。李燕在输入性别时采用了数据验证功能。先将鼠标选中 C2 单元格，在“数据”功能区“数据工具”组中单击“数据验证”下拉按钮，如图 1-19 所示。选择“数据验证”，弹出对话框，在“设置”选项卡的“允许”中选择“序列”，在“来源”中输入“男，女”，如图 1-20 所示。需要强调的是，“男”“女”之间的逗号是英文状态下的。在“输入信息”选项卡中输入如图 1-21 所示内容，然后再单击“确定”按钮，就会出现一个提示说明。在“出错警告”选项卡中输入如图 1-22 所示内容，单击“确定”按钮。数据验证的格式可以拖动复制到 C16 单元格。最终结果如图 1-23 所示。

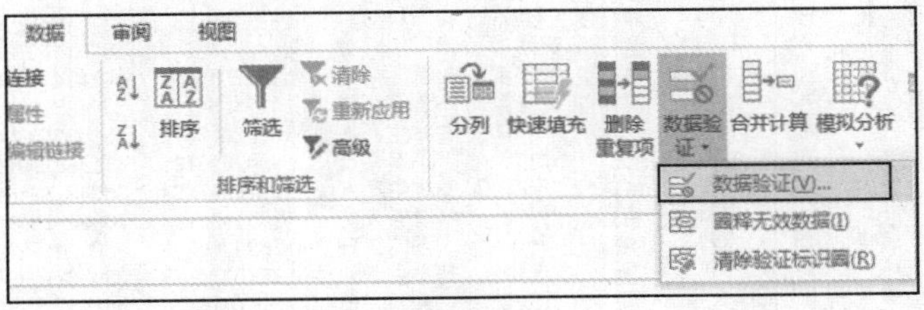


图 1-19 数据验证功能

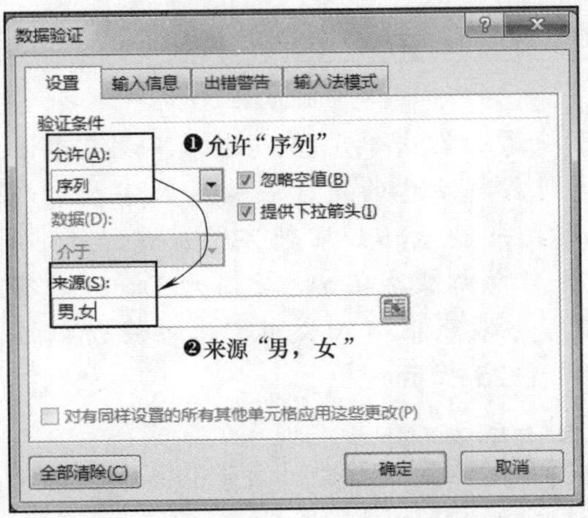


图 1-20 数据验证输入

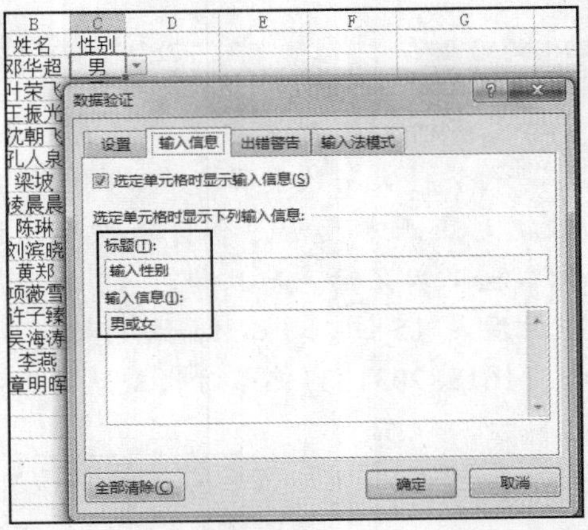


图 1-21 “输入信息”选项卡

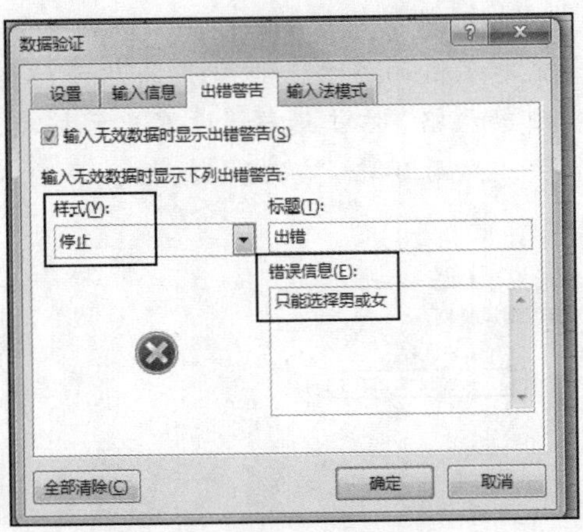


图 1-22 “出错警告”选项卡

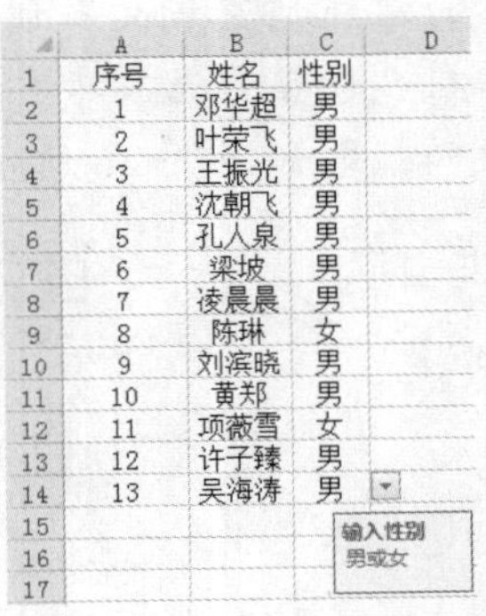


图 1-23 数据验证的最终结果

输入该单位员工的基本信息如图 1-24 所示。

| | A | B | C | D | E | F | G | H | I |
|---|---|---|---|---|---|---|---|---|---|
| 1 | 序号 | 姓名 | 性别 | 最高学历 | 职称 | 部门 | 职务 | 联系号码 | 身份证号码 |
| 2 | 1 | 邓华超 | 男 | 本科 | 中级 | 行政部 | 总经理 | 13927855632 | 411316198203123715 |
| 3 | 2 | 叶荣飞 | 男 | 研究生 | 高级 | 研发部 | 部门经理 | 13885563244 | 332514197810121515 |
| 4 | 3 | 王振光 | 男 | 本科 | 高级 | 销售部 | 部门经理 | 13327855632 | 342134198007015518 |
| 5 | 4 | 沈朝飞 | 男 | 本科 | 高级 | 财务部 | 部门经理 | 13156234283 | 330483198705241814 |
| 6 | 5 | 孔人泉 | 男 | 本科 | 初级 | 生产车间 | 基本生产人员 | 15922413578 | 339005199002042354 |
| 7 | 6 | 梁坡 | 男 | 专科 | 无 | 销售部 | 销售人员 | 13942685737 | 411328198204285092 |
| 8 | 7 | 凌晨晨 | 男 | 本科 | 中级 | 生产车间 | 基本生产人员 | 13912357684 | 330481198910160138 |
| 9 | 8 | 陈琳 | 女 | 专科 | 中级 | 财务部 | 财务人员 | 13832465743 | 330523199107184129 |
| 10 | 9 | 刘滨晓 | 男 | 本科 | 中级 | 生产车间 | 部门经理 | 13524264748 | 330324198706023299 |
| 11 | 1 | 黄郑 | 男 | 专科 | 无 | 生产车间 | 基本生产人员 | 13025254783 | 330327198504284297 |
| 12 | 1 | 项薇雪 | 女 | 研究生 | 高级 | 行政部 | 管理人员 | 13131425476 | 331022198207151861 |
| 13 | 12 | 许子臻 | 男 | 本科 | 中级 | 研发部 | 研发人员 | 13924168483 | 330124199006151816 |
| 14 | 13 | 吴海涛 | 男 | 本科 | 初级 | 采购部 | 采购人员 | 13527793837 | 341024199011218031 |
| 15 | 14 | 李燕 | 女 | 专科 | 初级 | 财务部 | 财务人员 | 13654830562 | 310018199004151220 |
| 16 | 15 | 章明晖 | 男 | 研究生 | 中级 | 研发部 | 研发人员 | 13738591630 | 341024199011218031 |

图 1-24　该单位员工基本信息

## 小技巧 1-3　单元格格式设置

单元格输入的默认格式都是常规型，但可以通过右击单元格，选择“设置单元格格式”命令，从而改变单元格的类型。这里特别需要注意的是，当输入数字长度超过11位就无法正常显示，会自动以科学计数法形式来显示。如果数字长度超过15位，不仅不能正常显示，而且超过15位后的尾数会自动都变成0。这是因为Excel的有效数字长度是15位，超过15位尾数就截取为0了。李燕在输入公司职工的身份证号码“411316198203123715”时，默认情况下会如图1-25所示。

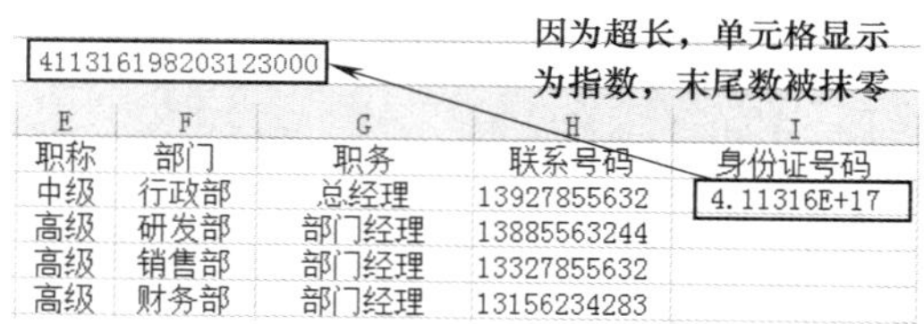


图 1-25　输入超过15位数字的结果

要使得身份证号码能够正常显示，必须要修改单元格的类型。也就是将单元格类型从默认的常规型变成文本型。先将鼠标放在I2空白单元格，右击选择“设置单元格格式”命令，在“数字”选项卡“分类”中选择“文本”，然后单击“确定”按钮，再输入身份证号码，则如图1-26所示。

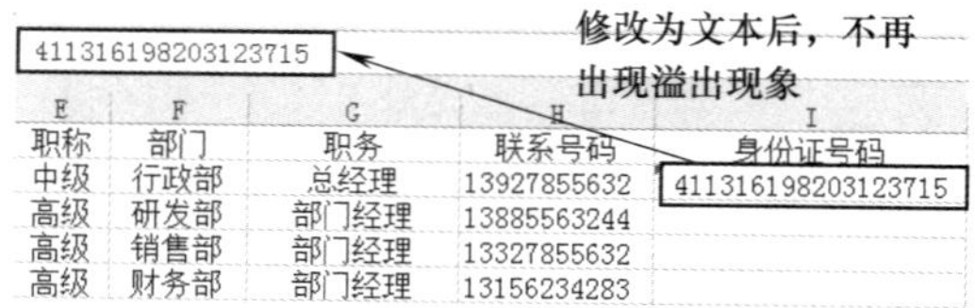


图 1-26　文本状态下的身份证号码

还有一种途径也能达到同样的效果，在输入身份证号码之前先输入英文输入法下的单引号“' ”，然后再输入18位数字，得到的效果与设置文本类型后的效果一样。

**小提示**

上面的例题中，如果直接将 I2 单元格的数据类型改成文本型，会发现身份证号码仍然是科学计数法形式，而不会变成文本正常显示，原因是因为身份证号码是在修改之前就已经输入的，除非把原先输入的身份证号码删除后重新输入，否则是不会改变的。

## 小技巧 1-4 记录单

李燕输完前面 13 个职工信息后，发现还少输了两个人，于是她决定用“记录单”功能将他们补充到“万隆灯具有限公司职工信息表”工作表中。

具体操作为：

（1）将鼠标移到工作簿最上方的快速访问工具栏，右击选择“自定义快速访问工具栏”命令，就会弹出一个对话框，在“所有命令”中找到“记录单”，单击“添加”按钮，就可以将“记录单”添加到快速访问工具栏了。

（2）将鼠标选择“万隆灯具有限公司职工信息表”工作表中已有职工信息的区域的任意一个单元格，单击“记录单”按钮，就会弹出一个对话框，如图 1-27 所示。

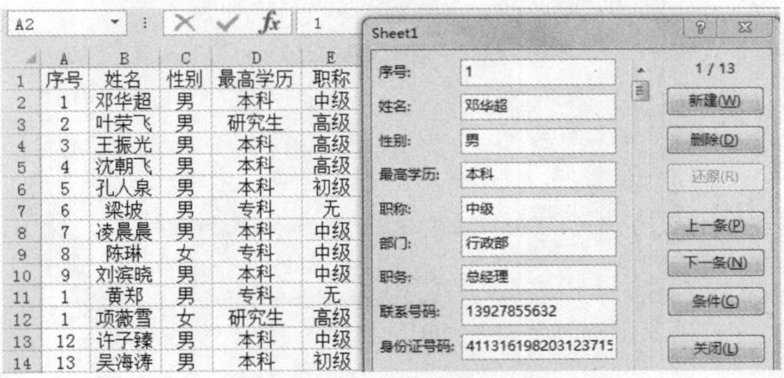


图 1-27 记录单

（3）对话框显示的内容说明目前已经有 13 位职工的信息了，只要单击“新建”按钮，就可以在空白的栏目中输入新职工的各项信息，李燕输入新职工的信息后，公司目前所有的职工信息如图 1-28 所示。

| | A | B | C | D | E | F | G | H | I | K |
|---|---|---|---|---|---|---|---|---|---|---|
| 1 | 序号 | 姓名 | 性别 | 最高学历 | 职称 | 部门 | 职务 | 联系号码 | 身份证号码 | 入职时间 |
| 2 | 1 | 邓华超 | 男 | 本科 | 中级 | 行政部 | 总经理 | 13927855632 | 411316198203123715 | 2013/5/1 |
| 3 | 2 | 叶荣飞 | 男 | 研究生 | 高级 | 研发部 | 部门经理 | 13885563244 | 332514197810121515 | 2013/5/1 |
| 4 | 3 | 王振光 | 男 | 本科 | 高级 | 销售部 | 部门经理 | 13327855632 | 342134198007015518 | 2013/5/1 |
| 5 | 4 | 沈朝飞 | 男 | 本科 | 高级 | 财务部 | 部门经理 | 13156234283 | 330483198705241814 | 2013/5/20 |
| 6 | 5 | 孔人泉 | 男 | 本科 | 初级 | 生产车间 | 基本生产人员 | 15922413578 | 339005199002042354 | 2013/5/25 |
| 7 | 6 | 梁坡 | 男 | 专科 | 无 | 销售部 | 销售人员 | 13942685737 | 411328198204285092 | 2013/6/15 |
| 8 | 7 | 凌晨晨 | 男 | 本科 | 中级 | 生产车间 | 基本生产人员 | 13912357684 | 330481198910160138 | 2013/6/27 |
| 9 | 8 | 陈琳 | 女 | 专科 | 中级 | 财务部 | 财务人员 | 13832465743 | 330523199107184129 | 2013/7/11 |
| 10 | 9 | 刘滨晓 | 男 | 本科 | 中级 | 生产车间 | 部门经理 | 13524264748 | 330324198706023299 | 2013/7/11 |
| 11 | 1 | 黄郑 | 男 | 专科 | 无 | 生产车间 | 基本生产人员 | 13025254783 | 330327198504284297 | 2013/10/10 |
| 12 | 1 | 项薇雪 | 女 | 研究生 | 高级 | 行政部 | 管理人员 | 13131425476 | 331022198207151861 | 2014/1/5 |
| 13 | 12 | 许子臻 | 男 | 本科 | 中级 | 研发部 | 研发人员 | 13924168483 | 330124199006151816 | 2014/6/6 |
| 14 | 13 | 吴海涛 | 男 | 本科 | 初级 | 采购部 | 采购人员 | 13527793837 | 341024199011218031 | 2014/6/6 |
| 15 | 14 | 李燕 | 女 | 专科 | 初级 | 财务部 | 财务人员 | 13654830562 | 310018199004151220 | 2018/11/6 |
| 16 | 15 | 章明晖 | 男 | 研究生 | 中级 | 研发部 | 研发人员 | 13738591630 | 341024199011218031 | 2018/11/6 |

图 1-28 职工信息表

# 任务四　提取职工出生年月和计算工龄

李燕在输入公司职员的信息后，还需要提取职员的出生年月，这时需要用到函数，具体要用到文本函数及日期函数。

**小技巧 1-5　文本函数**

**1．MID 函数**

MID 函数的功能是从一个字符串中截取出指定数量的字符。

语法格式为：MID(text,start_num,num_chars)

其中：text 表示准备提取字符串的文本字符串；start_num 是准备提取的第一个字符的位置，num_chars 是指定所要提取的字符串长度。

首先将鼠标选中 J2 单元格，单击“插入函数”按钮，在弹出对话框的“或选择类别”下拉框中选择“文本”，然后在“选择函数”框中选择“MID”函数，如图 1-29 所示。

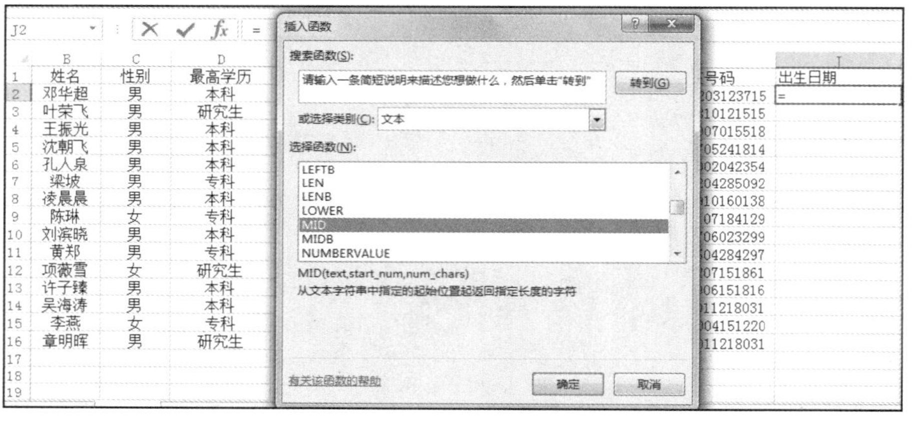


图 1-29　插入函数的做法

单击“确定”按钮后，会出现 MID 函数参数的对话框，在三个参数框中分别输入 I2、7、8，代表的意思是从 I2 单元格的第 7 位开始截取 8 位字符，会在对话框看到出现“19820312”的结果。单击“确定”按钮后，在 J2 单元格也会出现“19820312”的结果，然后拖动 J2 单元格右下角填充柄到 J16，得到所有职工的出生日期，如图 1-30 所示。当然这个结果不符合年月日的写法，还需要在这个结果上再运用日期函数才能得到最终结果。

**2．LEFT 函数和 RIGHT 函数**

说到 MID 函数，当然不能不提 LEFT 和 RIGHT 函数。这两个函数就像孪生兄弟，LEFT 函数指的是从一个文本字符串的第一个字符开始返回指定个数的字符。RIGHT 函数指的是从字符串最右边取出指定数量的字符。它们都只有两个参数：text，表示准备提取字符串的文本字符串；num_chars，是提取的字符串长度。我们可以尝试用这两个函数来提取出生日期。

这里介绍另一种输入函数的方法，首先选中 J2 单元格，输入“=LEFT（I2,14）”，代表的意思是在I2单元格中从左边第一个字符串开始取14位字符，结果如图1-31所示。这个结果显然不符合要求，要想取出出生日期，还需要RIGHT函数帮忙。这时只需要将J2原有的函数补充为“=RIGHT(LEFT(I2,14),8)”，意味着将“41131619820312”从右边取8位数，得到最终想要的结果，如图1-32所示。同样也可以先用RIGHT函数从右边取12位，然后再用LEFT函数从左边取8位，也能得到最终的结果。这个做法就留给大家自己去尝试了。

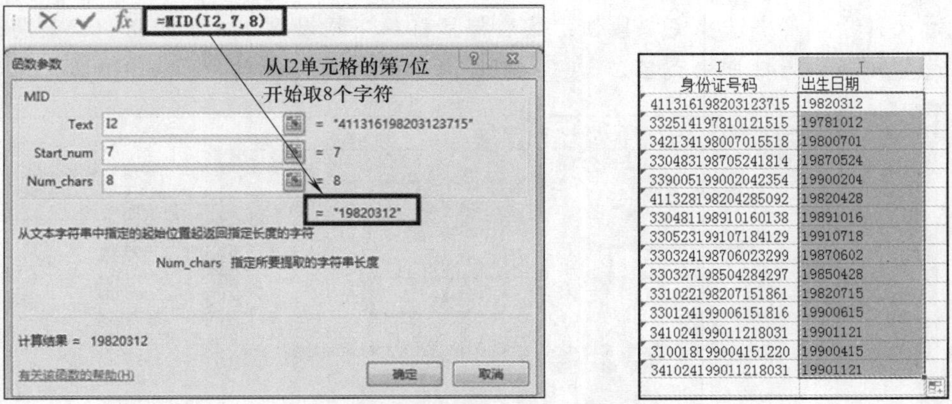


图1-30 MID函数的使用

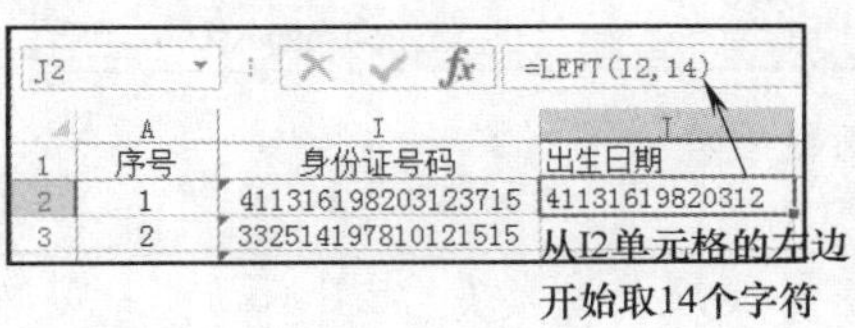


图1-31 LEFT函数

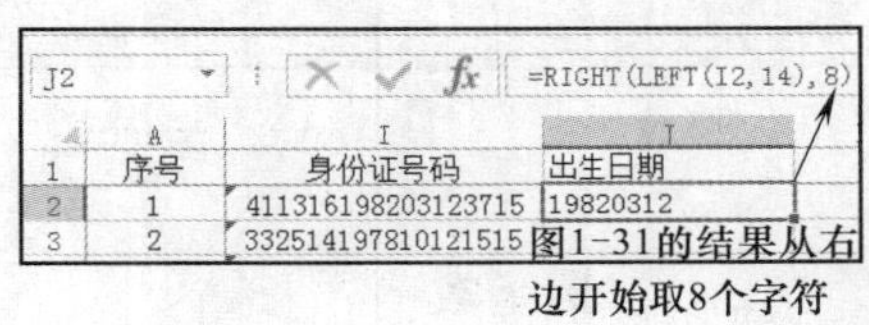


图1-32 RIGHT函数

由此可见，如果要从一个文本字符串的中间取数的话，最方便的就是用MID函数，LEFT函数和RIGHT函数适合从最左边或最右边进行取数。

3．TEXT **函数**

虽然李燕用MID函数把出生日期提取出来，但这并不符合真正的日期格式。这时采用TEXT函数就能够实现日期格式的转换。TEXT函数是文本函数中非常重要的一个函数，指将数值转换为按指定格式表示的文本。

语法格式为：TEXT(value,format_text)

其中：value为数值或计算结果为数值的公式，或对包含数字值的单元格的引用。format_text为“设置单元格格式”对话框中“数字”选项卡上“分类”框中的文本形式的数字格式。

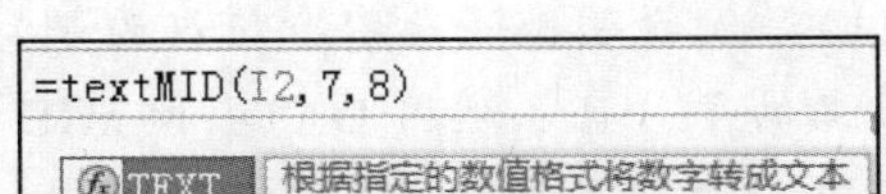


图1-33 输入函数的格式

具体做法是：选中J2单元格，在原先已有的MID（I2,7,8）函数前面输入text，会在下方出现一个蓝色的函数，如图1-33所示。双击蓝色的“TEXT”，然后点击“插入函数”按钮 *fx* ，就会弹出 TEXT 的函数对话框，第一个参数“value”就是 MID（I2,7,8），意思就是通过 MID 函数取出的 19820312 这串数字，第二个参数“format_text”需要输入日期格式。正确的日期格式只有两种表示方式，一种是用斜杠“/”区分年月日，还有一种是用横线“-”区分年月日，但是在格式设置中的类型只有用横线表示的，也就是说用“format_text”的语言只有“0000-00-00”这样的格式可以输入，输入后可以看到对话框中出现“1982-03-12”这样的显示结果，如图 1-34 所示。特别需要注意的是，输入格式类型时一定要加上英文状态下的双引号。单击“确定”按钮，然后将鼠标往下拖动到 J16 单元格，就能将原先的数字格式全部转换为日期格式了。

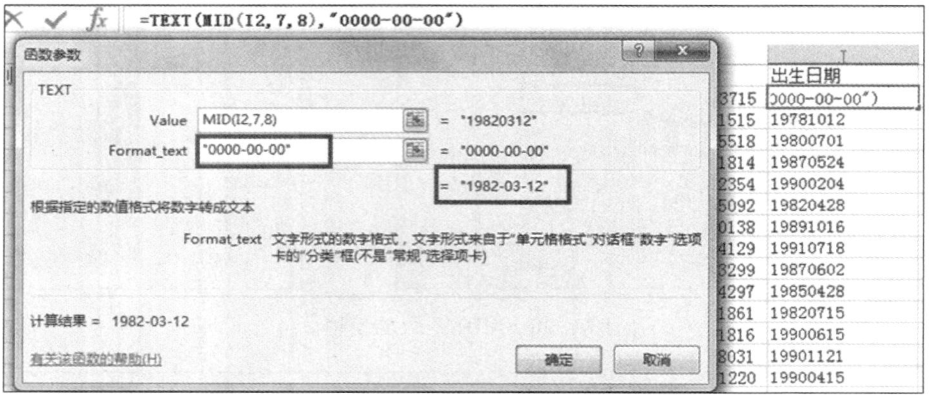


图 1-34　TEXT 函数参数

**小技巧 1-6　日期函数**

李燕在完成了上述工作之后，准备开始计算员工的工龄，以便在计算工资薪酬时可以以此作为计算标准之一。她先在 K 列加了一列“入职时间”，注意一定要用日期格式表示。然后在 L 列开始计算工龄。这时要用到日期函数了。

**1．TODAY 函数和 DATE 函数**

TODAY 函数是用于返回当前时间的序列号。

语法格式为：TODAY()

TODAY 函数无参数。

DATE 函数的用途是返回代表特定日期的序列号。使用这个函数之后，即使单元格格式为“常规”，则结果也将设为日期格式。

语法格式为：DATE（year,month,day）

举例说明，还是以身份证为“411316198203123715”的员工为例，用函数提取出该员工的年月日。利用 DATE 和 MID 函数我们可以写出“=DATE（MID（I2,7,4），MID（I2,11,2），MID（I2,13,2））”，并调整 I 列相应的日期格式，最后得到的效果如图 1-35 所示。

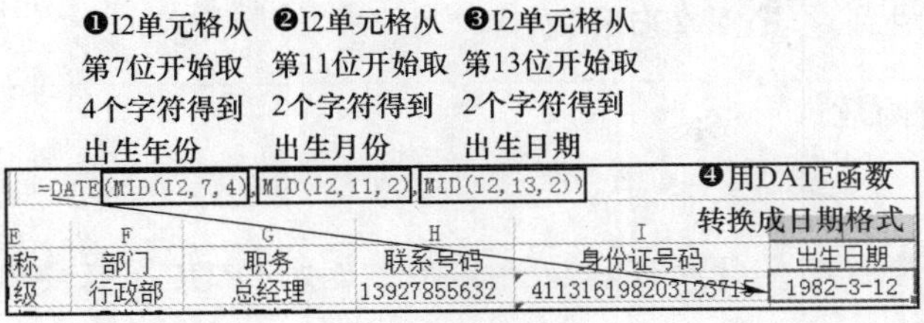


图 1-35　DATE 函数

2．DATEDIF 函数

DATEDIF 函数是 Excel 隐藏函数，在帮助和插入公式里面没有。它用于返回两个日期之间的年\月\日间隔数。常使用 DATEDIF 函数计算两日期之差。

语法格式为：DATEDIF（start_date，end_date，unit）

其中：start_date 代表时间段内的第一个日期或年数。end_date 代表时间段内的最后一个日期或结束日期。unit 为所需信息的返回类型，通常有六种类型，见表 1-1。在函数使用中需要注意的是，其中 end_date 必须大于 start_date。

**表 1-1　unit 的返回类型及结果**

| 类　型 | 返 回 结 果 |
|---|---|
| “Y” | 一段时间内的整年数 |
| “M” | 一段时间内的整月数 |
| “D” | 一段时间内的天数 |
| “MD” | start_date 与 end_date 之间天数之差。忽略日期中的月和年 |
| “YM” | start_date 与 end_date 之间月份之差。忽略日期中的天和年 |
| “YD” | start_date 与 end_date 日期部分之差。忽略日期中的年 |

李燕使用 DATEDIF 函数来计算职工的工龄。因为这个函数无法使用函数对话框，所以只能直接在 L2 单元格输入“=DATEDIF(K2,TODAY(), "Y")”，选择了“Y”类型，意味着取整年数。得到的结果如图 1-36 所示。

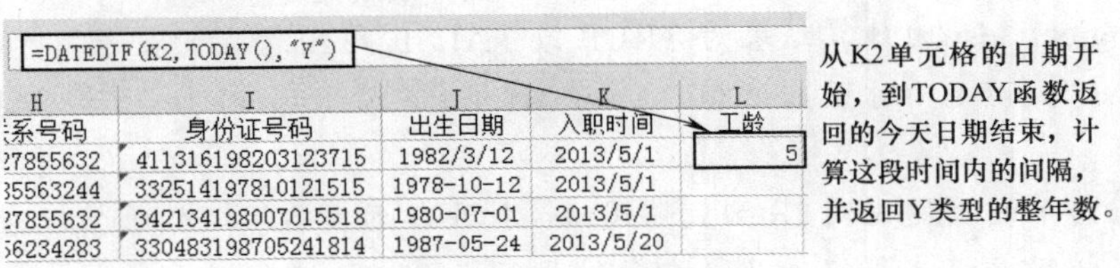


图 1-36　DATEDIF 函数

# 任务五　制定薪金等级

职工信息表的最后一块内容是制定薪金等级。公司规定的薪酬标准：总经理 12000 元/月，研究生学历及以上且职称为高级或者是部门经理都是 9000 元/月，其他职工 6000

元/月。这时就需要用到逻辑函数来解决了。

**小技巧 1-7　逻辑函数**

1．AND 函数

AND 函数指的是所有参数的逻辑值为真时，返回TRUE；只要有一个参数的逻辑值为假，即返回FALSE。

语法格式为：AND（logical1,[logical2],...）

其中，“logical1,[logical2],...”表示待检测的 1～255 个条件值。

制定薪金等级时，“同时满足研究生学历及以上、职称高级及以上”用 AND 函数表示，如果以第二行邓华超为例，则函数表达式为“AND（D2="研究生"，E2="高级"）”。

2．OR 函数

OR 函数指的是在其参数组中，任何一个参数逻辑值为 TRUE，即返回 TRUE；所有参数的逻辑值为 FALSE，才返回 FALSE。语法格式为：OR(logical1,[logical2],...)

其中，“logical1,[logical2],...”表示待检测的 1～255 个条件值。

制定薪金等级时，“研究生学历及以上且职称为高级或者是部门经理”就要用 OR 函数表示。仍以第二行邓华超为例，则函数表达式为“OR(AND(D2="研究生"，E2="高级"), G2="部门经理")”。

3．IF 函数

上述 AND 函数和 OR 函数虽然都有自己的函数语言，但并不是李燕最终想要的结果，因为这两个函数返回的结果只能表示为 TURE 或者 FALSE，而李燕想要的结果是最后的薪酬数额，因此必须要用到 IF 函数。

IF 函数是根据指定的条件来判断其“真”(TRUE)、“假”(FALSE)，根据逻辑计算的真假值，从而返回相应的内容。

语法格式为：IF(logical_test,[value_if_true]，[value_if_false])

其中：logical_test 为计算结果为 TRUE 或 FALSE 的任意值或表达式；value_if_true 为 logical_test 为 TRUE 时返回的值；value_if_false 为 logical_test 为 FALSE 时返回的值。

先用一道简单的例题说明 IF 函数的用法。打开各季度各部门销售情况表，要根据各个部门的销售情况来评定等级，凡是全年销售额在 10000 单位以上的，就是优秀，其他都是合格。这时在 B10 单元格输入“等级”两个字，在 C10 单元格插入 IF 函数，弹出“函数参数”对话框，在第一个参数“logical_test”中输入“C9>10000”，在第二个参数“value_if_true”中输入“优秀”，在第三个参数“value_if_false”中输入“合格”，如图 1-37 所示。

单击“确定”按钮后，在 C10 单元格就会出现“合格”，拖动 C10 单元格右下角填充柄到 H10 单元格，就会出现一系列结果，如图 1-38 所示。

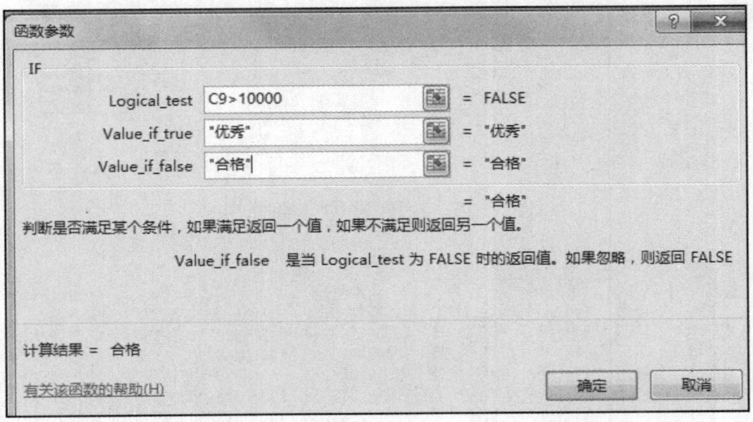


图 1-37 IF 函数对话框

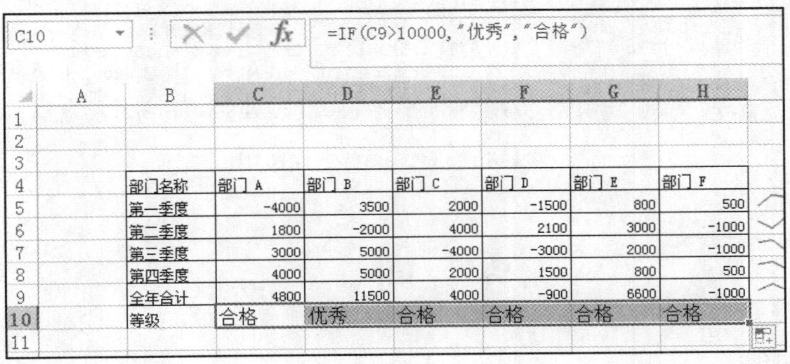


| | A | B | C | D | E | F | G | H |
|---|---|---|---|---|---|---|---|---|
| 1 | | | | | | | | |
| 2 | | | | | | | | |
| 3 | | | | | | | | |
| 4 | | 部门名称 | 部门 A | 部门 B | 部门 C | 部门 D | 部门 E | 部门 F |
| 5 | | 第一季度 | -4000 | 3500 | 2000 | -1500 | 800 | 500 |
| 6 | | 第二季度 | 1800 | -2000 | 4000 | 2100 | 3000 | -1000 |
| 7 | | 第三季度 | 3000 | 5000 | -4000 | -3000 | 2000 | -1000 |
| 8 | | 第四季度 | 4000 | 5000 | 2000 | 1500 | 800 | 500 |
| 9 | | 全年合计 | 4800 | 11500 | 4000 | -900 | 6600 | -1000 |
| 10 | | 等级 | 合格 | 优秀 | 合格 | 合格 | 合格 | 合格 |
| 11 | | | | | | | | |

图 1-38 IF 函数的结果显示

李燕要得到公司职工的薪酬标准，则可以将 AND、OR 和 IF 三个函数结合起来使用。具体操作为：

将鼠标选中 M2 单元格，单击“插入函数”按钮，选择逻辑函数中的 IF 函数，就会跳出 IF 函数对话框，在第一个参数框里输入“G2="总经理"”，第二个参数框输入“12000”，意思是如果 G2 单元格为总经理的话，那么薪酬就是 12000，如果不是，那么就要考虑其他情况了，也就是我们前面用 OR 和 AND 函数表示的内容：OR(AND(D2="研究生", E2="高级"), G2="部门经理")。这时需要将鼠标点到第三个参数的位置，然后单击名称框中的 IF，就会跳出一个新的 IF 函数对话框，然后将“OR(AND(D2="研究生", E2="高级"), G2="部门经理")”放到第一个参数框里，第二个参数框输入“9000”，第三个参数框输入“6000”。代表的意思是如果满足“研究生学历及以上且职称为高级或者是部门经理”的条件，则薪酬为 9000，如果不是，就是 6000。输入后，单击“确定”按钮就得到了想要的结果，如图 1-39 所示。

职工薪酬计算

完成了 M2 单元格的函数设置后，往下拖动到 M16 单元格，就能得到所有职工的薪酬了，如图 1-40 所示。

```
=IF(G2="总经理",12000,IF(OR(AND(D2="研究生",E2="高级"),G2="部门经理"),9000,6000))
```

| | H | I | J | K | L | M |
|---|---|---|---|---|---|---|
| | 联系号码 | 身份证号码 | 出生日期 | 入职时间 | 工龄 | 薪酬 |
| | 13927855632 | 411316198203123715 | 1982/3/12 | 2013/5/1 | 5 | 12000 |
| | 13885563244 | 332514197810121515 | 1978-10-12 | 2013/5/1 | 5 | |
| | 13327855632 | 342134198007015518 | 1980-07-01 | 2013/5/1 | 5 | |
| | 13156234283 | 330483198705241814 | 1987-05-24 | 2013/5/20 | 5 | |

图 1-39 IF 函数的复合使用

| | A | B | C | D | E | F | G | H | I | J | K | L | M |
|---|---|---|---|---|---|---|---|---|---|---|---|---|---|
| 1 | 序号 | 姓名 | 性别 | 最高学历 | 职称 | 部门 | 职务 | 联系号码 | 身份证号码 | 出生日期 | 入职时间 | 工龄 | 薪酬 |
| 2 | 1 | 邓华超 | 男 | 本科 | 中级 | 行政部 | 总经理 | 13927855632 | 411316198203123715 | 1982/3/12 | 2013/5/1 | 5 | 12000 |
| 3 | 2 | 叶荣飞 | 男 | 研究生 | 高级 | 研发部 | 部门经理 | 13885563244 | 332514197810121515 | 1978-10-12 | 2013/5/1 | 5 | 9000 |
| 4 | 3 | 王振光 | 男 | 本科 | 高级 | 销售部 | 部门经理 | 13327855632 | 342134198007015518 | 1980-07-01 | 2013/5/1 | 5 | 9000 |
| 5 | 4 | 沈朝飞 | 男 | 本科 | 高级 | 财务部 | 部门经理 | 13156234283 | 330483198705241814 | 1987-05-24 | 2013/5/20 | 5 | 9000 |
| 6 | 5 | 孔人泉 | 男 | 本科 | 初级 | 生产车间 | 基本生产人员 | 15922413578 | 339005199002042354 | 1990-02-04 | 2013/5/25 | 5 | 6000 |
| 7 | 6 | 梁坡 | 男 | 专科 | 无 | 销售部 | 销售人员 | 13942685737 | 411328198204285092 | 1982-04-28 | 2013/6/15 | 5 | 6000 |
| 8 | 7 | 凌晨晨 | 男 | 本科 | 中级 | 生产车间 | 基本生产人员 | 13912357684 | 330481198910160138 | 1989-10-16 | 2013/6/27 | 5 | 6000 |
| 9 | 8 | 陈琳 | 女 | 专科 | 中级 | 财务部 | 财务人员 | 13832465743 | 330523199107184129 | 1991-07-18 | 2013/7/11 | 5 | 6000 |
| 10 | 9 | 刘滨晓 | 男 | 本科 | 中级 | 生产车间 | 部门经理 | 13524264748 | 330324198706023299 | 1987-06-02 | 2013/7/11 | 5 | 9000 |
| 11 | 1 | 黄郑 | 男 | 专科 | 无 | 生产车间 | 基本生产人员 | 13025254783 | 330327198504284297 | 1985-04-28 | 2013/10/10 | 5 | 6000 |
| 12 | 1 | 项薇雪 | 女 | 研究生 | 高级 | 行政部 | 管理人员 | 13131425476 | 331022198207151861 | 1982-07-15 | 2014/1/5 | 4 | 9000 |
| 13 | 12 | 许子臻 | 男 | 本科 | 中级 | 研发部 | 研发人员 | 13924168483 | 330124199006151816 | 1990-06-15 | 2014/6/6 | 4 | 6000 |
| 14 | 13 | 吴海涛 | 男 | 本科 | 初级 | 采购部 | 采购人员 | 13527793837 | 341024199011218031 | 1990-11-21 | 2014/6/6 | 4 | 6000 |
| 15 | 14 | 李燕 | 女 | 专科 | 初级 | 财务部 | 财务人员 | 13654830562 | 310018199004151220 | 1990-04-15 | 2018/11/6 | 0 | 6000 |
| 16 | 15 | 章明晖 | 男 | 研究生 | 中级 | 研发部 | 研发人员 | 13738591630 | 341024199011218031 | 1990-11-21 | 2018/11/6 | 0 | 6000 |

图 1-40 职工信息表完整版

# 实 训 一

## 一、实训目的

1. 掌握 Excel 启动、退出、保存等基本操作。
2. 掌握 Excel 各选项卡的基本功能。
3. 了解 Excel 2013 中的新增功能。
4. 掌握工作表保护、冻结、记录单等功能。
5. 掌握打印过程中页面设置、设置打印区域及打印预览的方法。
6. 掌握单元格的数据填充、格式设置等基本操作。
7. 掌握函数输入的 3 种基本方式。
8. 掌握公式输入的方法，能够运用公式进行常规的 Excel 数据计算。

## 二、实训资料

QH 公司属于金融行业，2019 年通过校园及社会招聘新员工 10 人，为更好地适应相关岗位对他们进行了业务技能测试，其相关信息参见表 1-2。

**表 1-2 校园招聘新员工信息表**

| 序 号 | 姓 名 | 身份证号码 | 英 语 | 数 理 逻 辑 |
|---|---|---|---|---|
| 1 | 朱一龙 | 330103198804160410 | 90 | 90 |
| 2 | 娜扎 | 321083199205022129 | 85 | 88 |
| 3 | 白敬亭 | 431381199310156536 | 89 | 93 |

（续）

| 序　号 | 姓　名 | 身份证号码 | 英　语 | 数理逻辑 |
|---|---|---|---|---|
| 4 | 王一博 | 452223199708050037 | 75 | 80 |
| 5 | 肖战 | 330106199110056677 | 92 | 96 |
| 6 | 杨超越 | 211103199807316523 | 93 | 89 |
| 7 | 孟美岐 | 350428199810159920 | 89 | 95 |
| 8 | 杨洋 | 420821199109095032 | 88 | 89 |
| 9 | 陈若宜 | 13012319950228552X | 99 | 99 |
| 10 | 南柱赫 | 440901199422220213 | 87 | 79 |

## 三、实训要求

1．熟练掌握 Excel 的基本操作。

启动 Excel，新建工作表，将其命名为“新员工信息表”，将表 1-2 信息录入该工作表中，做到及时保存；将首行字体加粗并冻结，并将所有内容居中设置。

2．熟练掌握文本函数的使用，并能进行数据的统计及分析操作。

增设“出生日期”列，根据身份证号码提取出生年月日信息。

3．熟练掌握日期函数的使用，并能进行数据的统计及分析操作。

增设“年龄”列，根据已提取的出生年月信息计算员工年龄。

4．熟练掌握“数据验证”功能。

增设“性别”列，并对该列数据设置“数据验证”。对于身份证倒数第二位为奇数的，在“数据验证”下拉选项中设为“男”，反之则为“女”。

5．熟练掌握逻辑函数的使用，并能进行数据的统计及分析操作。

增设“部门”列，对于英语和数理逻辑都大于等于 90 分且截至 2019 年年底年龄小于等于 28 周岁的员工，分配进入“投资部”；有任何一门低于 80 分的员工，分配进入“业务部”；其他员工分配进入“环球部”。

# 项目二 2

# Excel 在账务处理中的应用

【知识目标】

- 理解 Excel 环境下账务处理的流程。
- 掌握总账、明细账的编制原理。

【能力目标】

- 具有构架 Excel 总账系统的能力。
- 掌握相关 Excel 2013 函数公式并能熟练运用。
- 掌握 Excel 2013 数据透视表的相关操作。

## 学习情境

李燕通过完成了对 Excel 2013 基本内容的回顾，以及完成了职工信息表的制作之后，对 Excel 的操作熟悉了不少，于是她决定利用 Excel 软件对万隆灯具有限公司的财务进行全面改革，让财务工作更加准确和便捷。第一步就是要从账务处理着手。首先她需要建立一个账套，然后再根据账务处理的流程分别设置会计科目、输入会计凭证、进行试算平衡，最终形成科目汇总表。有了思路之后，她满怀信心地开始动工了。

公司 2019 年 11 月份的账户及期初余额见表 2-1。

表 2-1 万隆灯具有限公司 2019 年 11 月份的期初余额

| 科目编码 | 科目名称 | 期初余额 | |
|---|---|---|---|
| | | 借方 | 贷方 |
| 1001 | 库存现金 | 4520 | |
| 1002 | 银行存款 | 275381.25 | |
| 100201 | 工行 | 275381.25 | |
| 1012 | 其他货币资金 | 130000 | |
| 101201 | 外埠存款 | 20000 | |
| 101202 | 银行汇票 | 110000 | |
| 1101 | 交易性金融资产 | 45000 | |
| 1121 | 应收票据 | 200000 | |

（续）

| 科目编码 | 科目名称 | 期初余额 | |
|---|---|---|---|
| | | 借方 | 贷方 |
| 1122 | 应收账款 | 378000 | |
| 112201 | 龙华公司 | 200000 | |
| 112202 | 华东科技信息公司 | 350000 | |
| 112203 | 华成工程建筑公司 | | 172000 |
| 1123 | 预付账款 | 15250.8 | |
| 112301 | 佳成材料销售公司 | 25250.8 | |
| 112302 | 骏腾图文有限公司 | | 10000 |
| 1221 | 其他应收款 | 4800 | |
| 122101 | 李强 | 3500 | |
| 122102 | 张明 | 1300 | |
| 1231 | 坏账准备 | | 3261 |
| 1402 | 在途物资 | 368239.4 | |
| 140201 | 甲材料 | 178239.4 | |
| 140202 | 乙材料 | 190000 | |
| 140203 | 丙材料 | | |
| 1403 | 原材料 | 137810.87 | |
| 140301 | 甲材料 | 64898.72 | |
| 140302 | 乙材料 | 25748.38 | |
| 140303 | 丙材料 | 47163.77 | |
| 1405 | 库存商品 | 4036504.48 | |
| 140501 | A 产品 | 2562738.05 | |
| 140502 | B 产品 | 1473766.43 | |
| 1411 | 周转材料 | 52900 | |
| 141101 | 包装物 | 10000 | |
| 141102 | 低值易耗品 | 42900 | |
| 1511 | 长期股权投资 | 300000 | |
| 151101 | 滨江家居城 | 300000 | |
| 1601 | 固定资产 | 8634400 | |
| 1602 | 累计折旧 | | 2908991.23 |
| 1604 | 在建工程 | | |
| 1606 | 固定资产清理 | | |
| 1701 | 无形资产 | | |
| 170101 | 专利 | | |
| 1702 | 累计摊销 | | |
| 1801 | 长期待摊费用 | | |
| 2001 | 短期借款 | | 860000 |
| 2201 | 应付票据 | | 800000 |
| 2202 | 应付账款 | | 916850 |

（续）

| 科目编码 | 科目名称 | 期初余额 | |
|---|---|---|---|
| | | 借方 | 贷方 |
| 220201 | 海心公司 | | 525000 |
| 220202 | 宏达公司 | | 391850 |
| 2203 | 预收账款 | | |
| 2211 | 应付职工薪酬 | | |
| 221101 | 工资 | | |
| 221102 | 福利费 | | |
| 221103 | 社保 | | |
| 221104 | 公积金 | | |
| 2221 | 应交税费 | | |
| 222101 | 应交增值税（销项税额） | | |
| 222102 | 应交增值税（进项税额） | | |
| 222103 | 应交增值税（已交税金） | | |
| 222104 | 未交增值税 | | |
| 222105 | 应交所得税 | | |
| 222106 | 应交城市维护建设税 | | |
| 222107 | 应交教育费附加 | | |
| 222108 | 应交地方教育费附加 | | |
| 2231 | 应付利息 | | |
| 2232 | 应付股利 | | |
| 2241 | 其他应付款 | | 481000 |
| 224101 | 社保（个人） | | 381000 |
| 224102 | 公积金 | | 100000 |
| 2501 | 长期借款 | | |
| 250101 | 本金 | | |
| 250102 | 应付利息 | | |
| 4001 | 实收资本 | | 6000000 |
| 400101 | 张纪真 | | 2000000 |
| 400102 | 周荣斌 | | 2000000 |
| 400103 | 北城电缆公司 | | |
| 400104 | 华芳家私公司 | | 2000000 |
| 4002 | 资本公积 | | |
| 400201 | 资本溢价 | | |
| 4101 | 盈余公积 | | |
| 410101 | 法定盈余公积 | | |
| 4103 | 本年利润 | | 167657 |
| 4104 | 利润分配 | | 2445047.57 |
| 410401 | 未分配利润 | | 2445047.57 |
| 5001 | 生产成本 | | |
| 500101 | A产品 | | |

（续）

| 科目编码 | 科目名称 | 期初余额 | |
|---|---|---|---|
| | | 借方 | 贷方 |
| 500102 | B 产品 | | |
| 5101 | 制造费用 | | |
| 6001 | 主营业务收入 | | |
| 600101 | A 产品 | | |
| 600102 | B 产品 | | |
| 6051 | 其他业务收入 | | |
| 6061 | 营业外收入 | | |
| 6111 | 投资收益 | | |
| 6401 | 主营业务成本 | | |
| 640101 | A 产品 | | |
| 640102 | B 产品 | | |
| 6402 | 其他业务成本 | | |
| 6403 | 税金及附加 | | |
| 640301 | 城市维护建设税 | | |
| 640302 | 教育费附加 | | |
| 640303 | 地方教育费附加 | | |
| 6601 | 销售费用 | | |
| 660101 | 广告费 | | |
| 660102 | 工资 | | |
| 660103 | 社保 | | |
| 660104 | 公积金 | | |
| 6602 | 管理费用 | | |
| 660201 | 办公费 | | |
| 660202 | 工资 | | |
| 660203 | 折旧费 | | |
| 660204 | 差旅费 | | |
| 660205 | 交通费 | | |
| 660206 | 社保 | | |
| 660207 | 公积金 | | |
| 6603 | 财务费用 | | |
| 6711 | 营业外支出 | | |
| 6801 | 所得税费用 | | |

假设该公司 2019 年 11 月份的具体业务如下：

1. 公司收到北城电缆公司 2000000 元的货币资金投资，投资款已存入银行。

2. 公司收到华芳家私公司投入的专利。双方协商定价为 50000 元。

3. 公司从工商银行取得为期 3 个月的银行借款 30000 元，存入银行存款户。

4. 公司因生产经营需要向银行申请为期 3 年的长期借款 800000 元，款项已划转入公司的银行存款户。

5. 向易达公司购入甲材料 1000 千克，每千克买价 100 元，支付增值税 13000 元；

购入乙材料2000千克，每千克买价50元，支付增值税13000元；购入甲、乙两种材料运杂费为3000元。上述材料成本费用均以银行存款支付，材料尚未到达。假设运杂费按采购材料的重量进行分配。（增值税税率13%，下同）

6. 上述甲、乙两材料已如数验收入库。

7. 从海心公司购入甲材料5000千克，每千克100元，取得海心公司开具增值税专用发票上注明价款500000元，增值税额65000元，材料还在采购途中尚未入库，款项尚未支付。

8. 上述甲材料到达，验收无误，已办妥入库手续。

9. 以银行存款600000元支付前欠海心公司货款。

10. 公司财务部门根据仓库转来的领料凭证，编制本月材料耗用汇总表见表2-2。

**表2-2 材料耗用汇总表**

2019年11月

| 用途 | 甲材料 | | 乙材料 | | 丙材料 | | 金额合计 |
|---|---|---|---|---|---|---|---|
| | 数量 | 金额 | 数量 | 金额 | 数量 | 金额 | |
| A产品耗用 | 1000 | 101000 | 200 | 10200 | | | 111200 |
| B产品耗用 | 2000 | 202000 | 400 | 20400 | | | 222400 |
| 制造车间一般耗用 | | | 400 | 20400 | 200 | 4000 | 24400 |
| 合计 | 3000 | 303000 | 1000 | 51000 | 200 | 4000 | 358000 |

11. 公司本月发放工资明细情况如下：

制造A产品工人工资29000元，制造B产品工人工资10000元，制造车间管理人员工资9000元，销售部门员工工资15000元，其他管理人员工资48000元。

12. 代扣个人社保11655元，代扣个人公积金11100元，委托银行代发本月职工工资88245元。

13. 公司购买办公用品花费现金500元。

14. 职工李强报销差旅费3500元。

15. 公司用现金支付员工市内交通费200元。

16. 公司销售A产品1000件，每件售价1000元，开出增值税专用发票，货款1000000元，增值税款130000元。货款及增值税款已收到并存入银行。

17. 公司销售给华成工程建筑公司B产品500件，每件售价1000元，开出增值税专用发票，其中货款500000元，增值税款65000元。货已发出，货款及增值税款尚未收到。

18. 公司以银行存款支付销售产品的广告宣传费10000元。

19. 支付本期借款利息1200元。

20. 经核定公司应付宏达公司的账款20000元，因宏达公司撤销长期无法支付，经批准转作营业外收入处理。

21. 经董事会研究决定，拨付25000元捐赠给希望工程，用于发展边远地区教育事业。

22. 月末计提固定资产的折旧费，其中生产车间用固定资产折旧费29143.22元，管理部门用固定资产折旧费24463.11元。

23. 按照工资总额的 26.45%、10%分别计提企业社保和住房公积金。

24. 本月生产车间共发生制造费用 65823.72 元，按生产工人工资比例分配。A 产品分配制造费用 48945.84 元，B 产品分配制造费用 16877.88 元。

25. 公司本月生产的 A 产品全部未完工，累计发生生产成本总额 199716.34 元；B 产品完工 410 件，实际生产成本 252922.88 元。根据生产成本明细账编制产品成本计算单，见表 2-3、表 2-4。

**表 2-3　产品成本计算单**

产品名称：A 产品　　2019 年 11 月　　完工产品量：0 件

| 摘　要 | 成本项目 | | | 合　计 |
|---|---|---|---|---|
| | 直接材料 | 直接人工 | 制造费用 | |
| 本月生产成本 | 111200 | 39570.5 | 48945.84 | 199716.34 |
| 完工产品成本 | 0 | 0 | 0 | 0 |
| 产品单位成本 | 0 | 0 | 0 | 0 |
| 期末在产品成本 | 111200 | 39570.5 | 48945.84 | 199716.34 |

**表 2-4　产品成本计算单**

产品名称：B 产品　　2019 年 11 月　　完工产品量：410 件　　期末在产品量：0 件

| 摘　要 | 成本项目 | | | 合　计 |
|---|---|---|---|---|
| | 直接材料 | 直接人工 | 制造费用 | |
| 本月生产成本 | 222400 | 13645 | 16877.88 | 252922.88 |
| 完工产品成本 | 222400 | 13645 | 16877.88 | 252922.88 |
| 产品单位成本 | 542.44 | 33.28 | 41.17 | 616.89 |
| 期末在产品成本 | 0 | 0 | 0 | 0 |

26. 结转本月售出产品的生产成本共计 708000 元。其中 A 产品 1000 件，每件生产成本 400 元，计 400000 元；B 产品 500 件，每件生产成本 616 元，计 308000 元。

27. 公司出售多余丙材料 10000 元，收取增值税款 1600 元，材料已发出，货款存入银行。

28. 上例所售丙材料的成本为 5000 元，结转材料销售成本。

29. 按照 7%、3%和 2%的比例分别计提应缴的城建税、教育费附加和地方教育费附加。

30. 公司本期各收支账户净发生额如下，期末分别将其转入“本年利润”账户：

| | | | |
|---|---|---|---|
| 主营业务收入 | 1500000 | 主营业务成本 | 708000 |
| 其他业务收入 | 10000 | 营业外收入 | 20000 |
| 销售费用 | 30467.5 | 管理费用 | 94159.11 |
| 财务费用 | 1200 | 其他业务成本 | 5000 |
| 营业外支出 | 25000 | | |

---

若要完成万隆灯具有限公司 2019 年 11 月份的账务处理流程需分成以下几项工作任务：建账——设置账户——输入期初余额——输入记账凭证——生成总账。

① 建账：用 Excel 建立一个工作簿，并建立若干张工作表，用以分别存放会计科目、记账凭证，以及根据记账凭证自动生成的科目汇总表和总账汇总表。

② 设置账户：建立“会计科目”工作表，录入该公司常用的科目代码和科目名称。

③ 输入记账凭证：建立“201911 凭证”工作表，在此表中输入所有业务凭证。

④ 生成科目汇总账：建立“科目汇总表”工作表，录入科目代码、科目名称、期初数据，根据记账凭证的业务计算出本期借贷方发生额，在试算平衡的基础上，计算出期末借贷方余额。

⑤ 生成总账：建立“总账汇总表”，利用静态复制和动态数据透视表功能自动生成总账汇总表。

# 任务一 建立账套

所谓建账即用 Excel 建立一个工作簿，并建立若干张工作表，用以分别存放会计科目及其期初余额、记账凭证，以及根据记账凭证自动生成的总账和明细账等。

在该任务中需要明确工作簿与工作表的关系，用到的操作技能是新建工作簿与工作表、对工作表进行重命名。具体操作步骤如下：

## 一、创建工作簿

新建一个工作簿将其重命名为“万隆灯具有限公司账务处理”，保存在 D 盘“万隆灯具有限公司财务表格”文件夹里。打开该工作簿，双击工作表 Sheetl 标签，更名为“封面”；将 Sheet2 命名为“会计科目”；将 Sheet3 命名为“201911 凭证”。增加工作表 Sheet4、Sheet5，分别命名为“科目汇总表”和“总账汇总表”。

## 二、设计封面

在“封面”工作表中输入以下信息，如图 2-1 所示。适当调整封面的样式，以字迹能够清晰可见、颜色搭配适当为准则。

选择 D6 单元格，利用数据验证设置年份序列为 2018、2019、2020，当然，随着时间的推移，该序列应结合工作实际设置年份序列；用同样的方法设置 F6 单元格的序列为 1～12，如图 2-2 所示。

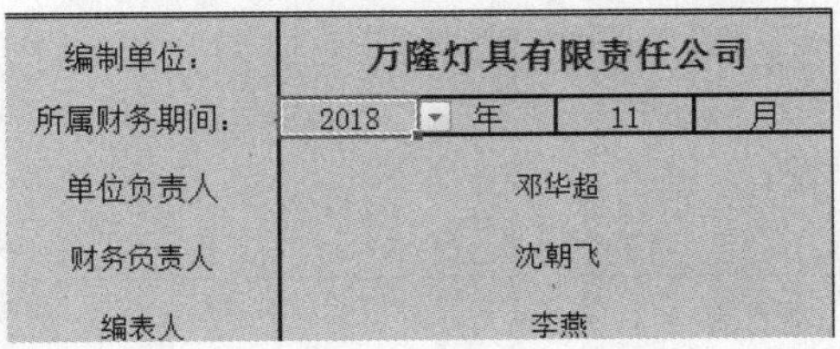


图 2-1 封面

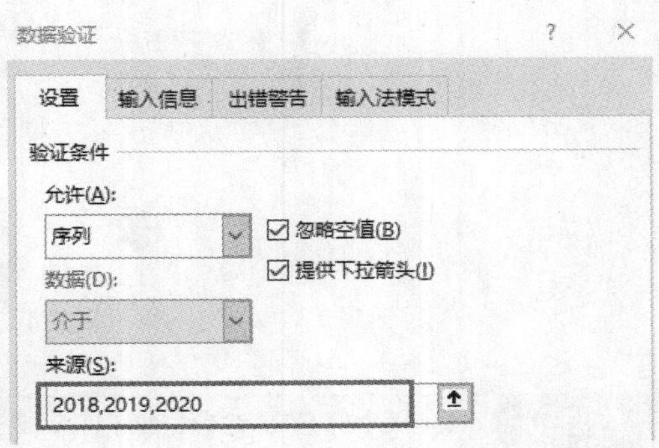


图 2-2 月份数据验证

# 任务二　设置会计科目

会计科目是会计记账的核心，一般分为一级科目、二级科目等，本任务中的一级科目根据小公司会计准则中的会计科目编号和名称进行设置，并在其下设置必要的明细科目。为了提高工作效率，通常以“科目编码”取代“科目名称”作为输入会计科目的依据。单击“会计科目”工作表，执行以下步骤：

## 一、设置单元格格式

（1）在 A1 单元格中输入“科目编码”，B1 单元格中输入“科目名称”，选择 A 列，右击选择“设置单元格格式”命令，弹出“设置单元格格式”对话框，设置数字类型为文本。

（2）利用数据验证对单元格进行限制。首先，选中 A2 单元格，单击“数据验证”后，在对话框中输入公式，如图 2-3 所示，以此来限制单元格的编码是唯一的、不重复的。设置好后，在“出错警告”选项卡中输入错误信息提示，如图 2-4 所示。设置好 A2 单元格后，将鼠标移到 A2 单元格的右下角，向下拖动填充柄到 A118 单元格。（小提示：这个拖动不受限制，当科目增加时可以随时往下拖动，以达到复制限制条件的作用。）

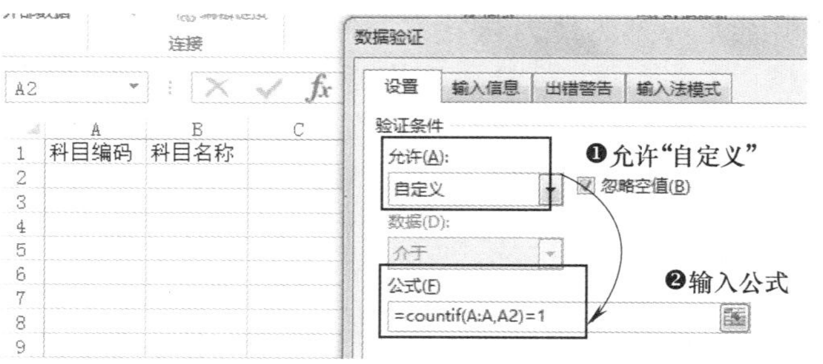


图 2-3 “数据验证”对话框

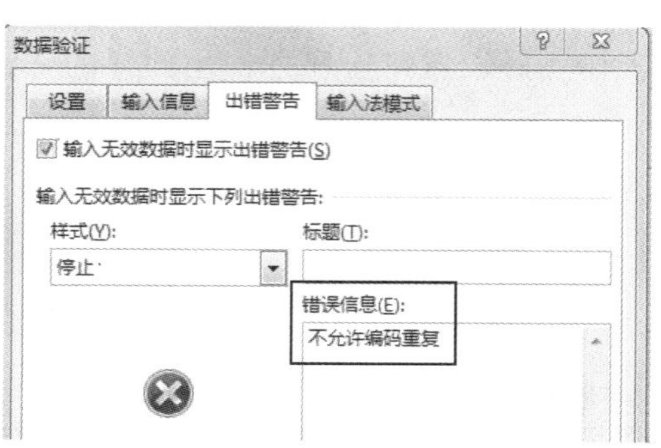


图 2-4 出错警告

**小技巧 2-1　COUNTIF、COUNTIFS 函数**

在本任务中，主要涉及的函数是 COUNTIF，该函数用于对指定区域中符合特定条件的单元格进行计数。

语法格式为：COUNTIF(range,criteria)

其中，第一个参数“range”表示要进行计数的指定区域，可以包括数字、数组、命名区域或包含数字的引用；第二个参数“criteria”用于决定要统计的数字、表达式、单元格引用或文本字符串。

“=COUNTIF(A:A,A2)=1”表示的意思是 A 列中等于 A2 单元格的个数是否为 1，即检测 A 列中 A2 是否为唯一值。若不是，则返回出错警告“不允许编码重复”。

COUNTIFS 函数是 COUNTIF 函数的扩展。用法与 COUNTIF 类似，但 COUNTIF 针对单一条件，而 COUNTIFS 可以实现对多个条件同时求结果，用来统计多个区域中满足给定条件的单元格的个数。

语法格式为：COUNTIFS(criteria_range1,criteria1,criteria_range2,criteria2,…)

其中，criteria_range1 为第一个需要计算其中满足某个条件的单元格数目的单元格区域（简称条件区域），criteria1 为第一个区域中将被计算在内的条件（简称条件），其形式可以为数字、表达式或文本。同理，criteria_range2 为第二个条件区域，criteria2 为第二个条件，依此类推。

举例来说明一下。例如，李燕想统计下职工中学历为研究生、职称为高级的有多少人，这时就需要用到 COUNTIFS 函数了。首先打开“万隆灯具有限公司职工信息表”，选择 D18 单元格，利用插入函数找到统计函数中 COUNTIFS 函数，会弹出一个对话框，在“Criteria_range1”参数框中选择 D 列，“Criteria1”中写上“研究生”，意思是在 D 列找到满足“研究生”条件的个数；在“Criteria_range2”参数框中选择 E 列，“Criteria2”中写上“高级”，意思是在 E 列找到满足“高级”条件的个数，然后可以得出同时满足这两个条件的人数是 2 个，如图 2-5 所示。

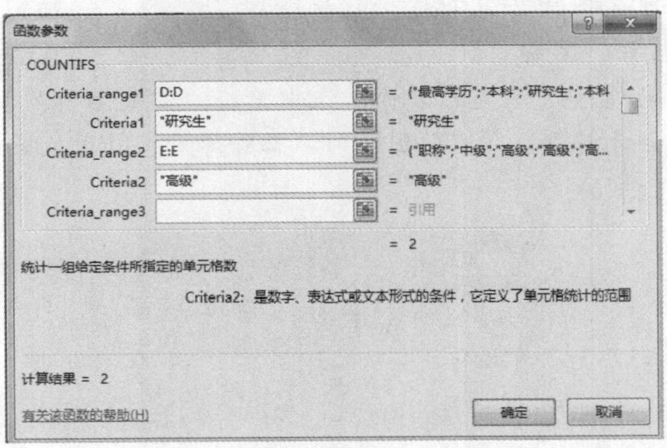


图 2-5 COUNTIFS 函数的例子

**小提示**

在 A 列输入科目编码时，先将 A 列都设为文本格式，然后再输入数字；或者在常规格式下，先输入单引号，然后再输入数字。但是切记不要先输入数字再改成文本格式，那样会引起后面的查找函数出现错误。当科目增加时，可以将 A 列单元格往下拖动，以达到复制限制条件的作用。

（3）美化工作表。选择 A1 和 B1 单元格，单击“开始”功能区“字体”组中“填充颜色”下拉按钮，选择合适的颜色。然后对照表 2-1 中的相关信息，在 A2 单元格中按需输入科目编码及相应的子科目编码，在 B2 单元格输入对应的科目名称及子科目名称。选择 A1:B118 单元格区域，单击“开始”功能区“字体”组中“边框”下拉按钮，选择“所有框线”。

单击“视图”功能区“窗口”组中“冻结窗格”下拉按钮，选择“冻结首行”命令，将 A1 和 B1 单元格及其内容固定在现有位置，不随行列的翻动而隐藏。

## 二、会计科目名称定义

会计科目表的内容将在后面的工作表中引用，为方便引用可以将工作表部分内容定义两个名称。在定义名称时需要用到一些技巧。

**小技巧 2-2　定义名称**

在创建比较复杂的工作簿时，使用名称可以方便和有效地管理工作簿，比使用单元格引用更清楚明了，这就是定义名称的功能。在定义名称时需要注意以下的命名规则，以免引起错误和冲突。

首先，名称可以是任意字符和数字的组合，字母不区分大小写，但是不能以数字开头；其次名称不能与单元格引用（如 Z$100 或 R1C1）相同，不能将字母“C”“c”“R”或“r”用作已定义名称；最后名称中不允许使用空格。

定义名称的具体做法有三种：一是使用编辑栏左端的名称框；二是使用“定义名称”对话框；三是用行或列标志创建名称。李燕在会计科目名称定义中采用的是第二种方法，也就是使用“定义名称”对话框。具体操作为：

**1．定义“会计科目”名称**

首先在“公式”功能区“定义的名称”组中单击“定义名称”按钮，弹出对话框，将“名称”定义为“会计科目”，“范围”为“工作簿”，引用范围选择 A2:C200 区域，如图 2-6 所示。

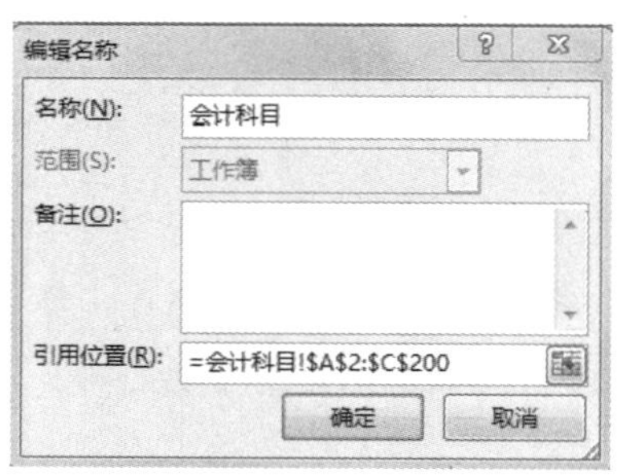


图 2-6　定义“会计科目”名称

**2．定义“科目代码”名称**

同样在“公式”功能区“定义的名称”组中单击“定义名称”按钮，弹出对话框，将“名称”定义为“科目代码”，“范围”为“工作簿”，“引用位置”为“=OFFSET(会计科目!$A$2,,,COUNTA(会计科目!$A$1:$B$200),1)”，如图 2-7 所示。

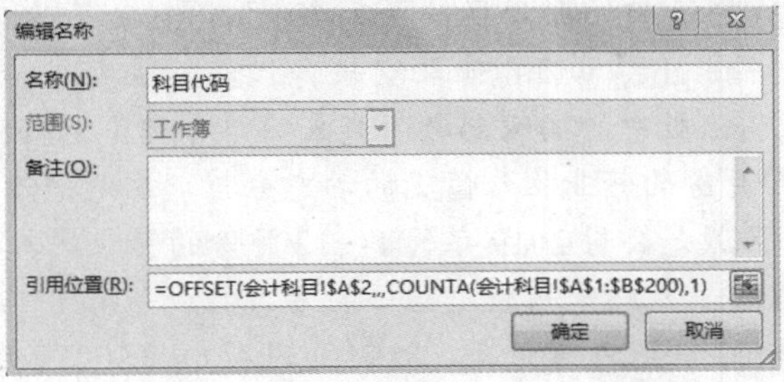


图 2-7 定义“科目代码”名称

## 小技巧 2-3 COUNTA、COUNT、COUNTBLANK 函数的应用

COUNTA 函数功能是返回参数列表中非空值的单元格个数。利用函数 COUNTA 可以计算单元格区域或数组中包含数据的单元格个数。

语法格式为：COUNTA(value1,[value2],...)

其中，“value1,[value2],...”为所要计算的值，参数个数为 1～255 个。在这种情况下，参数值可以是任何类型，它们可以包括空字符("")，但不包括空白单元格。如果参数是数组或单元格引用，则数组或引用中的空白单元格将被忽略。本任务中“COUNTA(会计科目!$A$1:$B$200)”表示对会计科目工作表中 A1:B200 中非空单元格进行计数。

COUNT 函数是计算参数列表中的数字项的个数，也就是说只有数字类型的数据才被计数，错误值、空值、逻辑值、文字则被忽略。

语法格式为：COUNT(value1,[value2],...)

其中，“value1,[value2],...”是包含或引用各种类型数据的参数（1～255 个）。

COUNTBLANK 函数是计算指定单元格区域中空白单元格的个数。

语法格式为：COUNTBLANK(range)

该函数只有一个参数 range，代表的是区域。

## 小技巧 2-4 OFFSET 函数的应用

OFFSET 函数的功能是以指定的引用为参照系，通过给定偏移量得到新的引用。返回的引用可以为一个单元格或单元格区域，并可以指定返回的行数或列数。

语法格式为：OFFSET(reference,rows,cols,[height],[width])

reference 为偏移量参照系的引用区域。reference 必须为对单元格或相连单元格区域的引用；否则，函数 OFFSET 返回错误值“#VALUE!”。

OFFSET 函数

rows 为相对于偏移量参照系的左上角单元格上（下）偏移的行数。行数可为正数（代表在起始引用的下方）或负数（代表在起始引用的上方）。

cols 为相对于偏移量参照系的左上角单元格左（右）偏移的列数。列数可为正数（代表在起始引用的右边）或负数（代表在起始引用的左边）。

height 为高度，即所要返回的引用区域的行数。height 必须为正数。

width 为宽度，即所要返回的引用区域的列数。width 必须为正数。

其中，rows、cols、height、width 如果空缺，代表不偏移。

OFFSET 函数是引用函数中的高级函数。先来简单介绍下 OFFSET 函数的用法。李燕准备做一个 2019 年所需月份的营业收入情况的动态分析，首先打开“2019 年营业情况”工作表，可以看到 B2:D14 区域是公司 2019 年的 1～12 月份的营业收入和营业利润情况。F2:G2 区域是随机分析月份，G2 单元格采用数据验证的方式做成一个 1～12 月份的序列，在 G5 单元格要计算相应月份的营业收入累计数。这时要用到 OFFSET 函数和 MATCH 函数。

MATCH 函数语法格式为：MATCH(lookup_value,lookup_array,[match_type])

其中：lookup_value 表示要查找匹配的值，可以是数值、文本或逻辑值；lookup_array 表示含有要查找的值，这个值可以是连续单元格区域、一个数组或者是对某数组的引用；match_type 为数字-1、0 或 1，其中 0 表示精确匹配，1 表示小于等于 lookup_value 的最大值，-1 表示大于等于 lookup_value 的最小值。MATCH 函数返回的匹配值是查找的值在查找范围中的位置，而非其值本身。例如，在“2019 年营业情况”工作表的 F8 单元格中输入函数“=MATCH(G2,B2:B14,0)”，如图 2-8 所示，出现的结果是 6。意思是 G2 单元格“6 月”在 B2:B14 单元格区域中所处的位置是 6。

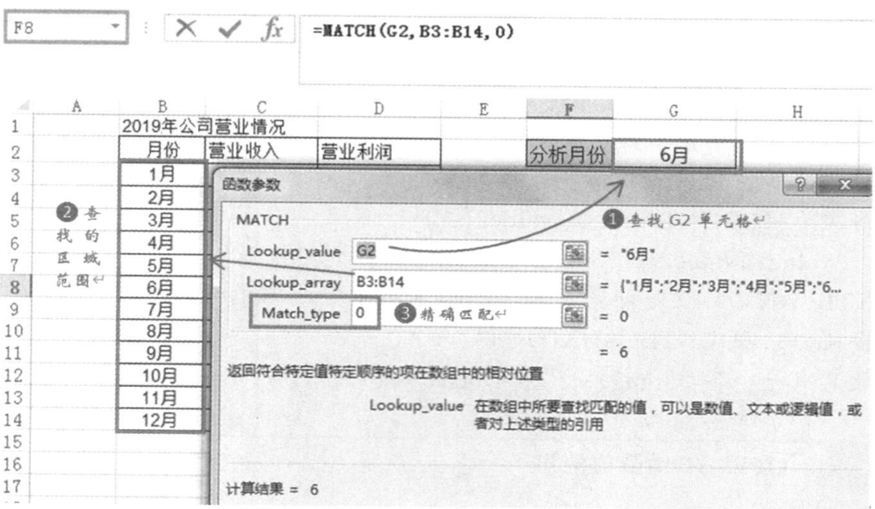


图 2-8 MATCH 函数的例子

回到计算营业收入累计数的任务中来，根据 G4 单元格的显示，现在要计算的是 1～6 月累计数，很明显 G4 单元格和 G2 单元格是密切相关的，G4 随着 G2 的变化而变化，这是因为 G4 单元格用了一个简单的连接符公式，“="1-"&G2&"累计数""，其中“1-”和“累计数”都要分别用""括起来，否则无法识别这是字符串，然后将 G2 单元格和这两个字符串连接起来，连接符就是&，最后呈现出来的效果就是 G4 单元格。由于 G4 单元格的内容可变，因此计算累计数不能简单用 SUM 函数完成，而是要让累加的区域也是可变的，这时就需要用到 OFFSET 函数。

具体做法为：单击 G5 单元格，利用插入函数找到 OFFSET 函数，弹出对话框，在第一个参数选择“B3”，意思是以 B3 单元格（1 月）作为参照物；第二个参数空缺，意味着从 B3 这行开始引用；第三个参数输入“1”，意味着往右边移动一列，也就是引用 C 列（营业收入）的内容；第四个参数是引用的高度的意思，因为这个月份是会变化的，因此这个参数要用到 MATCH 函数来定位高度，根据前面对 MATCH 函数的例子，填入“MATCH(G2,B3:B14,0)”，就是要根据 G2 单元格显示的月份去找到它所在的定位，这个位置就是高度；第五个参数空缺或者写上“1”，都意味着宽度不变，只有一列的宽度。用 OFFSET 函数将需要相加的区域引用好了之后，再用 SUM 函数相加就可以得到累计数了。OFFSET 函数的对话框以及最终结果如图 2-9 所示。营业利润的累计数也是利用相同的方法完成。

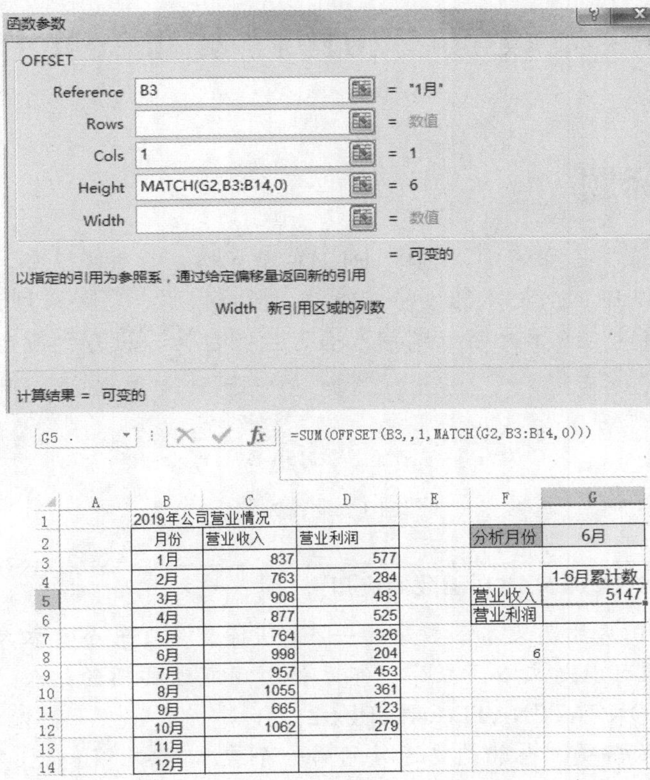


图 2-9　OFFSET 函数的例子

OFFSET 函数更为常用的用法是用来定义名称和区域引用。本任务就是这个用法的典型例子。李燕要达到的效果就是将科目代码区域都能够引用起来，而且所引用的区域不受科目代码增加或减少的影响，为了让这个被引用的区域能够更方便地被使用，可以将它定义成名称。因为 OFFSET 函数的五个参数中的后面两个参数代表的是高度和宽度，所以可以实现区域引用功能。

具体做法如下：以“会计科目”工作表的 A2 单元格为参照物作为第一个系数；因为不需要下移和右移行数，所以第二个、第三个参数空缺，不用填数；第四个参数也就是代表高度的参数，这是个变量，会随着 A 列所列的科目数量的变化而变化，因此需要用“COUNTA（会计科目!$A$1:$B$200）”函数来确定第四个参数；第五个参数代表的是宽度，因为只需要把会计科目那列定义为名称即可，因为宽度为 1，代表 1 列的宽度。最终得到的 OFFSET 函数为：OFFSET(会计科目!$A$2,,,COUNTA(会计科目!$A$1:$B$200),1)。

**小提示**

同学们可能会好奇 B200 这个区域是怎么界定的，之所以将高度设到 200，是为了防止明细科目不断增加所引起的行数增加的情况。后面遇到行数很大的情况也是同样的介绍，不再赘述。

# 任务三　设置“201911 凭证”工作表

## 一、设置标题

在“201911 凭证”工作表中，选中 B1:H1 单元格，合并单元格，输入标题，如图 2-10 所示。在 B3:H3 中依次输入凭证号、摘要、科目代码、总账科目、明细科目、借方金额、贷方金额；在 J3:L3 单元格分别输入借方金额合计、贷方金额合计、试算平衡。

图 2-10　设置标题

**小技巧 2-5　CONCATENATE 函数的应用**

CONCATENATE 函数是文本函数中的一个，可将最多 255 个文本字符串合并为一个文本字符串。连接项可以是文本、数字、单元格引用或这些项的组合。

语法格式为：CONCATENATE(text1,[text2],...)

其中，text1 是必需项，也就是要连接的第一个文本项，“[text2],...”为可选项，最多为 255 项。项与项之间必须用逗号隔开。

## 二、设置科目代码

科目代码所在的列需要设置数据验证。选择 D4 单元格，单击“数据验证”按钮，弹出“数据验证”对话框，“允许”栏选择“序列”，“来源”栏输入“=科目代码”，科目代码就是已经设置好的名称，这意味着“来源”栏除了可以直接输入文字外，还可以输入公式或者名称。单击“确定”按钮后，D4 单元格可以在下拉列表中选择合适的一个科目代码。数据验证的输入方法及结果如图 2-11 所示。然后将鼠标移到 D4 单元格的右下角，将填充柄向下拖动，就可以使下面的单元格也具有同样的数据验证效果。

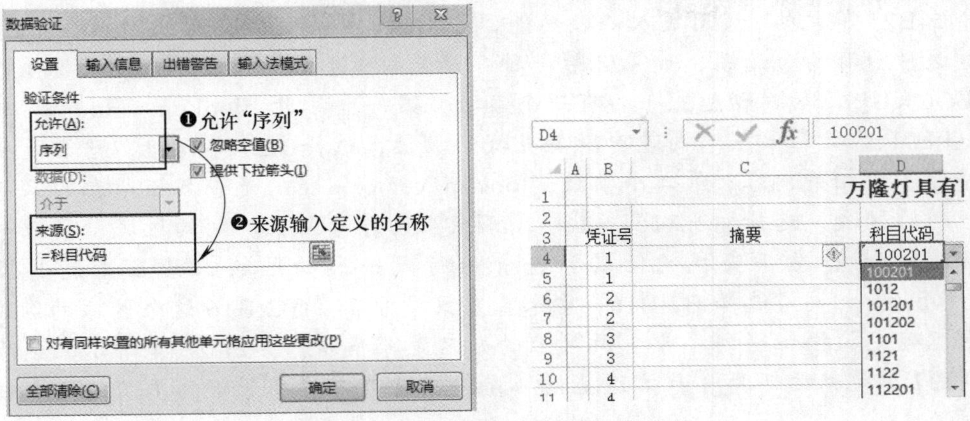


图 2-11　数据验证的输入方法及结果

# 三、设置总账科目和明细科目

一级科目、二级科目需要设置达到的效果是：一旦科目代码选好，就要自动跳出相应的科目名称。这时要用到 VLOOKUP 函数。

**小技巧 2-6　LOOKUP、VLOOKUP 函数的应用**

VLOOKUP 函数是查找函数中最基础的一个函数。它和 LOOKUP 函数以及 HLOOKUP 函数属于一类函数，但是三者又有明显区别。下面用一个简单的例子来说明。

1. LOOKUP 函数

LOOKUP 函数有两种语法形式：向量和数组。LOOKUP 函数的向量形式是在单行区域或单列区域（向量）中查找数值，然后返回第二个单行区域或单列区域中相同位置的数值；LOOKUP 函数的数组形式在数组的第一行或第一列查找指定的数值，然后返回数组的最后一行或最后一列中相同位置的数值。

以"万隆灯具有限公司职工信息表"为例。在 A20 单元格输入"查询编码"，然后将 B1:M1 单元格的内容复制到 B20:M20 单元格。单击 A21 单元格，先用数据验证功能做成一个序号序列，单击"确定"按钮，就可以得到一个编号序列，如图 2-12 所示。

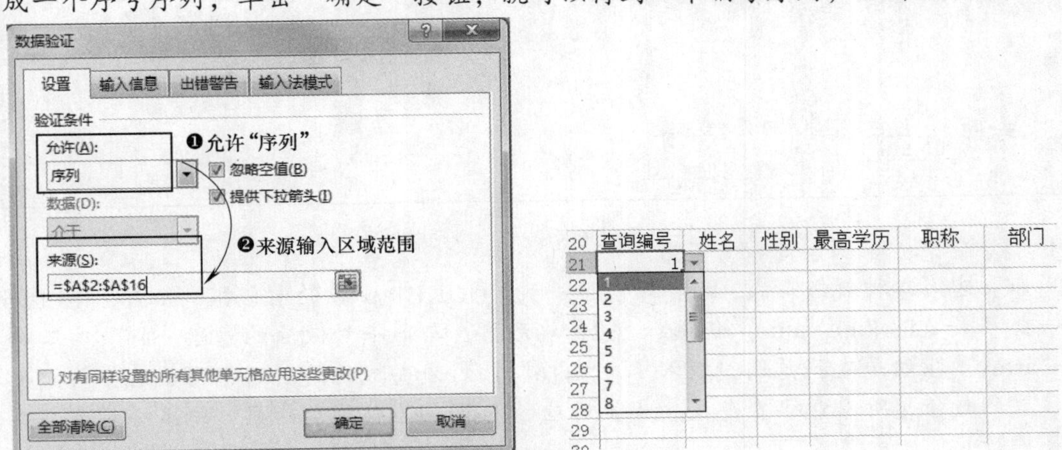


图 2-12　数据验证功能

单击 B21 单元格，利用插入函数功能，找到 LOOKUP 函数，弹出对话框如图 2-13 所示。这时会有两个选项，如果选第一种，就是向量形式，单击“确定”按钮后，会弹出 LOOKUP 函数对话框，一共有三个参数，第一个参数“lookup_value”指的是函数 LOOKUP 函数在第一个向量中所要查找的数值，选择 A21 单元格，意思是要查找的是序号 1 的相关内容；第二个参数“lookup_vector”指的是查找值所在的只包含一行或一列的区域，选择 A2:A16，就是 A21 代表的序号所在的列的区域；第三个参数“result_vector”是指查找的结果只包含一行或一列的区域，并且其大小必须与 lookup_vector 相同。选择 B2:B16，意味着查找序号 1 在 B2:B16 这个区域的结果，最后单击“确定”按钮得到序号 1 所对应的姓名是邓华超，如图 2-14 所示。然后将鼠标移到 B2 单元格右下角，往右边拖动填充柄，就可以将序号 1 的员工的所有信息都查找到了。

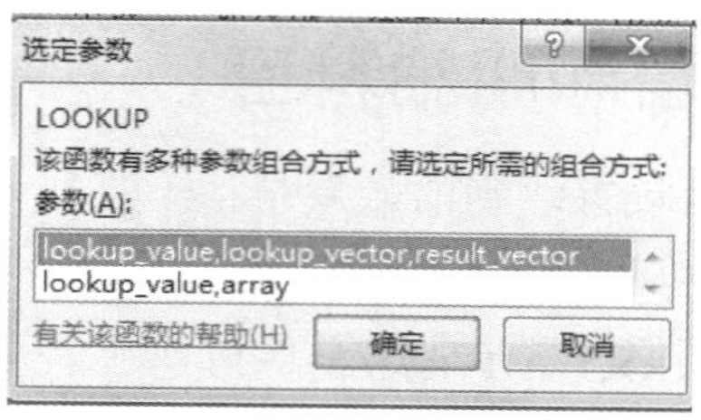


图 2-13　LOOKUP 函数的组合方式

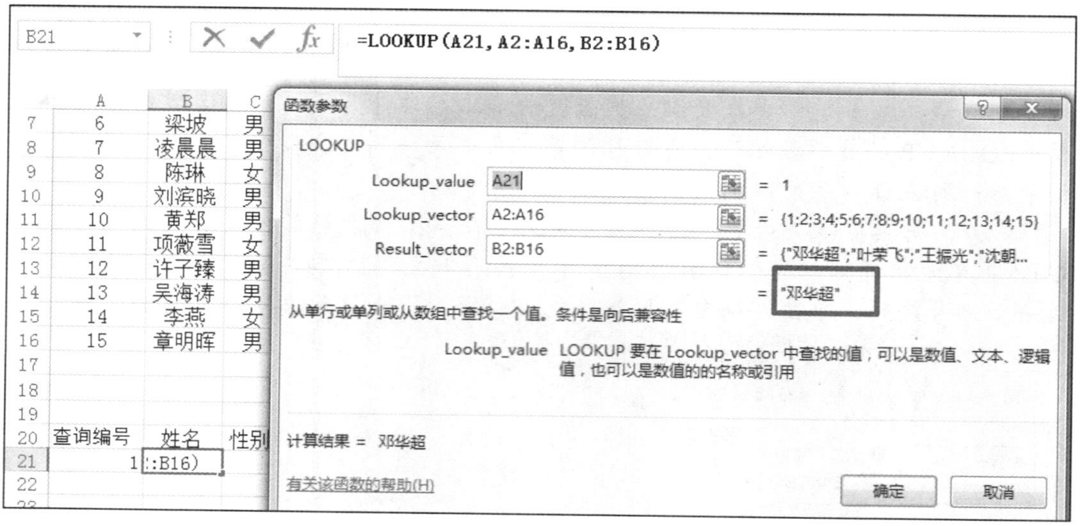


图 2-14　LOOKUP 向量形式的例子

如果选第二种数组形式，就会弹出另一种 LOOKUP 函数的对话框，如图 2-15 所示，第一个参数“lookup_value”仍选择 A21 单元格，与第一种做法的意思一样，第二个参数“array”指的是查找范围，输入“A2:B16”，因为查找的是所选范围最后一行或列相同位置的数值，所以意味着查找序号 1 对应的 B 列相应位置的结果，与第一种方法查找结果一致。

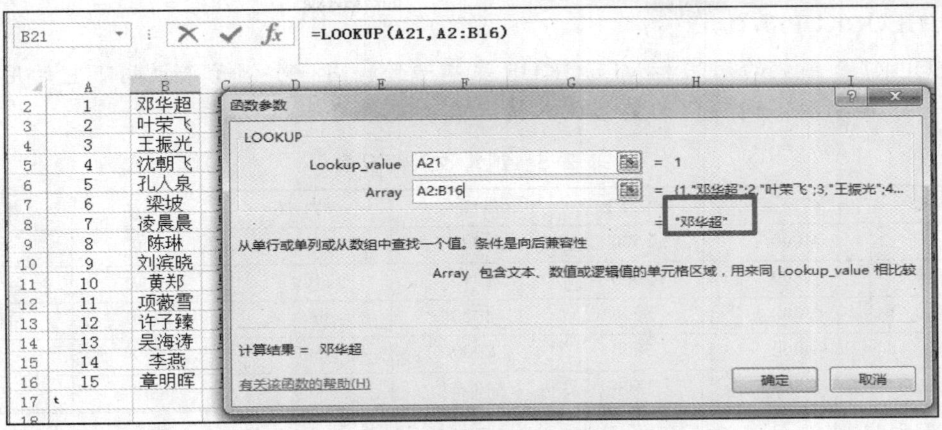

图 2-15 LOOKUP 数组形式的例子

**2．VLOOKUP 函数**

VLOOKUP 函数的用法与 HLOOKUP 函数更为接近些，只是 HLOOKUP 是按行查找的，VLOOKUP 是按列查找的。由于表格编制习惯的缘故，VLOOKUP 函数比 HLOOKUP 函数要常用得多，因此先看 VLOOKUP 函数的用法。

语法格式为：VLOOKUP(lookup_value,table_array,col_index_num,[range_lookup])。

其中：lookup_value 表示要查找的值，可以是数值、引用或字符串；table_array 表示要查找的区域，可以是对区域或区域名称的引用；col_index_num 表示满足条件的单元格在数组区域 table_array 中的序列号，用数字表示；range_lookup 有两个选项，如果选 FALSE 或者输入 0，代表精确匹配，如果选择 TURE 或不填，代表模糊匹配。

仍以前面的例题为例，在“万隆灯具有限公司职工信息表”的 B22 单元格中，用插入函数功能插入 VLOOKUP 函数，弹出对话框，如图 2-16 所示，在第一个参数中输入 A21，意思是要查找的是序号 1 的相关内容；在第二个参数中输入“A1:M16”，意味着在 A1:M16 这个区域中查找；在第三个参数中输入“2”，意味着从 A1:M16 这个区域中的第二列中查找；在第四个参数中输入 0，代表精确查找，如果不输入或者输入 1，则代表模糊匹配。

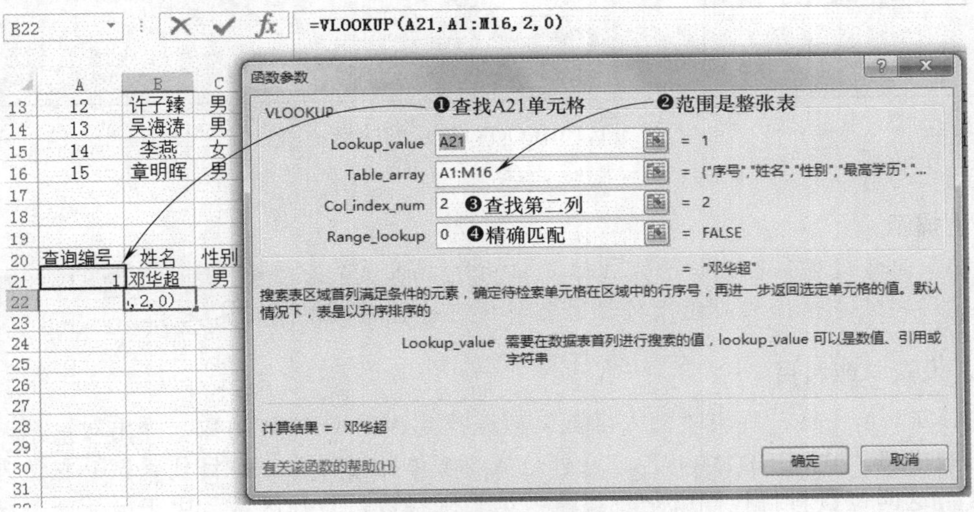


图 2-16 VLOOKUP 函数举例

### 3. HLOOKUP 函数

HLOOKUP 函数的用法和 VLOOKUP 基本一致，用一个例子来说明下它的用法。例如，有一张各季度不同部门的销售收入情况表，见表 2-5。

**表 2-5　销售收入情况表**

| 部门名称 | 部门 A | 部门 B | 部门 C | 部门 D | 部门 E | 部门 F |
|---|---|---|---|---|---|---|
| 第一季度 | –4000 | 3500 | 2000 | –1500 | 800 | 500 |
| 第二季度 | 1800 | –2000 | 4000 | 2100 | 3000 | –1000 |
| 第三季度 | 3000 | 5000 | –4000 | –3000 | 2000 | –1000 |
| 第四季度 | 4000 | 5000 | 2000 | 1500 | 800 | 500 |
| 全年合计 | 4800 | 11500 | 4000 | –900 | 6600 | –1000 |

如果要找到各个部门全年合计数，则可以选择 C12 单元格，利用插入函数功能找到 HLOOKUP 函数，弹出对话框如图 2-17 所示，四个参数中除了第三个参数和 VLOOKUP 函数不同之外，其他参数的用法都是一样的，第一个参数输入查找值“C11”（部门 A），第二个参数选择整个区域，当然必须是部门 A 所在的行为第一行，第三个参数是找全年合计所在的行数，输入“6”，第四个参数输入“0”，代表精确匹配。这样就能得到部门 A 的全年合计数是 4800。

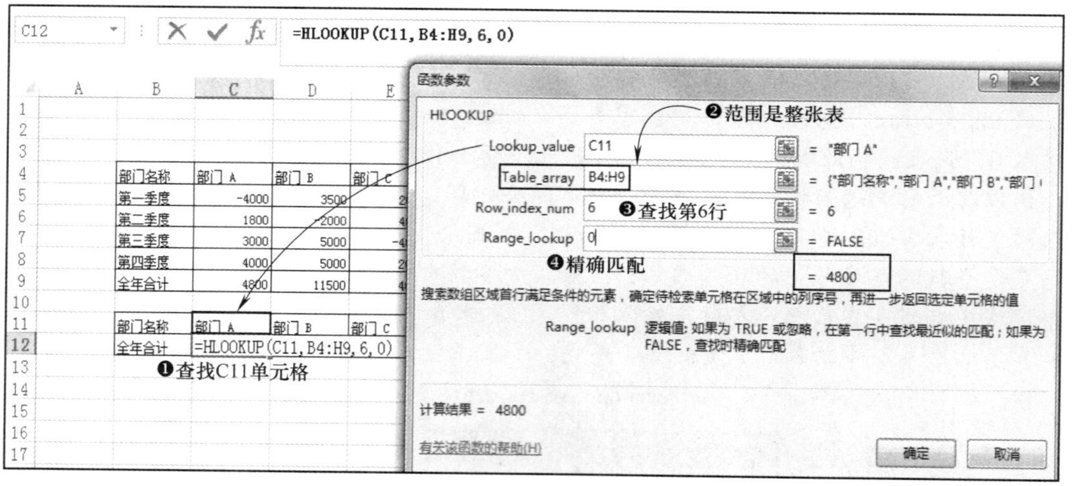


图 2-17　HLOOKUP 函数的例子

**小提示**

有些同学设置好公式后会发现单元格出现“#N/A”的符号，这是因为 D 列的科目代码这栏还没有选择相应的代码，因此科目名称也就无法显示出来了。

### 1. 设置总账科目

选择 E4 单元格，利用“插入函数”按钮找到 VLOOKUP 函数，弹出对话框，在第一个参数中输入“LEFT(D4,4)”，意思是从 D4 单元格（即“科目代码”）左边开始取四位数，这四位数科目代码就是查找值；第二个参数是查找区域，由于前面李燕已经将会计科目设置成名称了，所以在查找区域输入“会计科目”这个名称即可；第三个参数是输入科目代码所对应的会计科目所在的列，根据会计科目名称的设置可以看出会计科目是在第二列，因此输入“2”；第四个参数输入“0”，代表精确匹配。输入方式及结果如图 2-18 所示。单击“确定”按钮，然后往下复制公式。

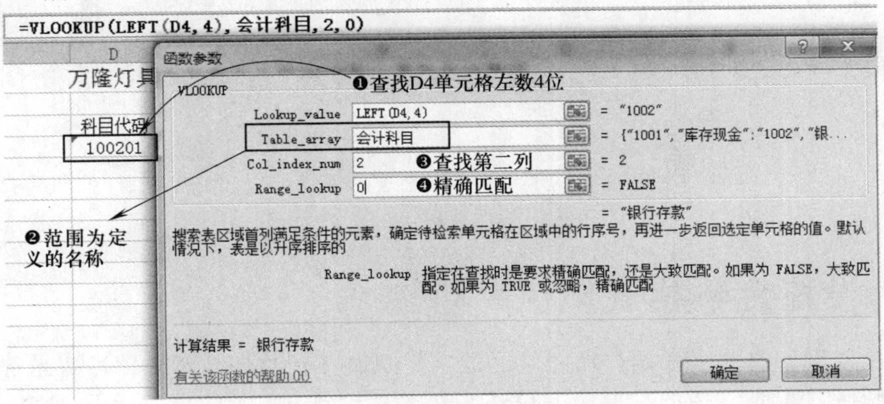


图 2-18 选取总账科目

### 2．设置明细科目

选择 F4 单元格，利用“插入函数”按钮找到 VLOOKUP 函数，在弹出的对话框中输入参数，如图 2-19 所示这样就可以直接得到代码所对应的明细科目。

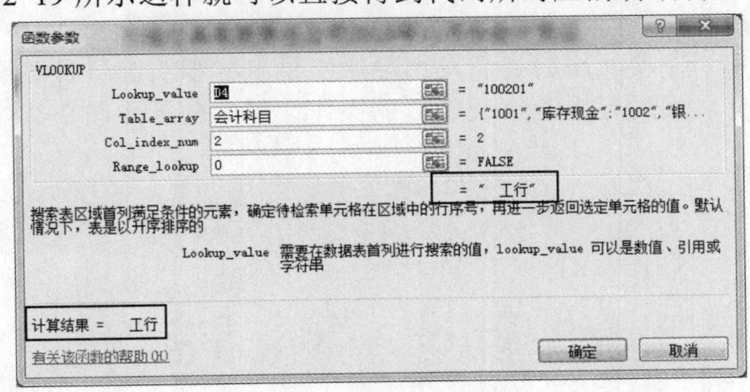


图 2-19 VLOOKUP 函数

但是，如果仅仅输入这个函数会出现一些问题，如当科目代码为四位数时，我们此处假定收到的投资款为库存现金，那么在明细科目栏就又会出现一次总账科目，如图 2-20 所示。

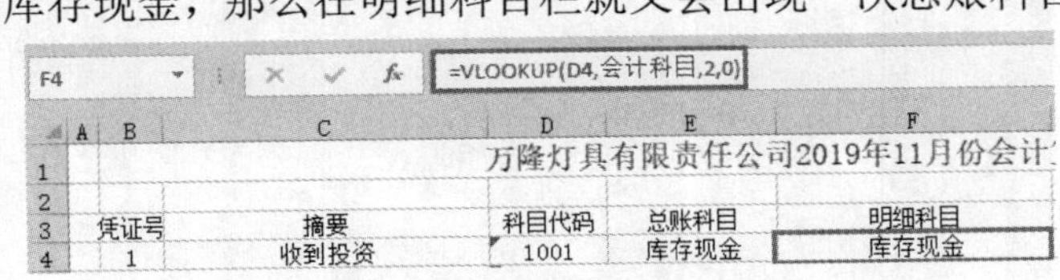


图 2-20 重复显示科目

因此需要在 VLOOKUP 函数前面加一个 IF 函数，用于在不存在明细科目的情况下不显示任何值。在此函数前输入“IF”，在弹出的对话框中分别输入三个参数，如图 2-21 所示，意思是如果 D4 单元格的位数不是四位的话，那么就直接用 VLOOKUP 函数取值，否则的话就显示空白值。单击“确定”按钮，然后往下复制公式。

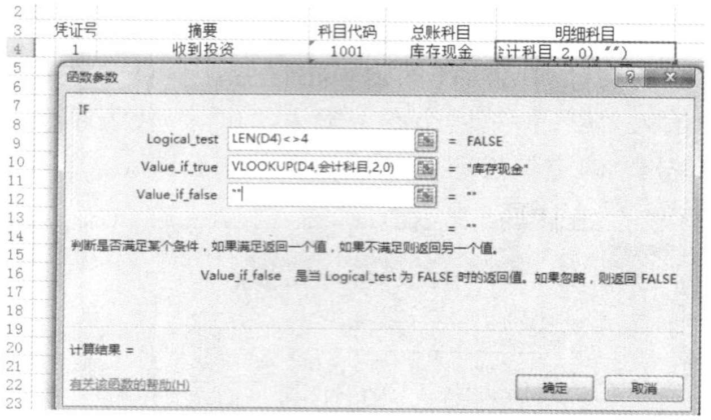


图 2-21　选取明细科目

## 四、设置金额格式

选择 G:H 列，单击“开始”功能区“数字”组右下角按钮，跳出“设置单元格格式”对话框，选择“数值”分类，保留两位小数，勾选“使用千位分配符”复选框。

## 五、输入会计分录

根据公司发生的经济业务，开始输入 2019 年 11 月份的每笔分录。在 B4 单元格输入数字“1”，代表 1 号凭证，C4 单元格输入摘要“收到投资”，D4 单元格选择科目代码“100201”，E4、F4 单元格会自动跳出总账科目名称和明细科目名称，G4 单元格输入“2000000”。在后面的行中也进行类似的操作，部分分录如图 2-22 所示。

万隆灯具有限责任公司2019年11月份会计凭证

| 凭证号 | 摘要 | 科目代码 | 总账科目 | 明细科目 | 借方金额 | 贷方金额 |
|---|---|---|---|---|---|---|
| 1 | 收到投资 | 100201 | 银行存款 | 工行 | 2,000,000.00 | |
| 1 | 收到投资 | 400103 | 实收资本 | 北城电缆公司 | | 2,000,000.00 |
| 2 | 收到专利投资 | 170101 | 无形资产 | 专利 | 50,000.00 | |
| 2 | 收到专利投资 | 400104 | 实收资本 | 华芳家私公司 | | 50,000.00 |
| 3 | 向银行借入短期借款 | 100201 | 银行存款 | 工行 | 30,000.00 | |
| 3 | 向银行借入短期借款 | 2001 | 短期借款 | | | 30,000.00 |
| 4 | 向银行借入长期借款 | 100201 | 银行存款 | 工行 | 800,000.00 | |
| 4 | 向银行借入长期借款 | 250101 | 长期借款 | 本金 | | 800,000.00 |
| 5 | 购入材料，尚未入库 | 140201 | 在途物资 | 甲材料 | 101,000.00 | |
| 5 | 购入材料，尚未入库 | 140202 | 在途物资 | 乙材料 | 102,000.00 | |
| 5 | 购入材料，尚未入库 | 222102 | 应交税费 | 应交增值税（进项税额） | 26,000.00 | |
| 5 | 购入材料，尚未入库 | 100201 | 银行存款 | 工行 | | 229,000.00 |
| 6 | 材料验收入库 | 140301 | 原材料 | 甲材料 | 101,000.00 | |
| 6 | 材料验收入库 | 140302 | 原材料 | 乙材料 | 102,000.00 | |
| 6 | 材料验收入库 | 140201 | 在途物资 | 甲材料 | | 101,000.00 |
| 6 | 材料验收入库 | 140202 | 在途物资 | 乙材料 | | 102,000.00 |
| 7 | 购入材料，尚未入库 | 140201 | 在途物资 | 甲材料 | 500,000.00 | |
| 7 | 购入材料，尚未入库 | 222102 | 应交税费 | 应交增值税（进项税额） | 65,000.00 | |
| 7 | 购入材料，尚未入库 | 220201 | 应付账款 | 海心公司 | | 565,000.00 |
| 8 | 材料验收入库 | 140301 | 原材料 | 甲材料 | 500,000.00 | |
| 8 | 材料验收入库 | 140201 | 在途物资 | 甲材料 | | 500,000.00 |
| 9 | 支付货款 | 220201 | 应付账款 | 海心公司 | 600,000.00 | |
| 9 | 支付货款 | 100201 | 银行存款 | 工行 | | 600,000.00 |
| 10 | 材料耗用 | 500101 | 生产成本 | A产品 | 111,200.00 | |
| 10 | 材料耗用 | 500102 | 生产成本 | B产品 | 222,400.00 | |
| 10 | 材料耗用 | 5101 | 制造费用 | | 24,400.00 | |
| 10 | 材料耗用 | 140301 | 原材料 | 甲材料 | | 303,000.00 |
| 10 | 材料耗用 | 140302 | 原材料 | 乙材料 | | 51,000.00 |
| 10 | 材料耗用 | 140303 | 原材料 | 丙材料 | | 4,000.00 |
| 11 | 计提工资 | 500101 | 生产成本 | A产品 | 29,000.00 | |
| 11 | 计提工资 | 500102 | 生产成本 | B产品 | 10,000.00 | |
| 11 | 计提工资 | 5101 | 制造费用 | | 9,000.00 | |
| 11 | 计提工资 | 660102 | 销售费用 | 工资 | 15,000.00 | |
| 11 | 计提工资 | 660202 | 管理费用 | 工资 | 48,000.00 | |
| 11 | 计提工资 | 221101 | 应付职工薪酬 | 工资 | | 111,000.00 |
| 12 | 发放工资 | 221101 | 应付职工薪酬 | 工资 | 111,000.00 | |
| 12 | 发放工资 | 224101 | 其他应付款 | 社保（个人） | | 11,655.00 |
| 12 | 发放工资 | 224102 | 其他应付款 | 公积金 | | 11,100.00 |
| 12 | 发放工资 | 100201 | 银行存款 | 工行 | | 88,245.00 |
| 13 | 购买办公用品 | 660201 | 管理费用 | 办公费 | 500.00 | |
| 13 | 购买办公用品 | 1001 | 库存现金 | | | 500.00 |
| 14 | 报销差旅费 | 660204 | 管理费用 | 差旅费 | 3,500.00 | |
| 14 | 报销差旅费 | 122101 | 其他应收款 | 李强 | | 3,500.00 |
| 15 | 支付员工市内交通费 | 660205 | 管理费用 | 交通费 | 200.00 | |
| 15 | 支付员工市内交通费 | 1001 | 库存现金 | | | 200.00 |

图 2-22　部分会计分录显示

## 六、分录的试算平衡

选择 J:K 列，在“开始”选项卡中找到数字格式框，选择“其他数字格式”。在弹出的“设置单元格格式”对话框中，找到“数值”分类，保留两位小数点，勾选“使用千位分隔符”。

在输入每笔分录后通过查看 J4 和 K4 单元格来验证借贷金额是否相等。30 笔业务的金额之和如图 2-23 所示。

| 借方金额合计 | 贷方金额合计 | 试算平衡 |
|---|---|---|
| 10868611.04 | 10868611.04 | TRUE |

图 2-23 借贷方金额合计

# 任务四 科目汇总及生成总账

科目汇总这一任务主要指根据分录凭证记入本期各会计科目的借贷方发生额，再结合借贷方期初余额，计算出本期期末借贷方余额。借贷相等就说明金额没问题，也相当于起到了试算平衡的作用。总账和明细账也可以从这里生成。

## 一、简单格式的设置及数据输入

（1）填制表头。在“科目汇总表”工作表的 A1:H1 单元格中依次输入科目代码、科目名称、期初借方余额、期初贷方余额、本期借方发生额、本期贷方发生额、期末借方余额、期末贷方余额。

（2）输入会计编码格式。选中 A2 单元格，输入“=会计科目!A2”，意味着将“会计科目”工作表中的 A2 单元格的科目代码取过来，然后将鼠标点到 A2 单元格右下角向下拖动填充柄，就可以实现将“会计科目”工作表中 A 列出现的所有科目代码都选取到“科目汇总表”工作表的 A 列。

（3）输入科目名称格式。选中 B2 单元格，输入“=VLOOKUP(A2,会计科目,2,0)”，根据科目代码找到所对应的会计科目。

（4）输入期初余额。根据学习情境中表 2-1，将期初余额录入到 C、D 两列的相应位置。

## 二、本期借方和贷方发生额的函数设置

在输入本期借方和贷方发生额时，因为要将“201911 凭证”工作表中出现的相同会计科目的借方或贷方发生额进行相加，因此需要用到比较复杂的函数运算。

**小技巧 2-7　SUMIF 函数的应用**

SUMIF 函数的用法是根据指定条件对若干单元格、区域或引用求和。

语法格式为：SUMIF(range,criteria,[sum_range])

其中：range 为条件区域，用于条件判断的单元格区域；criteria 是求和条件，是由数字、逻辑表达式等组成的判定条件；sum_range 为实际求和区域，需要求和的单元格、区域或引用，当省略第三个参数时，则条件区域就是实际求和区域。

选中 E2 单元格，然后理一理计算借方发生额的思路。如果要对总账科目进行求和，那么求和条件就是 B2 单元格，然后到“201911 凭证”工作表的 E 列（总账科目）这个条件区域去找；如果要对明细科目进行求和，那么求和条件就是 A2 单元格，应该到“201911 凭证”工作表的 D 列（科目代码）这个条件区域去找。这样一来就需要用到 IF 和 SUMIF 两个函数了。采用先完成一个函数，然后再嵌套另一个函数的做法。

首先选择 E2 单元格，利用“插入函数”按钮，找到 SUMIF 函数，弹出对话框，在三个参数中分别输入如图 2-24 所示内容，意思是从“201911 凭证”工作表的 E 列找到满足 B2 单元格所示的名称，然后再到“201911 凭证”工作表中将 G 列相加得到 B2 单元格这个会计科目的借方发生额合计数。具体函数表达式为“SUMIF('201911 凭证'!E:E, B2,'201911 凭证'!G:G)”，单击“确定”按钮即可得到结果。

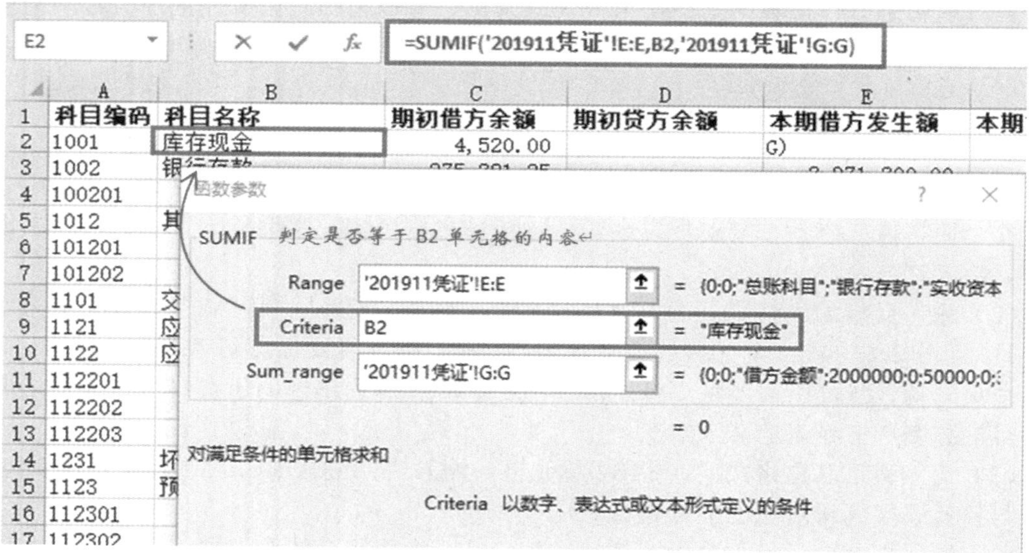


图 2-24　SUMIF 函数的使用

以上 SUMIF 函数是针对总账科目的求和，根据分析思路，还需要在 SUMIF 函数前面加上 IF 函数，把针对明细科目的求和函数也放上。具体做法是：在 SUMIF 函数前面输入 IF，然后根据函数对话框，在第一个参数框中输入“LEN(A2)=4”，意思是如果 A2 单元格是四位数的话，那么第二个参数就是刚完成的那个 SUMIF 函数，否则的话就是第三个参数，还是一个 SUMIF 函数，可以直接将第二个参数复制过来，然后将里面的 E:E 改成 D:D，将 B2 改成 A2，如图 2-25 所示，单击“确定”按钮，得到计算本期借方发生额的最终结果。

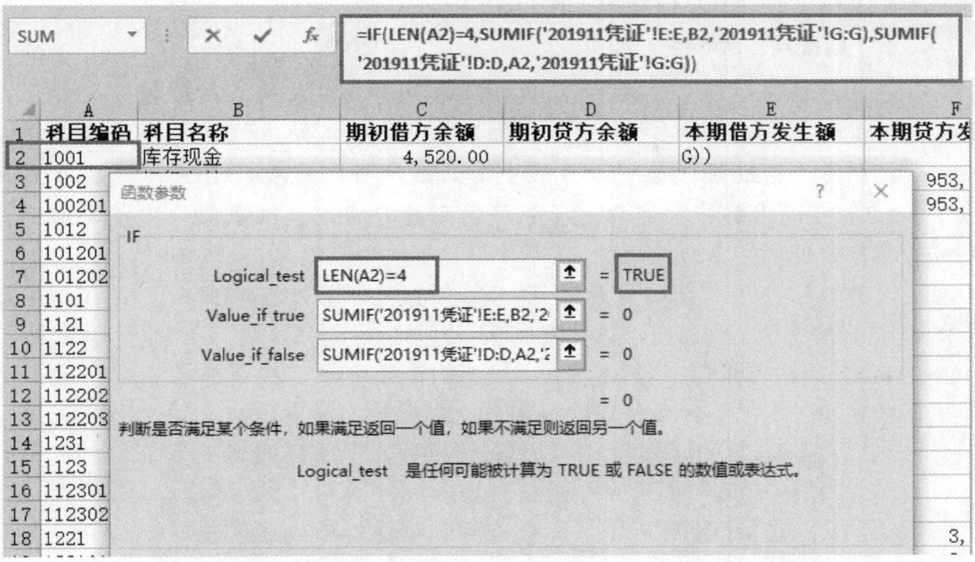

图 2-25　借方发生额的函数运用

同理，本期贷方发生额的函数设置与本期借方发生额的函数设置原理一样，不同点在于求和范围不是“201911 凭证”工作表的 G 列，而是 H 列。F2 单元格的公式为“=IF(LEN(A2)=4,SUMIF('201911 凭证'!E:E,B2,'201911 凭证'!H:H),SUMIF('201911 凭证'!D:D,A2,'201911 凭证'!H:H))”。

## 三、计算期末余额

根据期末借方余额的公式“期末借方余额=期初借方余额+本期借方发生额-本期贷方发生额”，可以将 G2 单元格的公式定义为“=IF（C2-D2+E2-F2>=0,C2-D2+E2-F2,0）”。

根据期末贷方余额的公式“期末贷方余额=期初贷方余额+本期贷方发生额-本期借方发生额”，可以将 H2 单元格的公式定义为“=IF（D2-C2+F2-E2>=0,D2-C2+F2-E2,0）”。

## 四、总账汇总

由于科目汇总表将总账科目和明细科目都进行了汇总，而对于生成报表来说，只需要用到总账科目，因此还需要将总账科目重新提取出来放入“总账汇总表”工作表中。具体做法为：打开“科目汇总表”工作表，选中 A1 单元格，在“数据”功能区“排序和筛选”组中单击“筛选”按钮，再单击 A1 单元格右侧下拉按钮，在“文本筛选”中选择“自定义筛选”，在弹出对话框中选择“等于”，并输入条件“????”，如图 2-26 所示，单击“确定”按钮即可筛选出总账科目。复制总账科目编码及科目名称后，切换到“总账汇总表”工作表的 A2 单元格，进行粘贴即可。

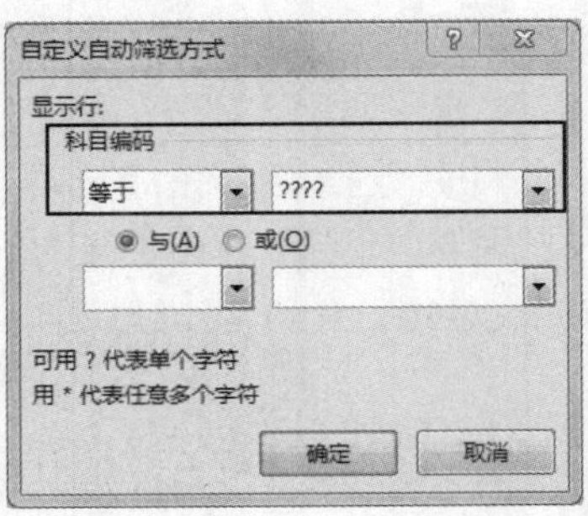

图 2-26　数据筛选功能

**小技巧 2-8　通配符**

通配符是一种特殊语句，主要有星号（*）和问号（?），用来模糊搜索文件。当查找文件夹时，可以使用它来代替一个或多个真正字符；当不知道真正字符或者懒得输入完整名字时，常常使用通配符代替一个或多个真正的字符。星号（*）可以代替 0 个或多个字符；问号（?）可以代替一个字符。通配符的用处非常广，很多函数中都要用到，下面举一个例子进行说明。

例如，在职工信息表中想要统计除了“生产车间”之外有多少人，则打开“万隆灯具有限公司职工信息表”，在 B23 单元格写上“办公室人数”，在 C23 单元格，输入“=COUNTIF(F2:F16,"*部")”，意思就是在 F2:F16 区域中，找到含有“部”这个字的个数。其中就用到了“*”这个通配符，如图 2-27 所示。

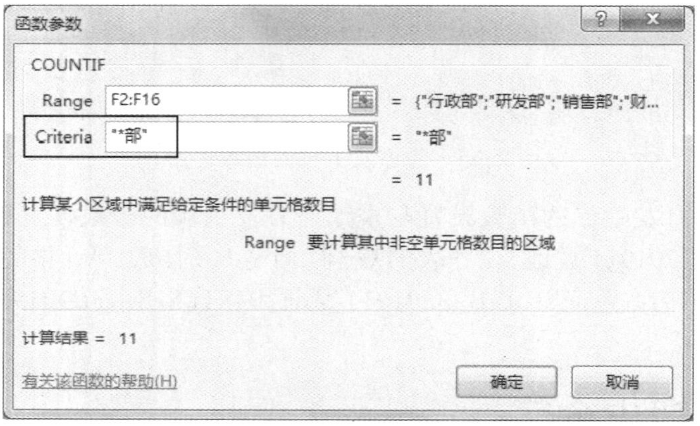


图 2-27　通配符的例子

# 任务五　总账汇总表的系列操作

将科目汇总表的总账全部筛选出来并粘贴到“总账汇总表”工作表的相应位置，总账汇总表就可以看到全部总账科目的期初余额、本期发生额及期末余额等所有数据了。

## 一、进行试算平衡

科目数据汇总完成以后，需要验证期初、期末借贷是否平衡。简单的做法是在“总账汇总表”工作表中的 C50 单元格中输入公式“=SUM(C2:C49)”，同理，D50、E50、F50、G50、H50 都可以类似处理。最终只要满足 C50=D50、E50=F50、G50=H50 即可。

## 二、将科目编码转换为数值格式

由于总账汇总表是编制会计报表的依据，在编制报表时科目编码要用于期末取数的函数中，所以需要变成数值格式，将文本格式转换为数值格式的方法有很多种，现介绍较为简单的一种。

在 J2 单元格中输入数字 1，然后右击 J2 单元格，选择“复制”按钮，然后选择 A2:A49 单元格所有的总账科目，单击“开始”功能区“剪贴板”组中“粘贴”下拉按钮，选择“选择性粘贴”，在弹出的对话框中选择“乘”，单击“确定”按钮，即可把 A2:A49 单元格全部转换为数值格式。

## 三、利用数据透视表查看任意科目

总账汇总表还能够根据需要查看不同账户的金额情况，这就需要用到数据透视表功能。

**小技巧 2-9　数据透视表**

数据透视表是一种交互式的表，可以动态地改变它们的版面布置，以便按照不同方式快速分类汇总大量的数据，随时选择其中的页、行和列中的不同元素，以快速查看源数据的不同统计结果，也可以重新安排行号、列标和页字段。每一次改变版面布置时，数据透视表会立即按照新的布置重新计算数据。另外，如果原始数据发生更改，则可以更新数据透视表。

数据透视表

**1. 创建数据透视表**

首先单击“总账汇总表”工作表数据区域内的任意一个单元格，在“插入”功能区“表格”组中单击“数据透视表”按钮，弹出“创建数据透视表”对话框，如图 2-28 所示。

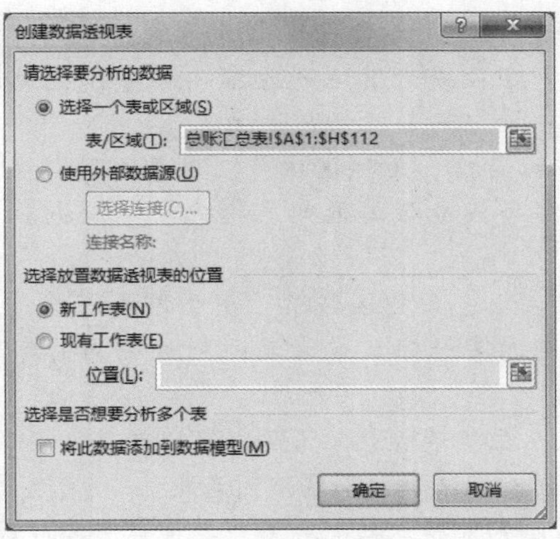


图 2-28 “创建数据透视表”对话框

默认情况下，Excel 会自动选择整个数据区域，并会自动把数据透视表保存在新工作表中。单击“确定”按钮，Excel 会自动创建一个新工作表，并创建一空白的数据透视表框架，如图 2-29 所示。

创建空白数据透视表后，Excel 的功能区中会出现“数据透视表工具”，其下有两个选项卡——“分析”和“设计”，它们都是非常有用的用于操作数据透视表的工具。

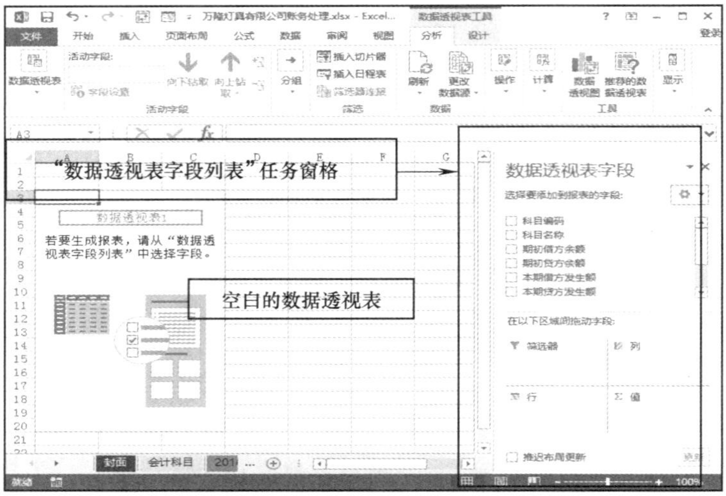


图 2-29 创建的空白数据透视表

同时，工作表的右侧会出现一个"数据透视表字段"任务窗格，它由五个列表框组成：

（1）字段列表区域列表框，又称字段节，显示数据透视表中的所有字段名称，每个字段的左边是一个复选框。如果该字段没有添加到数据透视表，复选框就没有被选中；如果该字段已经添加到数据透视表，复选框就被选中。

（2）"报表筛选"区域列表框，又称区域节，用于添加报表筛选字段（也就是 Excel 2003 数据透视表的页字段）。可以用鼠标把字段列表区域列表框内的某个字段或者其他列表框内的字段拖放到此列表框内，创建筛选字段。

（3）"列标签"区域列表框，又称区域节，用于添加列字段。可以用鼠标把字段列表区域列表框内的某个字段或者其他列表框内的字段拖放到此列表框内，创建列字段。

（4）"行标签"区域列表框，又称区域节，用于添加行字段。可以用鼠标把字段列表区域列表框内的某个字段或者其他列表框内的字段拖放到此列表框内，创建行字段。

（5）"数值"区域列表框，又称区域节，用于添加汇总计算的字段。可以用鼠标把字段列表区域列表框内的某个字段或者其他列表框内的字段拖放到此列表框内，创建值字段。

如果想要把某个字段从数据透视表中清除，可以在其所在的列表框中把该字段拖至字段列表区域列表框内。在"报表筛选"区域列表框、"列标签"区域列表框、"行标签"区域列表框和"数值"区域列表框这四个列表框之间，可以随时拖放字段，从而改变数据透视表的结构。

**2．生成数据透视表内容**

首先在"数据透视表字段"任务窗格中将"科目编码"和"科目名称"拖到"行标签"区域列表框，将"期初借方余额""期初贷方余额""本期借方发生额""本期贷方发生额""期末借方余额""期末贷方余额"拖到"数值"区域列表框，如图 2-30 所示。将计数项全部转变为求和项，具体做法为：在"数值"区域列表框中单击"计数项：期初借方余额”下拉箭头，选择“值字段设置”，就会弹出一个对话框，将“计算类型”中“计数”改成“求和”，如图 2-31 所示。单击“确定”按钮就可以将计数项改成求和项了。其他计数项也用此方法改成求和项。

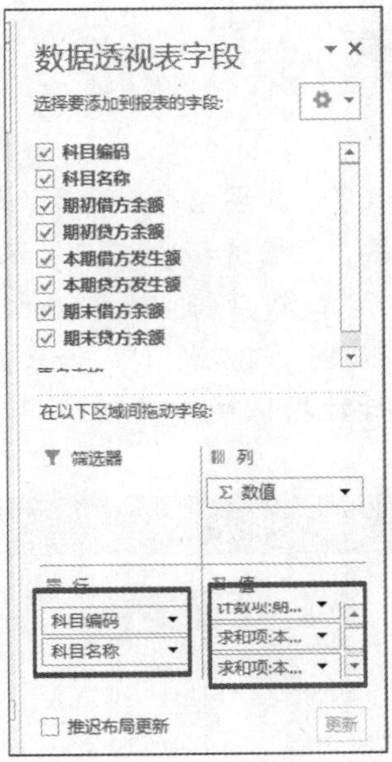


图 2-30 列表框

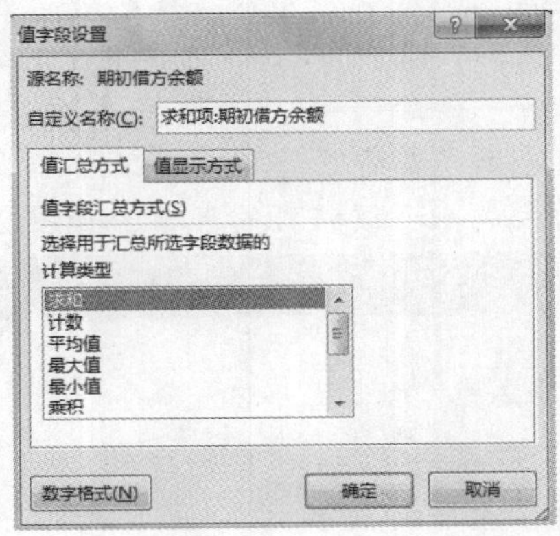


图 2-31 值字段设置

此时在科目编码这列中出现一系列汇总数据，如图 2-32 所示。这时需要将汇总去掉，右击 A 列数据区域中任意单元格，显示如图 2-33 所示，将“分类汇总‘科目编码’”前面的“√”去掉，就会将汇总行删除，如图 2-34 所示。

图 2-32 分类汇总（一）

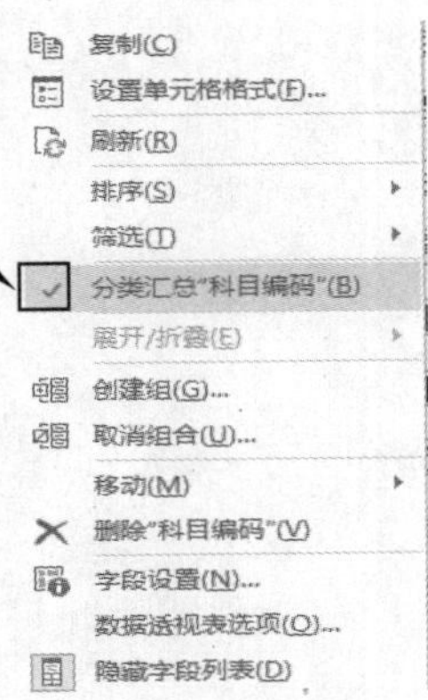


图 2-33 分类汇总（二）

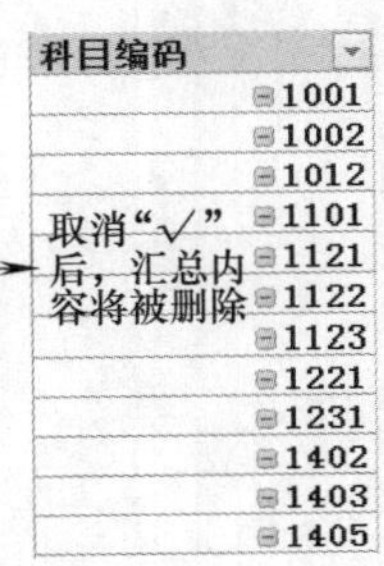


图 2-34 分类汇总（三）

前面出现的“–”如果不想显示，可以将其去掉，只要单击“数据透视表工具”的“分析”选项卡中的“+/–按钮”，背景色变成白色意味着不显示“+/–按钮”，则科目编码中的“–”号就会去掉，如图 2-35 所示。

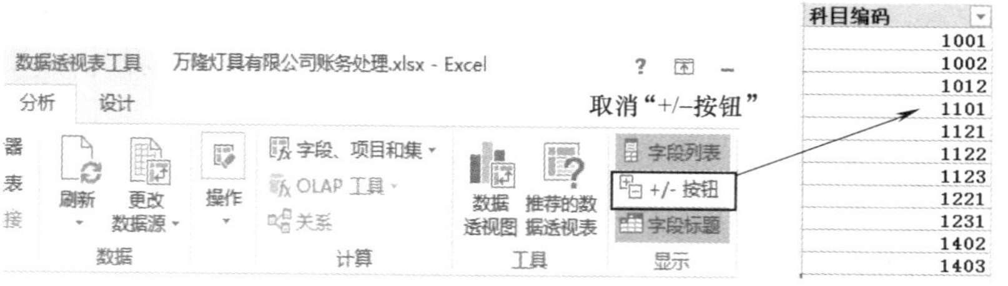


图 2-35 “+/-按钮”效果图

此时的数据透视的样式已经和原先的总账汇总表类似了，如图 2-36 所示。如果想要把数据透视表变成表格形式，可以按以下步骤操作：单击“数据透视表工具”的“设计”选项卡，找到“报表布局”，选择其中的“以表格形式显示”，然后将“数据透视表样式”展开，选择“清除”，即可把样式去掉，变成表格形式，如图 2-37 所示。如果想要看每一个科目（如“库存现金”）的情况，只需要双击它所在行数据区域中的任意单元格，就可以自动生成一个该科目的表格，如图 2-38 所示。

| 科目名称 | 求和项:期初借方余额 | 求和项:期初贷方余额 | 求和项:本期借方发生额 | 求和项:本期贷方发生额 | 求和项:期末借方余额 | 求和项:期末贷方余额 |
|---|---|---|---|---|---|---|
| 库存现金 | 4,520.00 | | 0.00 | 700.00 | 3,820.00 | 0.00 |
| 银行存款 | 275,381.25 | | 3,971,300.00 | 953,445.00 | 3,293,236.25 | 0.00 |
| 其他货币资金 | 130,000.00 | | 0.00 | 0.00 | 130,000.00 | 0.00 |
| 交易性金融资产 | 45,000.00 | | 0.00 | 0.00 | 45,000.00 | 0.00 |
| 应收票据 | 200,000.00 | | 0.00 | 0.00 | 200,000.00 | 0.00 |
| 应收账款 | 378,000.00 | | 565,000.00 | 0.00 | 943,000.00 | 0.00 |
| 预付账款 | 15,250.80 | | 0.00 | 0.00 | 15,250.80 | 0.00 |
| 其他应收款 | 4,800.00 | | 0.00 | 3,500.00 | 1,300.00 | 0.00 |
| 坏账准备 | | 3,261.00 | 0.00 | 0.00 | 0.00 | 3,261.00 |
| 在途物资 | 368,239.40 | | 703,000.00 | 703,000.00 | 368,239.40 | 0.00 |
| 原材料 | 137,810.87 | | 703,000.00 | 363,000.00 | 477,810.87 | 0.00 |
| 库存商品 | 4,036,504.48 | | 252,922.88 | 708,000.00 | 3,581,427.36 | 0.00 |
| 周转材料 | 52,900.00 | | 0.00 | 0.00 | 52,900.00 | 0.00 |
| 长期股权投资 | 300,000.00 | | 0.00 | 0.00 | 300,000.00 | 0.00 |
| 固定资产 | 8,634,400.00 | | 0.00 | 0.00 | 8,634,400.00 | 0.00 |
| 累计折旧 | | 2,908,991.23 | 0.00 | 53,606.33 | 0.00 | 2,962,597.56 |
| 在建工程 | | | 0.00 | 0.00 | 0.00 | 0.00 |
| 固定资产清理 | | | 0.00 | 0.00 | 0.00 | 0.00 |
| 无形资产 | | | 50,000.00 | 0.00 | 50,000.00 | 0.00 |
| 累计摊销 | | | 0.00 | 0.00 | 0.00 | 0.00 |
| 长期待摊费用 | | | 0.00 | 0.00 | 0.00 | 0.00 |
| 短期借款 | | 860,000.00 | 0.00 | 30,000.00 | 0.00 | 890,000.00 |
| 应付票据 | | 800,000.00 | 0.00 | 0.00 | 0.00 | 800,000.00 |
| 应付账款 | | 916,850.00 | 620,000.00 | 565,000.00 | 0.00 | 861,850.00 |
| 应付职工薪酬 | | | 111,000.00 | 151,459.50 | 0.00 | 40,459.50 |
| 应交税费 | | | 91,000.00 | 208,936.00 | 0.00 | 117,936.00 |
| 应付利息 | | | 0.00 | 0.00 | 0.00 | 0.00 |
| 其他应付款 | | 481,000.00 | 0.00 | 22,755.00 | 0.00 | 503,755.00 |
| 长期借款 | | | 0.00 | 800,000.00 | 0.00 | 800,000.00 |
| 实收资本 | | 6,000,000.00 | 0.00 | 2,050,000.00 | 0.00 | 8,050,000.00 |
| 资本公积 | | | 0.00 | 0.00 | 0.00 | 0.00 |
| 盈余公积 | | | 0.00 | 0.00 | 0.00 | 0.00 |
| 本年利润 | | 167,657.00 | 876,462.61 | 1,530,000.00 | 0.00 | 821,194.39 |
| 利润分配 | | 2,445,047.57 | 0.00 | 0.00 | 0.00 | 2,445,047.57 |
| 生产成本 | | | 452,639.22 | 252,922.88 | 199,716.34 | 0.00 |
| 制造费用 | | | 65,823.72 | 65,823.72 | 0.00 | 0.00 |
| 主营业务收入 | | | 1,500,000.00 | 1,500,000.00 | 0.00 | 0.00 |
| 其他业务收入 | | | 10,000.00 | 10,000.00 | 0.00 | 0.00 |
| 营业外收入 | | | 20,000.00 | 20,000.00 | 0.00 | 0.00 |
| 投资收益 | | | 0.00 | 0.00 | 0.00 | 0.00 |
| 主营业务成本 | | | 708,000.00 | 708,000.00 | 0.00 | 0.00 |
| 其他业务成本 | | | 5,000.00 | 5,000.00 | 0.00 | 0.00 |
| 税金及附加 | | | 12,636.00 | 12,636.00 | 0.00 | 0.00 |
| 销售费用 | | | 30,467.50 | 30,467.50 | 0.00 | 0.00 |
| 管理费用 | | | 94,159.11 | 94,159.11 | 0.00 | 0.00 |
| 财务费用 | | | 1,200.00 | 1,200.00 | 0.00 | 0.00 |
| 营业外支出 | | | 25,000.00 | 25,000.00 | 0.00 | 0.00 |
| 所得税费用 | | | 0.00 | 0.00 | 0.00 | 0.00 |
| | 14,582,806.80 | 14,582,806.80 | 10,868,611.04 | 10,868,611.04 | 18,296,101.02 | 18,296,101.02 |

图 2-36 普通数据透视表样式

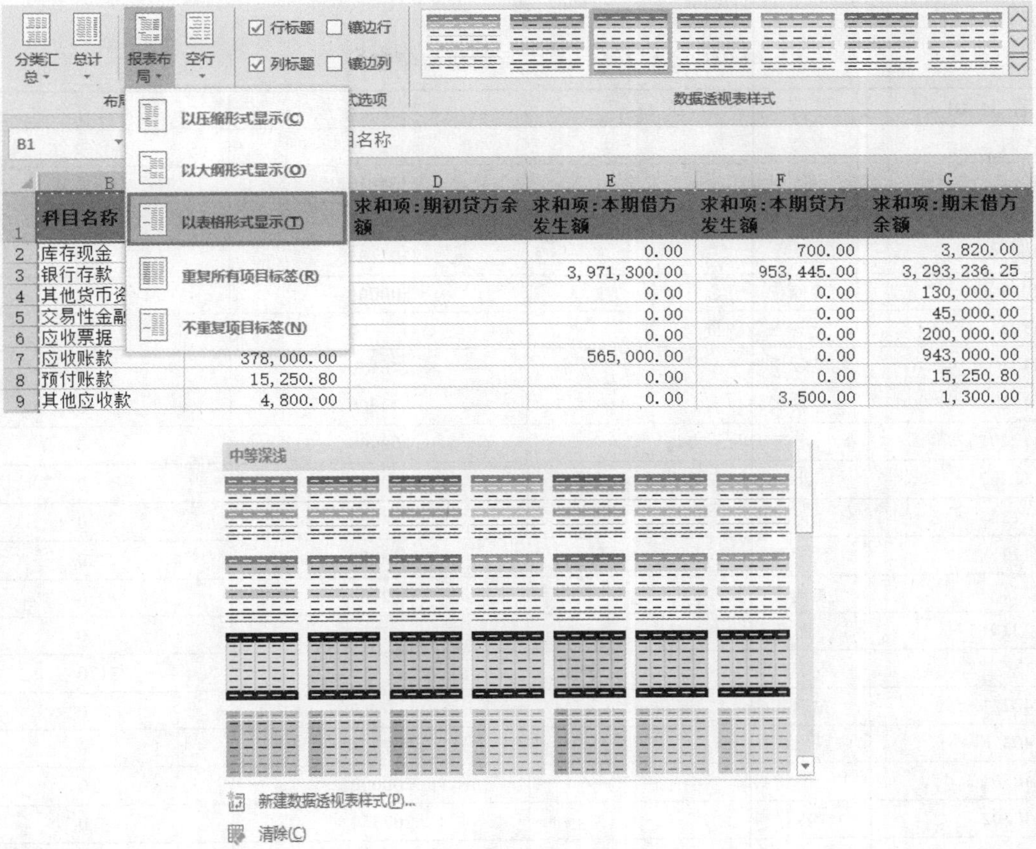


图 2-37 改变数据透视表样式

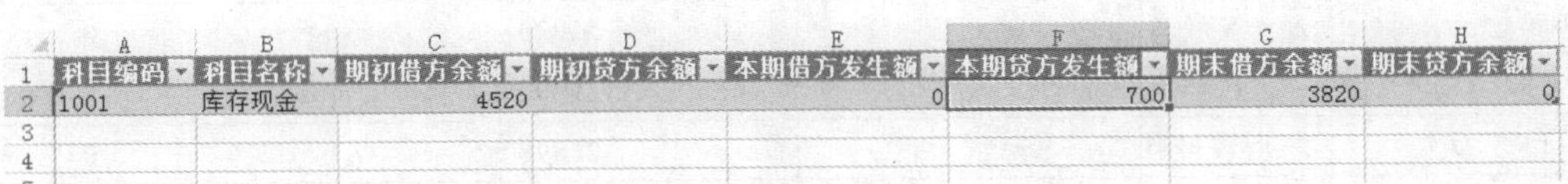

| 科目编码 | 科目名称 | 期初借方余额 | 期初贷方余额 | 本期借方发生额 | 本期贷方发生额 | 期末借方余额 | 期末贷方余额 |
|---|---|---|---|---|---|---|---|
| 1001 | 库存现金 | 4520 | | 0 | 700 | 3820 | 0 |

图 2-38 库存现金科目的数据情况

# 实 训 二

## 一、实训目的

掌握 Excel 在账务处理中的应用。

## 二、实训资料

广西南宁荣发有限公司为增值税一般纳税人，增值税税率为 13%，所得税税率为 25%。材料核算采用先进先出法，原材料月初库存量为 500 吨。公司 2019 年 12 月份的具体业务如下：

1．设置的账户及期初余额（表 2-6）

表 2-6　账户及期初余额表

| 科目编码 | 科目名称 | 期初借方余额 | 期初贷方余额 |
|---|---|---|---|
| 1001 | 库存现金 | 2019 | 0 |
| 1002 | 银行存款 | 336019.05 | 0 |
| 100201 | 工行 | 234834.05 | 0 |
| 100202 | 建行 | 101185 | 0 |
| 1012 | 其他货币资金 | 500000 | 0 |
| 1101 | 交易性金融资产 | 0 | 0 |
| 1121 | 应收票据 | 146150 | 0 |
| 1122 | 应收账款 | 634000 | 0 |
| 112201 | 南京工业品市场 | 100000 | 0 |
| 112202 | 北京商贸有限公司 | 200000 | 0 |
| 112203 | 合肥化工厂 | 334000 | 0 |
| 1123 | 预付账款 | 90000 | 0 |
| 1221 | 其他应收款 | 2200 | 0 |
| 122101 | 邵斌 | 2200 | 0 |
| 1231 | 坏账准备 | 0 | 3170 |
| 1402 | 在途物资 | 0 | 0 |
| 1403 | 原材料 | 707354 | 0 |
| 140301 | 甲材料 | 200000 | 0 |
| 140302 | 乙材料 | 207354 | 0 |
| 140303 | 丙材料 | 300000 | 0 |
| 1405 | 库存商品 | 186020 | 0 |
| 140501 | A 产品 | 51020 | 0 |
| 140502 | B 产品 | 135000 | 0 |
| 1411 | 周转材料 | 21898.5 | 0 |
| 141101 | 包装物 | 21898.5 | 0 |
| 1511 | 长期股权投资 | 125000 | 0 |
| 151101 | 浙江光海物流公司 | 125000 | 0 |
| 1601 | 固定资产 | 3343000 | 0 |
| 1602 | 累计折旧 | 0 | 976257 |
| 1604 | 在建工程 | 0 | 0 |
| 1606 | 固定资产清理 | 0 | 0 |
| 1701 | 无形资产 | 71500 | 0 |
| 170101 | 专利 | 0 | 0 |
| 1702 | 累计摊销 | 0 | 0 |
| 1801 | 长期待摊费用 | 0 | 0 |
| 2001 | 短期借款 | 0 | 250000 |
| 2201 | 应付票据 | 0 | 102375 |

（续）

| 科目编码 | 科目名称 | 期初借方余额 | 期初贷方余额 |
|---|---|---|---|
| 2202 | 应付账款 | 0 | 529378 |
| 220201 | 创雅公司 | 0 | 229378 |
| 220202 | 朗格公司 | 0 | 300000 |
| 2211 | 应付职工薪酬 | 0 | 86661.7 |
| 221102 | 工资 | 0 | 12500 |
| 221102 | 福利费 | 0 | 74161.7 |
| 2221 | 应交税费 | 0 | 75193.7 |
| 222101 | 应交增值税 | 0 | 0 |
| 22210101 | 销项税额 | 0 | 0 |
| 22210102 | 进项税额 | 0 | 0 |
| 22210103 | 已交税金 | 0 | 0 |
| 222102 | 未交增值税 | 0 | 26733 |
| 222103 | 应交所得税 | 0 | 45404.105 |
| 222104 | 应交城建税 | 0 | 1871 |
| 222105 | 应交个人所得税 | 0 | 1185.595 |
| 222110 | 应交教育费附加 | 0 | 0 |
| 2231 | 应付利息 | 0 | 0 |
| 2241 | 其他应付款 | 0 | 43227 |
| 2501 | 长期借款 | 0 | 430200 |
| 250101 | 本金 | 0 | 350000 |
| 250102 | 应付利息 | 0 | 80200 |
| 2502 | 应付债券 | 0 | 50000 |
| 2701 | 长期应付款 | 0 | 34347.65 |
| 4001 | 实收资本 | 0 | 3100000 |
| 4002 | 资本公积 | 0 | 291350.5 |
| 4101 | 盈余公积 | 0 | 150000 |
| 410101 | 法定盈余公积 | 0 | 150000 |
| 4103 | 本年利润 | 0 | 0 |
| 4104 | 利润分配 | 0 | 63000 |
| 410401 | 未分配利润 | 0 | 63000 |
| 5001 | 生产成本 | 20000 | 0 |
| 500101 | 基本生产成本 | 20000 | 0 |
| 500102 | 辅助生产成本 | 0 | 0 |
| 5101 | 制造费用 | 0 | 0 |
| 6001 | 主营业务收入 | 0 | 0 |
| 6111 | 投资收益 | 0 | 0 |
| 6401 | 主营业务成本 | 0 | 0 |
| 6402 | 其他业务成本 | 0 | 0 |
| 6403 | 税金及附加 | 0 | 0 |
| 6601 | 销售费用 | 0 | 0 |
| 6602 | 管理费用 | 0 | 0 |
| 6603 | 财务费用 | 0 | 0 |
| 6711 | 营业外支出 | 0 | 0 |
| 6801 | 所得税费用 | 0 | 0 |

2．2019 年 12 月份发生经济业务

（1）2 号从工行提取备用金 2000 元。

（2）5 号采购甲材料 5000 元，已用工行账户付讫。

（3）6 号销售部邵斌预借差旅费 1000 元。

（4）10 号计提工人工资 16000 元，管理人员工资 9000 元。

（5）11 号车间领用乙材料 2100 元。

（6）12 号销售部销售产品 72320 元（含税），销售产品款项存入建行账户。

（7）31 号用工行账户支付本月电话费 400 元。

（8）31 号支付本月建行借款利息 120 元。

（9）31 号计提本月固定资产折旧 3000 元，其中生产车间折旧 2000 元，管理部门折旧 1000 元。

（10）31 号结转本月完工 A 产品成本 30100 元。

（11）31 号结转本月销售 B 产品成本 20100 元。

（12）31 号结转本月损益。

（13）31 号计算并结转应交所得税（不考虑纳税调整事项，税率为 25%）。

（14）31 号计算本年利润。

## 三、实训要求

### 1．建账

用 Excel 建立一个工作簿，并建立若干张工作表，用以分别存放会计科目及其期初余额、记账凭证，以及根据记账凭证自动生成的总账和明细账。

### 2．设置账户

设置账户即建立一个“会计科目及余额表”。

### 3．输入期初余额

在“会计科目及余额表”中输入期初数据，并实现试算平衡。

### 4．输入记账凭证

输入记账凭证即建立一个“201912 凭证”工作表，在此表中输入所有业务凭证。

### 5．生成科目汇总表

建立一个科目汇总表，在此表中汇总期初余额、本期发生额和期末余额。

### 6．生成总账汇总表

建立一个总账汇总表，在此表中利用 Excel 的透视表功能自动生成总账汇总表相关数据。

说明：关于“本年利润”。例题中为按年结转，所以业务中没有结转“本年利润”到“利润分配”；此处实训为每月结转，所以期初借贷金额均为 0。

3

# 项目三

# Excel 在财务报表中的应用

【知识目标】

- 理解 Excel 编制会计报表的原理和方法。
- 掌握相关函数公式的运用。

【能力目标】

- 能熟练进行财务报表格式的设计。
- 能够通过函数公式对报表进行取数。
- 掌握 Excel 2013 相关函数公式。

## 学习情境

李燕把 11 月份的账务通过 Excel 表格处理完成了之后，觉得更有信心做后面的工作了。接下来她决定完成报表的设计与管理。她梳理了下思路，决定要完成以下设置：①完成资产负债表的编制，包括格式设置、完成资产负债表各单元格的取数公式；②完成利润表的编制，分别是格式设置、损益类科目汇总表设置、完成利润表单元格的取数公式等。有了思路之后，她满怀信心地开始工作了。

在项目二中已经生成的万隆灯具有限公司 2019 年 11 月的科目汇总表见表 3-1。

**表 3-1　万隆灯具有限公司 2019 年 11 月的科目汇总表**

（单位：元）

| 科目编码 | 科 目 名 称 | 期初借方余额 | 期初贷方余额 | 本期借方发生额 | 本期贷方发生额 | 期末借方余额 | 期末贷方余额 |
|---|---|---|---|---|---|---|---|
| 1001 | 库存现金 | 4520 | | 0 | 700 | 3820 | 0 |
| 1002 | 银行存款 | 275381.25 | | 3971300 | 953445 | 3293236.25 | 0 |
| 1012 | 其他货币资金 | 130000 | | 0 | 0 | 130000 | 0 |
| 1101 | 交易性金融资产 | 45000 | | 0 | 0 | 45000 | 0 |
| 1121 | 应收票据 | 200000 | | 0 | 0 | 200000 | 0 |
| 1122 | 应收账款 | 378000 | | 565000 | 0 | 943000 | 0 |

（续）

| 科目编码 | 科目名称 | 期初借方余额 | 期初贷方余额 | 本期借方发生额 | 本期贷方发生额 | 期末借方余额 | 期末贷方余额 |
|---|---|---|---|---|---|---|---|
| 1123 | 预付账款 | 15250.28 | | 0 | 0 | 15250.8 | 0 |
| 1221 | 其他应收款 | 4800 | | 0 | 3500 | 1300 | 0 |
| 1231 | 坏账准备 | | 3261 | 0 | 0 | 0 | 3261 |
| 1402 | 在途物资 | 368239.4 | | 703000 | 703000 | 368239.4 | 0 |
| 1403 | 原材料 | 137810.87 | | 703000 | 363000 | 477810.87 | 0 |
| 1405 | 库存商品 | 4036504.48 | | 252922.88 | 708000 | 3581427.36 | 0 |
| 1411 | 周转材料 | 52900 | | 0 | 0 | 52900 | 0 |
| 1511 | 长期股权投资 | 300000 | | 0 | 0 | 300000 | 0 |
| 1601 | 固定资产 | 8634400 | | 0 | 0 | 8634400 | 0 |
| 1602 | 累计折旧 | | 2908991.23 | 0 | 53606.33 | 0 | 2962597.56 |
| 1604 | 在建工程 | | | 0 | 0 | 0 | 0 |
| 1606 | 固定资产清理 | | | 0 | 0 | 0 | 0 |
| 1701 | 无形资产 | | | 50000 | 0 | 50000 | 0 |
| 1702 | 累计摊销 | | | 0 | 0 | 0 | 0 |
| 1801 | 长期待摊费用 | | | 0 | 0 | 0 | 0 |
| 2001 | 短期借款 | | 860000 | 0 | 30000 | 0 | 890000 |
| 2201 | 应付票据 | | 800000 | 0 | 0 | 0 | 800000 |
| 2202 | 应付账款 | | 916850 | 620000 | 565000 | 0 | 861850 |
| 2211 | 应付职工薪酬 | | | 111000 | 151459.5 | 0 | 40459.5 |
| 2221 | 应交税费 | | | 91000 | 208936 | 0 | 117936 |
| 2231 | 应付利息 | | | 0 | 0 | 0 | 0 |
| 2241 | 其他应付款 | | 481000 | 0 | 22755 | 0 | 503755 |
| 2501 | 长期借款 | | | 0 | 800000 | 0 | 800000 |
| 4001 | 实收资本 | | 6000000 | 0 | 2050000 | 0 | 8050000 |
| 4002 | 资本公积 | | | 0 | 0 | 0 | 0 |
| 4101 | 盈余公积 | | | 0 | 0 | 0 | 0 |
| 4103 | 本年利润 | | 167657 | 876462.61 | 1530000 | 0 | 821194.39 |
| 4104 | 利润分配 | | 2445047.57 | 0 | 0 | 0 | 2445047.57 |
| 5001 | 生产成本 | | | 452639.22 | 252922.88 | 199716.34 | 0 |
| 5101 | 制造费用 | | | 65823.72 | 65823.72 | 0 | 0 |
| 6001 | 主营业务收入 | | | 1500000 | 1500000 | 0 | 0 |
| 6051 | 其他业务收入 | | | 10000 | 10000 | 0 | 0 |
| 6061 | 营业外收入 | | | 20000 | 20000 | 0 | 0 |
| 6111 | 投资收益 | | | 0 | 0 | 0 | 0 |
| 6401 | 主营业务成本 | | | 70800 | 70800 | 0 | 0 |
| 6402 | 其他业务成本 | | | 5000 | 5000 | 0 | 0 |
| 6403 | 税金及附加 | | | 12636 | 12636 | 0 | 0 |
| 6601 | 销售费用 | | | 30467.5 | 30467.5 | 0 | 0 |
| 6602 | 管理费用 | | | 94159.11 | 94159.11 | 0 | 0 |
| 6603 | 财务费用 | | | 1200 | 1200 | 0 | 0 |
| 6711 | 营业外支出 | | | 25000 | 25000 | 0 | 0 |
| 6801 | 所得税费用 | | | 0 | 0 | 0 | 0 |

# 任务一　编制资产负债表

资产负债表是反映企业经营期间某一个时间点的财务状况，表中的每一项数据都是由会计账簿提供的，因此采用 Excel 编制资产负债表可以起到一次编制、多次使用的效果，大大节约了重复劳动的时间。

## 一、设置资产负债表的基本格式

资产负债表包括三大部分，即表头、表体和表尾。表头部分包括报表的标题、编制单位、编制日期及计量单位等，其中编制日期的格式应为某年某月某日。表体部分一般为账户式，即资产负债表的左边为资产类项目，右边为负债类及所有者权益类项目。表尾部分一般为编制报表的相关责任人。

具体操作步骤如下：

### 1. 创建“资产负债表”工作表

为操作方便，本项目的工作表都建立于项目二所创建的工作簿中，即在“万隆灯具有限公司账务处理”工作簿的“总账汇总表”的后面创建“资产负债表”工作表。当然，同学也可根据自己需要单独创建工作簿，但相关单元格的引用路径就需要多增加“万隆灯具有限公司账务处理”工作簿名，原理详见下文“小技巧 3-1”。

### 2. 设置资产负债表表头

选中 B1 单元格，输入“资产负债表”，选中 B1:I1 单元格区域，在“开始”功能区“对齐方式”组中单击“合并后居中”按钮，自行调整字号、行高。

选中 H2 单元格，输入“会企 01 表”。

选中 H2:I2 区域，同样设置“合并后居中”。

选中 H3 单元格，输入“单位：元”，选中 H3:I3 区域，同样设置“合并后居中”。

选中 B3:D3 区域，合并单元格后输入公式“="编制单位："&封面!D4”。

选中 E3:G3 区域，合并单元格后输入日期公式“=IF(OR(封面!F6=4,封面!F6=6,封面!F6=9,封面!F6=11),DATE(封面!D6,封面!F6,30),IF(封面!F6=2,DATE(封面!D6,2,28),DATE(封面!D6,封面!F6,31)))”。完成后效果如图 3-1 所示。

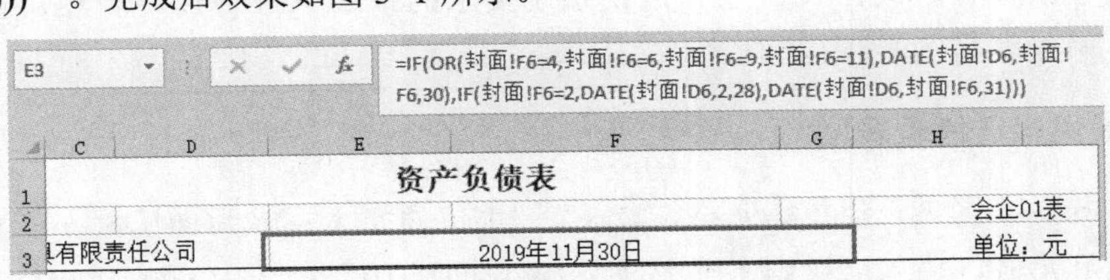


图 3-1　资产负债表表头

**小提示**

前面已经介绍过 IF 函数的用法，上面的日期公式所用的 IF 函数的意思是：如果是 4 月、6 月、9 月和 11 月的话，DATE 函数三个参数中年份取数来源于“封面”工作表的 D6 单元格，月份取数来源于“封面”工作表的 F6 单元格，日期默认设置为 30；如果是 2 月，DATE 函数月份数默认为 2，日期默认为 28；否则的话日期默认就是 31。

**小技巧 3-1　跨表引用技巧**

引用其他工作表的单元格时，采用工作表名称与单元格名称中间添加感叹号的方式。例如，此处引用“封面”工作表中 D6 单元格获得年份数，完整地址为“=封面!D6”。

如果同时引用多个工作表的 A1 单元格，如计算 Sheet1、Sheet2、Sheet3 的 A1 单元格之和，可以输入“=SUM(Sheet1:Sheet3!A1)”。公式中“Sheet1:Sheet3”表示从 Sheet1 开始至 Sheet3 结束；但若三个工作表的顺序为 Sheet3、Sheet1、Sheet2，则公式应更改为“=SUM(Sheet 3:Sheet2!A1)”。

如果引用多个工作表的不同区域，只能逐个录入。

此外，公式还可以跨工作簿引用，其引用格式为“=[工作簿名]工作表名!单元格地址”，即工作簿名称需要放在方括号中。如果被引用的工作簿已关闭，还需要在工作簿前增加路径，且需用在半角模式下的单引号将文件全名及路径、工作表名引起来。例如，该文件存在于 D 盘，则引用公式为“='D:\[工作簿名]工作表名'!单元格地址”。

### 3. 设置资产负债表表体

资产负债表表体部分可以自己编制，也可以到网上下载模板，为了能和网上报税的报表格式一致，最好以报税系统中的报表为样式进行表体设置，最简单的方法就是复制一份现有的报税报表，粘贴到“资产负债表”工作表中的 B4 单元格，然后根据企业实际情况修改部分项目名称，删除一些不会出现的项目，调整行高、字体等。特别需要注意的是，所有账户名称项目左对齐，否则将影响后面对这些项目的取数，如图 3-2 所示。这样处理既可以节省时间，又可以和报税系统要求的报表保持一致。当然，也可以根据公司的需要输入表格的各项内容。

### 4. 设置资产负债表表尾

选中 B46:D46 区域，合并单元格，输入“="单位负责人："&封面!D8”；选中 E46:F46 区域，合并单元格，输入“="财务负责人："&封面!D10”；选中 G46:I46 区域，合并单元格，输入“="编表人："&封面!D12”，如图 3-3 所示。

| 资产负债表 | | | | | | | |
|---|---|---|---|---|---|---|---|
| | | | | | | 会企01表 | |
| 编制单位：万隆灯具有限责任公司 | | | | 2019年11月30日 | | 单位：元 | |
| 资　　产 | 行次 | 期末余额 | 年初余额 | 负债和所有者权益（股东权益） | 行次 | 期末余额 | 年初余额 |
| 流动资产： | | | | 流动负债： | | | |
| 货币资金 | 1 | | | 短期借款 | 38 | | |
| 交易性金融资产 | 2 | | | 交易性金融负债 | 39 | | |
| 衍生金融资产 | 3 | | | 衍生金融负债 | 40 | | |
| 应收票据 | 4 | | | 应付票据 | 41 | | |
| 应收账款 | 5 | | | 应付账款 | 42 | | |
| 应收款项融资 | 6 | | | 预收款项 | 43 | | |
| 预付款项 | 7 | | | 合同负债 | 44 | | |
| 其他应收款 | 8 | | | 应付职工薪酬 | 45 | | |
| 存货（其中）： | 9 | | | 应交税费 | 46 | | |
| 在途物资 | 10 | | | 其他应付款 | 47 | | |
| 原材料 | 11 | | | 持有待售负债 | 48 | | |
| 周转材料 | 12 | | | 一年内到期的非流动负债 | 49 | | |
| 库存商品 | 13 | | | 其他流动负债 | 50 | | |
| 合同资产 | 14 | | | 流动负债合计 | 51 | | |
| 持有待售资产 | 15 | | | 非流动负债： | | | |
| 一年内到期的非流动资产 | 16 | | | 长期借款 | 52 | | |
| 其他流动资产 | 17 | | | 应付债券（其中）： | 53 | | |
| 流动资产合计 | 18 | | | 优先股 | 54 | | |
| 非流动资产： | | | | 永续债 | 55 | | |
| 债权投资 | 19 | | | 长期应付款 | 56 | | |
| 其他债权投资 | 20 | | | 预计负债 | 57 | | |
| 长期应收款 | 21 | | | 递延收益 | 58 | | |
| 长期股权投资 | 22 | | | 递延所得税负债 | 59 | | |
| 其他权益工具投资 | 23 | | | 其他非流动负债 | 60 | | |
| 其他非流动金融资产 | 24 | | | 非流动负债合计 | 61 | | |
| 投资性房地产 | 25 | | | 负债合计 | 62 | | |
| 固定资产 | 26 | | | 所有者权益（或股东权益）： | | | |
| 在建工程 | 27 | | | 实收资本（或股本） | 63 | | |
| 生产性生物资产 | 28 | | | 其他权益工具（其中）： | 64 | | |
| 油气资产 | 29 | | | 优先股 | 65 | | |
| 无形资产 | 30 | | | 永续债 | 66 | | |
| 开发支出 | 31 | | | 资本公积 | 67 | | |
| 商誉 | 32 | | | 减：库存股 | 68 | | |
| 长期待摊费用 | 33 | | | 其他综合收益 | 69 | | |
| 递延所得税资产 | 34 | | | 专项储备 | 70 | | |
| 其他非流动资产 | 35 | | | 盈余公积 | 71 | | |
| 非流动资产合计 | 36 | | | 未分配利润 | 72 | | |
| | | | | 所有者权益(或股东权益)合计 | 73 | | |
| 资产合计 | 37 | | | 负债和所有者权益(或股东权益)总计 | 74 | | |

图 3-2　资产负债表表体

| | | | |
|---|---|---|---|
| 45 | | | |
| 46 | 单位负责人：邓华超 | 财务负责人：沈朝飞 | 编表人：李燕 |
| 47 | | | |

图 3-3　资产负债表表尾

## 二、设置资产负债表资产类项目的数据

资产负债表数据包括资产类、负债类和所有者权益类三大项数据，每项数据又包括年初数和期末数两种，一般来说年初数不用输入，因为年初数就是上一期的期末数，可以直接从上一期的资产负债表中复制过来，也可以从税务系统中将自动生成的年初数复制过来。万隆灯具有限公司的年初数见表 3-2。

对于期末数，因为资产类项目中有不少项目是需要将多个总账科目的金额进行汇总等处理而来，因此我们可以通过设置 SUMIF 函数来实现自动编制报表。SUMIF 语法格式为 SUMIF（range,criteria,sum_range），虽然在项目二中已经介绍过，但在用法上与本

任务中还是有所不同，本任务中第二个参数 criteria 需要用逻辑表达式去完成。

**表 3-2　各账户年初数**

| 资　　产 | 年 初 余 额 | 负债和所有者权益（股东权益） | 年 初 余 额 |
|---|---|---|---|
| 流动资产： | | 流动负债： | |
| 货币资金 | 145401.74 | 短期借款 | 860000 |
| 交易性金融资产 | 0 | 交易性金融负债 | 0 |
| 衍生金融资产 | 0 | 衍生金融负债 | 0 |
| 应收票据 | 200000 | 应付票据 | 800000 |
| 应收账款 | 275907.2 | 应付账款 | 927900 |
| 预付款项 | 555364 | 预收款项 | 0 |
| 其他应收款 | 4500 | 合同负债 | 0 |
| 存货（其中）： | 3229332.72 | 应付职工薪酬 | 0 |
| 在途物资 | 0 | 应交税费 | 5649.07 |
| 原材料 | 213829.21 | 其他应付款 | 0 |
| 周转材料 | 0 | 持有待售负债 | 0 |
| 库存商品 | 950285.53 | 一年内到期的非流动负债 | 0 |
| 合同资产 | 0 | 其他流动负债 | 0 |
| 持有待售资产 | 0 | 流动负债合计 | 2593549.07 |
| 一年内到期的非流动资产 | 0 | 非流动负债： | |
| 其他流动资产 | 0 | 长期借款 | 0 |
| 流动资产合计 | 4410505.66 | 应付债券（其中）： | 0 |
| 非流动资产： | | 优先股 | 0 |
| 债权投资 | 0 | 永续债 | 0 |
| 其他债权投资 | 0 | 长期应付款 | 0 |
| 长期应收款 | 0 | 预计负债 | 0 |
| 长期股权投资 | 300000 | 递延收益 | 0 |
| 其他权益工具投资 | 0 | 递延所得税负债 | 0 |
| 其他非流动金融资产 | 0 | 其他非流动负债 | 0 |
| 投资性房地产 | 0 | 非流动负债合计 | 0 |
| 固定资产 | 6278090.98 | 负债合计 | 2593549.07 |
| 在建工程 | 0 | 所有者权益（或股东权益）： | |
| 生产性生物资产 | 0 | 实收资本（或股本） | 6000000 |
| 油气资产 | 0 | 其他权益工具（其中）： | 0 |
| 无形资产 | 50000 | 优先股 | 0 |
| 开发支出 | 0 | 永续债 | 0 |
| 商誉 | 0 | 资本公积 | 0 |
| 长期待摊费用 | 0 | 减：库存股 | 0 |

（续）

| 资　　产 | 年初余额 | 负债和所有者权益（股东权益） | 年初余额 |
|---|---|---|---|
| 递延所得税资产 | 0 | 其他综合收益 | 0 |
| 其他非流动资产 | 0 | 盈余公积 | 0 |
| 非流动资产合计 | 6628090.98 | 未分配利润 | 2445047.57 |
| | | 所有者权益（或股东权益）合计 | 8445047.57 |
| 资产合计 | 11038596.64 | 负债和所有者权益（或股东权益）合计 | 11038596.64 |

### 1．输入货币资金的期末数

在“资产负债表”工作表中，选择D6单元格，输入公式“=SUMIF(总账汇总表!J:J,"<1100",总账汇总表!G:G)”，其中第二参数“<1100”就是一个逻辑关系式，意思是从科目编码中找到“<1100”这个条件的所有科目，将它们的期末借方余额相加。

### 2．输入交易性金融资产的期末数

“交易性金融资产”行项目，反映资产负债表日企业分类为以公允价值计量且其变动计入当期损益的金融资产，以及企业持有的直接指定为以公允价值计量且其变动计入当期损益的金融资产的期末账面价值。该项目应根据“交易性金融资产”科目的相关明细科目期末余额分析填列。自资产负债表日起超过一年到期且预期持有超过一年的以公允价值计量且其变动计入当期损益的非流动金融资产的期末账面价值，在“其他非流动金融资产”行项目反映。

选择D7单元格，输入公式“=SUMIF(总账汇总表!B:B,B7,总账汇总表!G:G)”，这个公式表示从“总账汇总表”的科目名称所在的B列，找到和该资产负债表B7单元格的名称相符的科目后，计算出这个科目的借方余额。

### 3．输入应收票据的期末数

“应收票据”行项目，反映资产负债表日以摊余成本计量的、企业因销售商品、提供服务等收到的商业汇票，包括银行承兑汇票和商业承兑汇票。该项目应根据“应收票据”科目的期末余额，减去“坏账准备”科目中相关坏账准备期末余额后的金额分析填列。

此处暂不考虑坏账准备，所以公式简化为“=SUMIF(总账汇总表!B:B,"应收票据",总账汇总表!G:G)”。

### 4．输入应收账款的期末数

“应收账款”行项目，反映资产负债表日以摊余成本计量的、企业因销售商品、提供服务等经营活动应收取的款项。该项目应根据“应收账款”科目的期末余额，减去“坏账准备”科目中相关坏账准备期末余额后的金额分析填列。

选择D10单元格，设置公式为“=SUMIF(总账汇总表!B:B,"应收账款",总账汇总表!G:G)+SUMIF(总账汇总表!B:B,"预收账款",总账汇总表!G:G)-SUMIF(总账汇总表!B:B,"坏账准备",总账汇总表!H:H)”。因为坏账准备科目是贷方余额，所以要从H列取数后扣除。

5．输入预付款项的期末数

选择 D11 单元格，输入公式“=SUMIF(总账汇总表!B:B,"预付账款",总账汇总表!G:G) +SUMIF(总账汇总表!B:B,"应付账款",总账汇总表!G:G)”，表示从“总账汇总表”的科目名称所在的 B 列，找到“预付账款”科目和“应付账款”科目的期末借方余额，并计算出预付款项的资产负债表期末列示余额。

**小提示**

资产负债表中一般项目的取数类似于交易性金融资产的取数方法或预付款项的取数方法。在交易性金融资产的取数中，我们输入公式“=SUMIF(总账汇总表!B:B,B7,总账汇总表!G:G)”，计算出 B7 单元格对应科目的借方余额。这个方法适用于总账汇总表中的科目和资产负债表中的名称恰巧一致的时候。在预付款项的取数中，因为资产负债表中 B10 单元格的内容是“预付款项”，而在总账汇总表中的会计科目名称是“预付账款”，两者并不一致，所以查找的内容需要手工输入，并在外面用英文模式下的引号包含起来。

所以在资产负债表中，若要提取 D28 单元格“长期股权投资”项目的数值时，可以输入公式“=SUMIF(总账汇总表!B:B,B28,总账汇总表!G:G)–SUMIF(总账汇总表!B:B,"长期股权投资减值准备",总账汇总表!H:H)”，也可以输入公式“=SUMIF(总账汇总表!B:B,"长期股权投资",总账汇总表!G:G)–SUMIF(总账汇总表!B:B,"长期股权投资减值准备",总账汇总表!H:H)”，两者的结果是一样的。

6．输入其他应收款的期末数

“其他应收款”行项目，应根据“应收利息”“应收股利”和“其他应收款”科目的期末余额合计数，减去“坏账准备”科目中相关坏账准备期末余额后的金额填列。

此处，暂不考虑坏账准备，所以公式简化为“=SUMIF(总账汇总表!B:B,"应收利息",总账汇总表!G:G)+SUMIF(总账汇总表!B:B,"应收股利",总账汇总表!G:G)+SUMIF(总账汇总表!B:B,B11,总账汇总表!G:G)”。

7．输入存货项目的期末数

存货项目是由多个科目汇总而成的，当需要同时满足多个条件时，需要用到 SUMIFS 函数。

具体操作为：首先选择 D14 单元格，单击“插入函数”按钮找到 SUMIFS 函数，在弹出对话框中第一个参数“sum_range”输入“总账汇总表!G:G”，因为最终求和的范围是“总账汇总表”中的 G 列；第二个参数“criteria_range1”选择“总账汇总表!J:J”，意思是第一个条件范围是“总账汇总表”的 J 列；第三个参数“criteria1”表示给第一个条件范围赋予条件，输入“"<1500"”，表示在 J 列中找到所有小于 1500 的科目；第四个参数“criteria_range2”同样输入“总账汇总表!J:J”，因为第二个条件范围也是 J 列；第五个参数“criteria2”输入“">1400"”，意思是在 J 列中找到所有大于 1400 的科目。

把 SUMIFS 函数的参数综合起来解释就是：将 J 列中所有介于 1400 和 1500 之间的科目找出来，并将这些科目对应的 G 列的金额相加。单击“确定”按钮完成 SUMIFS 函数的公式输入，如图 3-4 所示编辑栏中会自动生成 D14 单元格的公式“=SUMIFS（总账汇总表!G:G,总账汇总表!J:J,"<1500",总账汇总表!J:J,">1400"）”。

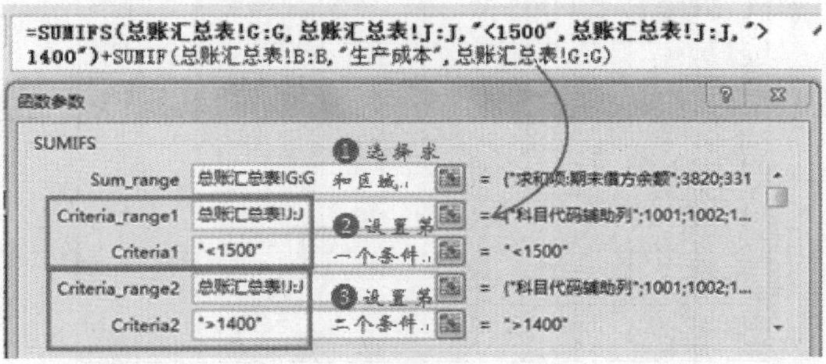


图 3-4　SUMIFS 函数的使用

## 小技巧 3-2　SUMIFS 函数

SUMIFS 函数可以根据多个指定条件对若干单元格进行求和。

语法格式为：SUMIFS（sum_range,criteria_range1,criteria1,[criteria_range2,criteria2],⋯）

其中：sum_range 是需要求和的单元格区域，可以包括数字或包含数字的名称、区域或单元格引用，在计算过程中会忽略空白值和文本值。criteria_range1 为计算关联条件的第一个区域。criteria1 为条件 1，条件的形式为数字、表达式、单元格引用或者文本，可用来定义对 criteria _range1 参数中的哪些单元格求和。例如，条件可以表示为 32、“>32”、B4、"苹果"。[criteria_range2，criteria2] 为可选项，分别表示需要计算条件 2 的区域及条件 2。如果条件更多，可继续增加条件 3、条件 4 等，但 criteria_range 和 criteria 一定是成对出现的，且最多允许 127 个区域、条件对，即参数总数不超 255 个。

SUMIF、SUMIFS

此外，SUMIFS 函数和 SUMIF 函数一样，其条件可包含通配符，即进行模糊查找时可以用“?”代表单个字符，用“*”代表任何文字。

下面通过一个例子来巩固一下 SUMIFS 函数的掌握程度。图 3-5 是某公司产品生产明细表，现单元格 G5 需要计算广东地区 3 月份共生产了多少 A 产品。当然可以直接输入如单元格 G7 的长串公式，也可通过插入函数的方式设置各参数，如图 3-6 所示（其中 sum_range 内容输入“D3:D21”，criteria_range1 输入内容“B3:B21”，此处因篇幅原因未截图）。

当然存货项目并不仅仅是将资产类科目中的原材料等科目相加即可，还需要考虑成本类科目中的生产成本科目，因此在完成了 SUMIFS 函数的输入之后，还需要在 D14 单元格的公式后面加上“SUMIF（总账汇总表!B:B，"生产成本"，总账汇总表!G:G）”这个函数，这样才最终完成了存货总成本的计算。需要注意的是，这里不能采用将 D15:D18 区域数值简单相加，因为存货并不仅仅是所列的这几项。

| | A | B | C | D | E | F | G |
|---|---|---|---|---|---|---|---|
| 1 | 产品生产明细表 | | | | | | |
| 2 | 产品 | 生产月份 | 产品单价 | 产品数量 | 产地 | | 广东3月份共生成多少A产品？ |
| 3 | A产品 | 1 | 100 | 100 | 江苏南京 | | |
| 4 | A产品 | 1 | 100 | 125 | 广东广州 | | |
| 5 | B产品 | 1 | 200 | 150 | 广东深圳 | | 750 |
| 6 | A产品 | 2 | 100 | 175 | 浙江宁波 | | |
| 7 | B产品 | 2 | 200 | 200 | 江苏南京 | | SUMIFS(D5:D23,B5:B23,3,A5:A23,"A产品",E5:E23,"广东*") |
| 8 | A产品 | 2 | 100 | 250 | 江苏南京 | | |
| 9 | B产品 | 2 | 200 | 275 | 广东深圳 | | |
| 10 | A产品 | 3 | 100 | 300 | 江苏无锡 | | |
| 11 | B产品 | 3 | 200 | 325 | 江苏无锡 | | |
| 12 | A产品 | 3 | 100 | 350 | 广东深圳 | | |
| 13 | B产品 | 3 | 200 | 375 | 广东深圳 | | |
| 14 | A产品 | 3 | 100 | 400 | 广东广州 | | |
| 15 | A产品 | 4 | 100 | 425 | 浙江杭州 | | |
| 16 | A产品 | 4 | 100 | 425 | 浙江杭州 | | |
| 17 | B产品 | 4 | 200 | 380 | 江苏南京 | | |
| 18 | A产品 | 4 | 100 | 400 | 浙江宁波 | | |
| 19 | B产品 | 4 | 200 | 350 | 江苏南京 | | |
| 20 | A产品 | 4 | 400 | 400 | 广东广州 | | |
| 21 | A产品 | 4 | 400 | 425 | 江苏无锡 | | |

图 3-5　产品生产明细表

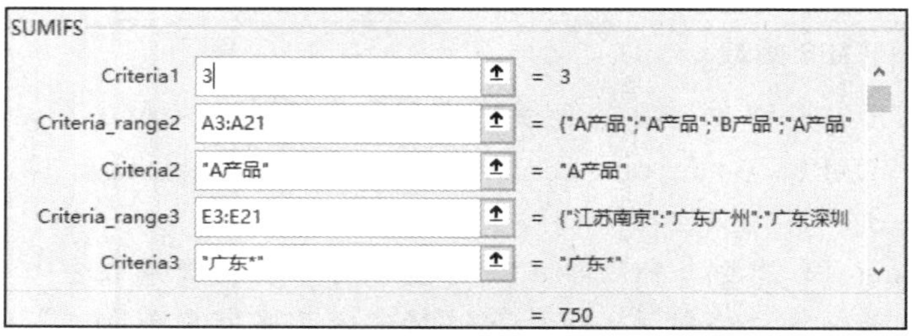


图 3-6　插入 SUMIFS 函数完成通配符模糊计算

### 8. 计算固定资产的期末数

"固定资产"行项目，反映资产负债表日企业固定资产的期末账面价值和企业尚未清理完毕的固定资产清理净损益。该项目应根据"固定资产"科目的期末余额，减去"累计折旧"和"固定资产减值准备"科目的期末余额后的金额，以及"固定资产清理"科目的期末余额填列。

选择 D32 单元格，设置公式为"=SUMIF(总账汇总表!B:B,B32,总账汇总表!G:G)–SUMIF(总账汇总表!B:B, "累计折旧",总账汇总表!H:H)–SUMIF(总账汇总表!B:B,"固定资产减值准备",总账汇总表!H:H)" + SUMIF(总账汇总表!B:B, "固定资产清理",总账汇总表!G:G)。因为累计折旧和固定资产减值准备科目是贷方余额，所以要从 H 列取数后扣除。

**小提示**

无形资产的取数原理类似于固定资产，所以 D36 单元格"无形资产"项目的取数公式"=SUMIF(总账汇总表!B:B,B36,总账汇总表!G:G)–SUMIF(总账汇总表!B:B,"累计摊销",总账汇总表!H:H)–SUMIF(总账汇总表!B:B,"无形资产减值准备",总账汇总表!H:H)"。同样，因为累计摊销和无形资产减值准备科目是贷方余额，所以要从 H 列取数后扣除。

其他资产类科目的取数也可考虑相似的原理进行加减计算，此处不再一一展开。

**9．计算各个合计数**

（1）流动资产合计：选择 D23 单元格，输入公式“=SUM(D6:D14)”。

（2）非流动资产合计：选择 D42 单元格，输入公式“=SUM(D25:D41)”。

（3）资产合计：选择 D44 单元格，输入公式“=D23+D42”

以上步骤的数据取数都成功后，就可以得到如图 3-7 所示的结果。

| 资　　产 | 行次 | 期末余额 | 年初余额 |
|---|---|---|---|
| 流动资产： | | | |
| 货币资金 | 1 | 3427056.25 | 145401.74 |
| 交易性金融资产 | 2 | 45000 | 0 |
| 衍生金融资产 | 3 | | |
| 应收票据 | 4 | 200000 | 200000 |
| 应收账款 | 5 | 939739 | 275907.2 |
| 应收款项融资 | 6 | | |
| 预付款项 | 7 | 15250.8 | 555364 |
| 其他应收款 | 8 | 1300 | 4500 |
| 存货（其中）： | 9 | 4680093.97 | 3229332.72 |
| 在途物资 | 10 | 368239.4 | |
| 原材料 | 11 | 477810.87 | 213829.21 |
| 周转材料 | 12 | 52900 | |
| 库存商品 | 13 | 3581427.36 | 950285.53 |
| 合同资产 | 14 | | |
| 持有待售资产 | 15 | | |
| 一年内到期的非流动资产 | 16 | | |
| 其他流动资产 | 17 | | |
| 流动资产合计 | 18 | 9308440.02 | 4410505.66 |
| 非流动资产： | | | |
| 债权投资 | 19 | | |
| 其他债权投资 | 20 | | |
| 长期应收款 | 21 | | |
| 长期股权投资 | 22 | 300000 | 300000 |
| 其他权益工具投资 | 23 | | |
| 其他非流动金融资产 | 24 | | |
| 投资性房地产 | 25 | | |
| 固定资产 | 26 | 5671802.44 | 6278090.98 |
| 在建工程 | 27 | | |
| 生产性生物资产 | 28 | | |
| 油气资产 | 29 | | |
| 无形资产 | 30 | 50000 | 50000 |
| 开发支出 | 31 | | |
| 商誉 | 32 | | |
| 长期待摊费用 | 33 | | |
| 递延所得税资产 | 34 | | |
| 其他非流动资产 | 35 | | |
| 非流动资产合计 | 36 | 6021802.44 | 6628090.98 |
| | | | |
| 资产合计 | 37 | 15330242.46 | 11038596.64 |

图 3-7　资产负债表“资产类科目”最终金额

# 三、设置负债类及所有者权益类项目的数据

负债类和所有者权益类项目的取数比资产类项目的取数要简单一些，项目名称基本都和账户名称匹配，也不太存在项目汇总或抵减的关系，因此大部分的科目可采用一般的取数公式进行取数，对于个别情况再进行特殊处理。

**1．一般项目的取数**

选择 H6 单元格，输入公式“=SUMIF(总账汇总表!B:B,F6,总账汇总表!H:H)”。

公式与资产类项目的用意基本一致，只不过负债类和所有者权益类账户是从 H 列中进行取数。

同理，负债类项目中的应付票据、应付职工薪酬、应交税费、长期借款，以及所有者权益类项目中的实收资本均可考虑该取数方法。

若碰到资产负债表中的单元格内容和总账汇总表中的会计科目名称不一致的情况，可将 SUMIF 函数中的函数修改为对应的会计科目名称，如预收款项的取数，但需要注意的是中文字符外需要用英文模式下的引号包含起来。

**2．特殊项目的取数**

（1）应付账款的期末取数。“应付账款”行项目，反映资产负债表日企业因购买材料、商品和接受服务等经营活动应支付的款项。该项目应根据“应付账款”和“预付账款”科目所属的相关明细科目的期末贷方余额合计数填列。

选择 H10 单元格，设置公式为“=SUMIF(总账汇总表!B:B,"应付账款",总账汇总表!H:H)+SUMIF(总账汇总表!B:B,"预付账款",总账汇总表!H:H)”。

（2）预收款项的期末取数。选择H11单元格，输入公式“=SUMIF(总账汇总表!B:B,"预收账款",总账汇总表!H:H) +SUMIF(总账汇总表!B:B,"应收账款",总账汇总表!H:H)”，表示从“总账汇总表”的科目名称所在的B列，找到“预收账款”科目和“应收账款”科目的期末贷方余额，并计算出预收款项的资产负债表期末列示余额。

（3）其他应付款的期末取数。“其他应付款”行项目，应根据“应付利息”“应付股利”和“其他应付款”科目的期末余额合计数填列。

选择 H15 单元格，输入公式“=SUMIF(总账汇总表!B:B,"应付利息",总账汇总表!H:H)+SUMIF(总账汇总表!B:B,"应付股利",总账汇总表!H:H)+SUMIF(总账汇总表!B:B,F14,总账汇总表!H:H)”。

（4）流动负债合计的计算。选择H19单元格，输入公式“=SUM(H6:H18)”。

（5）应付债券（其中）的计算。选择H22单元格，输入公式“=H23+H24”。

（6）非流动负债合计的计算。选择H30单元格，输入公式“=SUM(H21:H22,H25:H29)”。

（7）负债合计的计算。选择H31单元格，输入公式“=SUM(H19,H30)”。

（8）其他权益工具（其中）的计算。选择H34单元格，输入公式“=H35+H36”。

（9）未分配利润的期末取数。选择 H42 单元格，输入公式“=SUMIF(总账汇总表!B:B,"本年利润",总账汇总表!H:H)+SUMIF(总账汇总表!B:B,"利润分配",总账汇总表!H:H)−SUMIF(总账汇总表!B:B,"本年利润",总账汇总表!G:G)−SUMIF(总账汇总表!B:B，"利润分配"，总账汇总表!G:G)”。这个公式是将“本年利润”和“利润分配”这两个账户的借方余额和贷方余额相加，借方余额代表的是亏损，贷方余额代表的是盈利。所以对应 G 列为借方余额，应取负值；若为 H 列则为贷方余额，应取正值。

（10）所有者权益（或股东权益）合计的计算。选择 H43 单元格，输入公式“=H33+H34+H37−H38+SUM(H39:H42)”。

（11）负债和所有者权益（或股东权益）合计的计算。选择 H44 单元格，输入公式“=SUM(H31,H43)”。

通过对负债及所有者权益（或股东权益）项目的取数，可以得到如图3-8所示的期末数。

| 负债和所有者权益（股东权益） | 行次 | 期末余额 | 年初余额 |
|---|---|---|---|
| 流动负债： | | | |
| 短期借款 | 38 | 890000 | 860000 |
| 交易性金融负债 | 39 | | |
| 衍生金融负债 | 40 | | |
| 应付票据 | 41 | 800000 | 800000 |
| 应付账款 | 42 | 861850 | 927900 |
| 预收款项 | 43 | 0 | 0 |
| 合同负债 | 44 | | |
| 应付职工薪酬 | 45 | 40459.5 | 0 |
| 应交税费 | 46 | 117936 | 5649.07 |
| 其他应付款 | 47 | 503755 | 0 |
| 持有待售负债 | 48 | | 0 |
| 一年内到期的非流动负债 | 49 | | 0 |
| 其他流动负债 | 50 | | 0 |
| 流动负债合计 | 51 | 3214000.5 | 2593549.07 |
| 非流动负债： | | | |
| 长期借款 | 52 | 800000 | 0 |
| 应付债券（其中）： | 53 | 0 | 0 |
| 优先股 | 54 | | 0 |
| 永续债 | 55 | | 0 |
| 长期应付款 | 56 | | 0 |
| 预计负债 | 57 | | 0 |
| 递延收益 | 58 | | 0 |
| 递延所得税负债 | 59 | | 0 |
| 其他非流动负债 | 60 | | 0 |
| 非流动负债合计 | 61 | 800000 | 0 |
| 负债合计 | 62 | 4014000.5 | 2593549.07 |
| 所有者权益（或股东权益）： | | | |
| 实收资本（或股本） | 63 | 8050000 | 6000000 |
| 其他权益工具（其中）： | 64 | 0 | 0 |
| 优先股 | 65 | | |
| 永续债 | 66 | | |
| 资本公积 | 67 | | |
| 减：库存股 | 68 | | |
| 其他综合收益 | 69 | | |
| 专项储备 | 70 | | |
| 盈余公积 | 71 | | |
| 未分配利润 | 72 | 3266241.96 | 2445047.57 |
| 所有者权益(或股东权益)合计 | 73 | 11316241.96 | 8445047.57 |
| 负债和所有者权益(或股东权益)总计 | 74 | 15330242.46 | 11038596.64 |

图3-8　资产负债表“负债类及所有者权益类科目”最终金额

# 任务二　编制利润表和损益类科目汇总表

## 一、设置利润表的基本格式

利润表是反映企业一定期间内经营成果的财务报表，表内的每一项数据也是由会计账簿提供的，但编制工作要比资产负债表简单一些。

### 1. 创建工作表

在“资产负债表”工作表后面增加一个工作表，双击工作表标签将其命名为“利润表”。

### 2．设置利润表表头

选择 B2:E2 单元格，合并单元格居中后，输入“利润表”。

选择 B3:E3 单元格区域，合并单元格后选择向右对齐，并输入“会小企 02 表”。

选择 B4 单元格，输入“="编制单位："&封面!D4”。

选择 C4:D4 单元格，合并单元格居中后，输入“=TEXT(DATE(封面!D6,封面!F6,"28"),"yyyy-mm")”。因为利润表只反映月份，所以光使用 DATE 函数是不够的，需要再加上 TEXT 函数，将 DATE 函数的日期格式转变为“yyyy-mm”，只显示年月。

选择 E4 单元格，输入“单位：元”。

各项输入完毕后，得到的结果如图 3-9 所示。

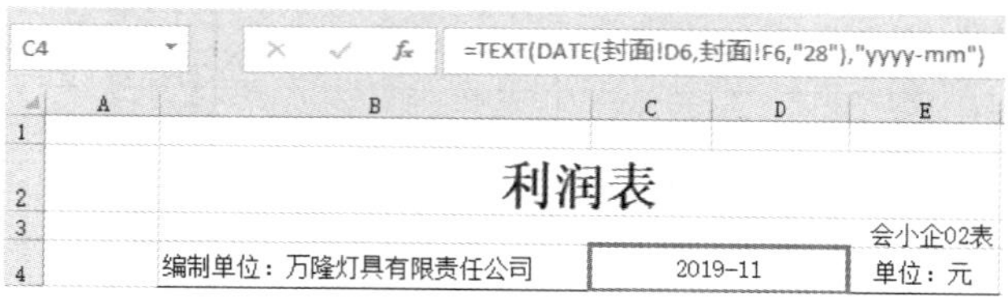


图 3-9　利润表表头

### 3．设置利润表表体

选择 B5:E5 单元格，分别输入“项目”“行次”“本月金额”“累计金额”。从 B6 单元格开始往下，逐行输入利润表的各个项目，这里需要特别提醒的是，因为这个利润表是公司自用的，所以不要采用传统的利润表中那些“一、二、三、……”的符号，也不要用上“加”“减”这样的字样。如果加上这些多余的符号，反而不利于函数取数。各项输入完毕后调整行高到 22.5，得到的效果如图 3-10 所示。

| | 项　　目 | 行　次 | 本月金额 | 累计金额 |
|---|---|---|---|---|
| 6 | 营业收入 | 1 | | |
| 7 | 营业成本 | 2 | | |
| 8 | 税金及附加 | 3 | | |
| 9 | 销售费用 | 4 | | |
| 10 | 管理费用 | 5 | | |
| 11 | 研发费用 | 6 | | |
| 12 | 财务费用 | 7 | | |
| 13 | 资产减值损失 | 8 | | |
| 14 | 投资收益 | 9 | | |
| 15 | 公允价值变动收益 | 10 | | |
| 16 | 营业利润 | 11 | | |
| 17 | 营业外收入 | 12 | | |
| 18 | 营业外支出 | 13 | | |
| 19 | 利润总额(亏损总额以"-"号填列) | 14 | | |
| 20 | 所得税费用 | 15 | | |
| 21 | 净利润(净亏损以"-"号填列) | 16 | | |

图 3-10　利润表表体

# 二、设置利润表的本期金额

### 1．设置各损益类项目金额

（1）营业收入的期末取数。选择 D6 单元格，输入“=SUMIF(总账汇总表!B:B,"主营业务收入",总账汇总表!E:E)+SUMIF(总账汇总表!B:B,"其他业务收入",总账汇总表!E:E)”，意思是从借方发生额中取“主营业务收入”和“其他业务收入”的本期发生额。

（2）营业成本的期末取数。选择 D7 单元格，输入“=SUMIF(总账汇总表!B:B,"主营业务成本",总账汇总表!E:E)+SUMIF(总账汇总表!B:B,"其他业务成本",总账汇总表!E:E)”，意思是从借方发生额中取“主营业务成本”和“其他业务成本”的本期发生额。

（3）其他损益类项目的期末取数。选择 D8 单元格，输入“=SUMIF(总账汇总表!B:B,B8,总账汇总表!E:E)”，表示从借方发生额中取 D8 单元格所对应的“税金及附加”的本期发生额。取得了“税金及附加”的本期发生额之后，单击 D8 单元格的右下角，往下拖动填充柄到 D20 单元格。但是因为 D16 和 D19 单元格是关于相关利润的计算，所以不适用前面的公式，要将这些单元格的取数删除。

### 2．设置相关利润的金额

（1）营业利润=营业收入-营业成本-税金及附加-期间费用+相关损益。所以，选择 D16 单元格，输入公式“=D6-SUM(D7:D13)+SUM(D14:D15)”。

（2）利润总额的取数。利润总额=营业利润+营业外收入-营业外支出。所以，选择 D19 单元格，输入公式“=D16+D17-D18”。

（3）净利润的取数。净利润=利润总额-所得税费用。所以，选择 D21 单元格，输入公式“=D19-D20”。

通过上面两个步骤，得到的结果如图 3-11 所示。

| | A | B | C | D |
|---|---|---|---|---|
| 4 | | 编制单位：万隆灯具有限责任公司 | 2019-11 | |
| 5 | | 项　　目 | 行　次 | 本月金额 |
| 6 | | 营业收入 | 1 | 1510000 |
| 7 | | 营业成本 | 2 | 713000 |
| 8 | | 税金及附加 | 3 | 12636 |
| 9 | | 销售费用 | 4 | 30467.5 |
| 10 | | 管理费用 | 5 | 94159.11 |
| 11 | | 研发费用 | 6 | 0 |
| 12 | | 财务费用 | 7 | 1200 |
| 13 | | 资产减值损失 | 8 | 0 |
| 14 | | 投资收益 | 9 | 0 |
| 15 | | 公允价值变动收益 | 10 | 0 |
| 16 | | 营业利润 | 11 | 658537.39 |
| 17 | | 营业外收入 | 12 | 20000 |
| 18 | | 营业外支出 | 13 | 25000 |
| 19 | | 利润总额（亏损总额以“-”号填列） | 14 | 653537.39 |
| 20 | | 所得税费用 | 15 | 0 |
| 21 | | 净利润（净亏损以“-”号填列） | 16 | 653537.39 |

图 3-11　利润表本月金额的取数结果

## 三、编制损益类科目累计汇总表

利润表中的累计金额是指本年度截止到报表月份累计发生的各项损益类科目的本期借方或者贷方发生额。为了方便计算万隆灯具有限责任公司 2019 年以后各个月份利润表的累计金额，需要另外编制一个损益类科目累计汇总表。具体做法如下：

### 1. 设置损益类科目累计汇总表的基本格式

（1）新建工作表“损益类科目累计汇总表”。在工作表“利润表”后面新建工作表“损益类科目累计汇总表”。选择 B2:O2 单元格区域，合并单元格居中后输入“损益类科目累计汇总表”；选择 B4:B5 单元格区域，合并单元格居中后输入“项目”；选择 C4:C5 单元格区域，合并单元格居中后输入“本年累计数”；在 D4:O4 单元格区域分别输入“1 月”～“12 月”，在 D5:O5 单元格区域分别输入“1”～“12”。

（2）引用利润表中的相关科目。选择 B6 单元格，输入“=利润表!B6”，意思就是将工作表“利润表”中的项目引用过来。当然引用过来的时候会把“营业利润”“利润总额”“净利润”这些项目也引用过来了，需要将这些单元格删除掉，最后形成如图 3-12 所示的表格。

损益类科目累计汇总表

| 项目 | 本年累计数 | 1月 | 2月 | 3月 | 4月 | 5月 | 6月 | 7月 | 8月 | 9月 | 10月 | 11月 | 12月 |
|---|---|---|---|---|---|---|---|---|---|---|---|---|---|
| | | 1 | 2 | 3 | 4 | 5 | 6 | 7 | 8 | 9 | 10 | 11 | 12 |
| 营业收入 | | | | | | | | | | | | | |
| 营业成本 | | | | | | | | | | | | | |
| 税金及附加 | | | | | | | | | | | | | |
| 销售费用 | | | | | | | | | | | | | |
| 管理费用 | | | | | | | | | | | | | |
| 研发费用 | | | | | | | | | | | | | |
| 财务费用 | | | | | | | | | | | | | |
| 资产减值损失 | | | | | | | | | | | | | |
| 投资收益 | | | | | | | | | | | | | |
| 公允价值变动收益 | | | | | | | | | | | | | |
| 营业外收入 | | | | | | | | | | | | | |
| 营业外支出 | | | | | | | | | | | | | |
| 所得税费用 | | | | | | | | | | | | | |

图 3-12　损益类科目累计汇总表样式

### 2. 输入各月份金额

（1）输入 1～10 月份的金额。在实际工作中，因为每个月都会进行汇总，所以 1～10 月份的金额会通过函数自动取得。但因为李燕是从 11 月份开始建账的，因此 1～10 月份的金额需要通过原始资料输入而得，具体金额输入后如图 3-13 所示。

损益类科目累计汇总表

| 项目 | 本年累计数 | 1月 | 2月 | 3月 | 4月 | 5月 | 6月 | 7月 | 8月 | 9月 | 10月 | 11月 | 12月 |
|---|---|---|---|---|---|---|---|---|---|---|---|---|---|
| | | 1 | 2 | 3 | 4 | 5 | 6 | 7 | 8 | 9 | 10 | 11 | 12 |
| 营业收入 | | 50000 | 0 | 150000 | 7800 | 0 | 0 | 90000 | 0 | 0 | 72900 | | |
| 营业成本 | | 2600 | 0 | 70300 | 3850 | 0 | 0 | 4600 | 0 | 0 | 3740 | | |
| 税金及附加 | | 529 | 0 | 1650 | 638 | 0 | 0 | 948 | 0 | 0 | 639 | | |
| 销售费用 | | 0 | 3000 | 0 | 0 | 4500 | 0 | 0 | 6280 | 3499 | 0 | | |
| 管理费用 | | 12350 | 7800 | 9760 | 12086.5 | 6720 | 8210 | 12730.5 | 7820 | 8270 | 10274 | | |
| 研发费用 | | 0 | 0 | 0 | 0 | 0 | 0 | 0 | 0 | 0 | 0 | | |
| 财务费用 | | 0 | 45 | 0 | 0 | 0 | 65 | 0 | 0 | 139 | 0 | | |
| 资产减值损失 | | 0 | 0 | 0 | 0 | 0 | 0 | 0 | 0 | 0 | 0 | | |
| 投资收益 | | 0 | 0 | 0 | 0 | 0 | 0 | 0 | 0 | 0 | 0 | | |
| 公允价值变动收益 | | 0 | 0 | 0 | 0 | 0 | 0 | 0 | 0 | 0 | 0 | | |
| 营业外收入 | | 0 | 0 | 0 | 0 | 0 | 0 | 0 | 0 | 0 | 0 | | |
| 营业外支出 | | 0 | 0 | 0 | 0 | 0 | 0 | 0 | 0 | 0 | 0 | | |
| 所得税费用 | | 0 | 0 | 0 | 0 | 0 | 0 | 0 | 0 | 0 | 0 | | |

图 3-13 损益类科目累计汇总表前期金额

（2）对11月份金额进行取数。首先明确利润表11月份各项目金额是从“总账汇总表”中相关账户的本期数中取得的，所以要用到VLOOKUP函数；同时，因为部分利润表的科目在本单位业务中没有发生额，所以还需要增加IFERROR函数（参见项目五小技巧5-7）。

选择N6单元格，利用插入函数功能找到VLOOKUP函数，或者直接输入VLOOKUP函数，最终输入的函数为“=VLOOKUP("主营业务收入",总账汇总表!$B$1:$H$50,4,0)+VLOOKUP("其他业务收入",总账汇总表!$B$1:$H$50,4,0)”。该公式的意思是：利用VLOOKUP函数查找“主营业务收入”这个项目在总账汇总表中B1:H50区域范围内容，返回第4列也就是“借方发生额”这一列中对应的金额；然后同样用VLOOKUP函数查找“其他业务收入”这个项目在总账汇总表中B1:H50区域范围内容，返回第4列也就是“借方发生额”这一列中对应的金额；最后将两者数据相加就是该月的营业收入了。虽然该月的营业收入在利润表中已经用SUMIF函数求解过了，但是此处用VLOOKUP函数，可进一步验算利润表中的数据是否正确。

取数后将鼠标移到N6单元格右下角，往下拖动填充柄到N7单元格，将公式中的“主营业务收入”修改为“主营业务成本”，将“其他业务收入”修改为“其他业务成本”，最终得到公式“=VLOOKUP("主营业务成本",总账汇总表!$B$1:$H$50,4,0)+VLOOKUP("其他业务成本",总账汇总表!$B$1:$H$50,4,0)”（当然也可以直接输入该公式），将“主营业务成本”和“其他业务成本”的本期发生额相加即为营业成本。

选择N8单元格，输入公式“=IFERROR(VLOOKUP(B8,总账汇总表!$B$1:$H$50,4,0),0)”，若VLOOKUP函数在总账汇总表$B$1:$H$50的范围内能查找到B8单元格的内容，则返回该范围内的第 4 列（也就是“借方发生额”这一列中对应的金额）；如果 VLOOKUP 函数找不到 B8 单元格的内容，会返回错误值，通过 IFERROR 则能返回零值，以消除对后期数据计算的影响。

将鼠标移到 N8 单元格右下角，往下拖动填充柄到 N18 单元格。至此，11 月的数据都计算完成了。

最后，选择 C6 单元格，输入“=SUM(D6:O6)”。取数后将鼠标移到 C6 单元格右下角，往下拖动填充柄到 C18 单元格，最终结果如图 3-14 所示。

| 项目 | 本年累计数 | 1月 | 2月 | 3月 | 4月 | 5月 | 6月 | 7月 | 8月 | 9月 | 10月 | 11月 | 12月 |
|---|---|---|---|---|---|---|---|---|---|---|---|---|---|
| | | 1 | 2 | 3 | 4 | 5 | 6 | 7 | 8 | 9 | 10 | 11 | 12 |
| 营业收入 | 1880700 | 50000 | 0 | 150000 | 7800 | 0 | 0 | 90000 | 0 | 0 | 72900 | 1510000 | |
| 营业成本 | 798090 | 2600 | 0 | 70300 | 3850 | 0 | 0 | 4600 | 0 | 0 | 3740 | 713000 | |
| 税金及附加 | 17040 | 529 | 0 | 1650 | 638 | 0 | 0 | 948 | 0 | 0 | 639 | 12636 | |
| 销售费用 | 47746.5 | 0 | 3000 | 0 | 0 | 4500 | 0 | 0 | 6280 | 3499 | 0 | 30467.5 | |
| 管理费用 | 190180.11 | 12350 | 7800 | 9760 | 12086.5 | 6720 | 8210 | 12730.5 | 7820 | 8270 | 10274 | 94159.11 | |
| 研发费用 | 0 | 0 | 0 | 0 | 0 | 0 | 0 | 0 | 0 | 0 | 0 | 0 | |
| 财务费用 | 1449 | 0 | 45 | 0 | 0 | 0 | 65 | 0 | 0 | 139 | 0 | 1200 | |
| 资产减值损失 | 0 | 0 | 0 | 0 | 0 | 0 | 0 | 0 | 0 | 0 | 0 | 0 | |
| 投资收益 | 0 | 0 | 0 | 0 | 0 | 0 | 0 | 0 | 0 | 0 | 0 | 0 | |
| 公允价值变动收益 | 0 | 0 | 0 | 0 | 0 | 0 | 0 | 0 | 0 | 0 | 0 | 0 | |
| 营业外收入 | 20000 | 0 | 0 | 0 | 0 | 0 | 0 | 0 | 0 | 0 | 0 | 20000 | |
| 营业外支出 | 25000 | 0 | 0 | 0 | 0 | 0 | 0 | 0 | 0 | 0 | 0 | 25000 | |
| 所得税费用 | 0 | 0 | 0 | 0 | 0 | 0 | 0 | 0 | 0 | 0 | 0 | 0 | |

图 3-14　损益类科目累计汇总表各月金额汇总情况

## 四、编制利润表累计数

“利润表”的累计数需要从“损益类科目累计汇总表”中取数，因此只需在“利润表”工作表中利用 VLOOKUP 函数，查找并返回每项在“损益类科目累计汇总表”工作表中的累计金额即可。

在“利润表”中，选择 E6 单元格，输入公式“=VLOOKUP(B6,损益类科目累计汇总表!$B$6:$C$18,2,0)”，意思是在“损益类科目累计汇总表”工作表中$B$6:$C$18 这个绝对引用的范围内，找到并返回“利润表”工作表 B6 单元格“营业收入”这个项目匹配的本年累计金额。然后，往下拖动填充柄到 E21 单元格。这时，E16、E19、E21 这三个单元格会呈现出“#N/A”这个符号，表示这三个单元格无法找到与之相对应的项目，因为这三个项目都是利润的计算公式，所以要将这三个项目的“#N/A”删除，重新输入新的利润计算公式。简单的处理是直接将 D16、D19、D21 这三个单元格的公式分别往右拖动。最终得到完整的利润表如图 3-15 所示。

**利润表**

会小企02表

编制单位：万隆灯具有限责任公司　　2019-11　　单位：元

| 项　　目 | 行　次 | 本月金额 | 累计金额 |
|---|---|---|---|
| 营业收入 | 1 | 1510000 | 1880700 |
| 营业成本 | 2 | 713000 | 798090 |
| 税金及附加 | 3 | 12636 | 17040 |
| 销售费用 | 4 | 30467.5 | 47746.5 |
| 管理费用 | 5 | 94159.11 | 190180.11 |
| 研发费用 | 6 | 0 | 0 |
| 财务费用 | 7 | 1200 | 1449 |
| 资产减值损失 | 8 | 0 | 0 |
| 投资收益 | 9 | 0 | 0 |
| 公允价值变动收益 | 10 | 0 | 0 |
| 营业利润 | 11 | 658537.39 | 826194.39 |
| 营业外收入 | 12 | 20000 | 20000 |
| 营业外支出 | 13 | 25000 | 25000 |
| 利润总额(亏损总额以"−"号填列) | 14 | 653537.39 | 821194.39 |
| 所得税费用 | 15 | 0 | 0 |
| 净利润(净亏损以"−"号填列) | 16 | 653537.39 | 821194.39 |

图 3-15　完整利润表

# 实　训　三

## 一、实训目的

掌握 Excel 在会计报表处理中的应用。

## 二、实训资料

按实训二，广西南宁荣发有限公司完成账务处理流程，生成"总账汇总表"（表 3-3）。

**表 3-3　总账汇总表**

| 科目编码 | 科 目 名 称 | 期初借方余额 | 期初贷方余额 | 本期借方发生额 | 本期贷方发生额 | 期末借方余额 | 期末贷方余额 |
|---|---|---|---|---|---|---|---|
| 1001 | 库存现金 | 2019 | 0 | 2000 | 1000 | 3019 | 0 |
| 1002 | 银行存款 | 336019.05 | 0 | 72320 | 8170 | 400169.05 | 0 |
| 1012 | 其他货币资金 | 500000 | 0 | | | 500000 | 0 |
| 1101 | 交易性金融资产 | 0 | 0 | | | 0 | 0 |
| 1121 | 应收票据 | 146150 | 0 | | | 146150 | 0 |
| 1122 | 应收账款 | 634000 | 0 | | | 634000 | 0 |
| 1231 | 坏账准备 | 0 | 3170 | | | 0 | 3170 |
| 1123 | 预付账款 | 90000 | 0 | | | 90000 | 0 |
| 1221 | 其他应收款 | 2200 | 0 | 1000 | | 3200 | 0 |
| 1402 | 在途物资 | 0 | 0 | | | 0 | 0 |
| 1403 | 原材料 | 707354 | 0 | 5000 | 2100 | 710254 | 0 |
| 1411 | 周转材料 | 21898.5 | 0 | | | 21898.5 | 0 |

（续）

| 科目编码 | 科目名称 | 期初借方余额 | 期初贷方余额 | 本期借方发生额 | 本期贷方发生额 | 期末借方余额 | 期末贷方余额 |
|---|---|---|---|---|---|---|---|
| 1405 | 库存商品 | 186020 | 0 | 30100 | 20100 | 196020 | 0 |
| 1511 | 长期股权投资 | 125000 | 0 | | | 125000 | 0 |
| 1601 | 固定资产 | 3343000 | 0 | | | 3343000 | 0 |
| 1602 | 累计折旧 | 0 | 976257 | | 3000 | 0 | 979257 |
| 1604 | 在建工程 | 0 | 0 | | | 0 | 0 |
| 1606 | 固定资产清理 | 0 | 0 | | | 0 | 0 |
| 1701 | 无形资产 | 71500 | 0 | | | 71500 | 0 |
| 1702 | 累计摊销 | 0 | 0 | | | 0 | 0 |
| 1801 | 长期待摊费用 | 0 | 0 | | | 0 | 0 |
| 2001 | 短期借款 | 0 | 250000 | | | 0 | 250000 |
| 2201 | 应付票据 | 0 | 102375 | | | 0 | 102375 |
| 2202 | 应付账款 | 0 | 529378 | | | 0 | 529378 |
| 2211 | 应付职工薪酬 | 0 | 86661.7 | | 25000 | 0 | 111661.7 |
| 2221 | 应交税费 | 0 | 75193.7 | 650 | 16665 | 0 | 91208.7 |
| 2231 | 应付利息 | 0 | 0 | | | 0 | 0 |
| 2241 | 其他应付款 | 0 | 43227 | | | 0 | 43227 |
| 2501 | 长期借款 | 0 | 430200 | | | 0 | 430200 |
| 2502 | 应付债券 | 0 | 50000 | | | 0 | 50000 |
| 2701 | 长期应付款 | 0 | 34347.65 | | | 0 | 34347.65 |
| 4001 | 实收资本 | 0 | 3100000 | | | 0 | 3100000 |
| 4002 | 资本公积 | 0 | 291350.5 | | | 0 | 291350.5 |
| 4101 | 盈余公积 | 0 | 150000 | | | 0 | 150000 |
| 4103 | 本年利润 | 0 | 0 | 64000 | 64000 | 0 | 0 |
| 4104 | 利润分配 | 0 | 63000 | | 25035 | 0 | 88035 |
| 5001 | 生产成本 | 20000 | 0 | 20100 | 30100 | 10000 | 0 |
| 5101 | 制造费用 | 0 | 0 | | | 0 | 0 |
| 6001 | 主营业务收入 | 0 | 0 | 64000 | 64000 | 0 | 0 |
| 6111 | 投资收益 | 0 | 0 | | | 0 | 0 |
| 6401 | 主营业务成本 | 0 | 0 | 20100 | 20100 | 0 | 0 |
| 6402 | 其他业务成本 | 0 | 0 | | | 0 | 0 |
| 6403 | 营业税金及附加 | 0 | 0 | | | 0 | 0 |
| 6601 | 销售费用 | 0 | 0 | | | 0 | 0 |
| 6602 | 管理费用 | 0 | 0 | 10400 | 10400 | 0 | 0 |
| 6603 | 财务费用 | 0 | 0 | 120 | 120 | 0 | 0 |
| 6711 | 营业外支出 | 0 | 0 | | | 0 | 0 |
| 6801 | 所得税费用 | 0 | 0 | 8345 | 8345 | 0 | 0 |
| 合计 | | 6185160.55 | 6185160.55 | 298135 | 298135 | 6254210.55 | 6254210.55 |

## 三、实训要求

（1）编制广西南宁荣发有限公司 2019 年 12 月份资产负债表。

（2）编制广西南宁荣发有限公司 2019 年 12 月份利润表。

4

# 项目四

# Excel 在职工薪资管理中的应用

【知识目标】

- 掌握职工薪资管理系统的个税的计算方法。
- 掌握职工薪资管理系统的查询和筛选。

【能力目标】

- 学会使用 Excel 设计职工薪资管理系统。
- 学会利用多种方法计算个人所得税。
- 学会运用函数、筛选及定位等方法进行工资条的打印。

学习情境

很快一个月过去了，李燕开始面临一项新的工作任务，也就是要完成万隆灯具有限公司的职工薪资管理系统。原先公司也有工资计算的表格，但一旦增加了员工，或者奖金等发生了调整，工资表就又要重新编制，这就失去了 Excel 的作用。因此，李燕决定重新编制职工薪资管理系统表格，通过设置多个原始表格，利用 Excel 表格强大的数据处理能力，让薪资管理变得简单便捷。

李燕决定要完成以下设置：①建立工资管理框架，包括编制员工信息表、编制员工考勤信息表、编制固定薪资信息表等；②完成个人所得税（以下简称“个税”）的计算；③完成工资条的查询与打印。

制作职工薪资管理系统需要分成以下几个工作任务来完成：首先，建立薪资管理框架，也就是编制各个原始信息表，包括税率表、员工基本资料表和考勤统计表等；其次，利用各种函数公式功能实现职工薪资明细表的制作；最后，完成工资条的制作。

## 任务一　建立工资管理系统表格

由于职工薪酬管理需要用到很多信息，包括公司职工信息、薪资奖惩规定信息、考勤信息、个税税率等，这些表格不能全部放在一个工作表中，必须要进行分类，只有各个表格的内容都相对独立又有相互联系，才能使表格在符合特定规范的同时，又能利用公式对 Excel 表格之间的数据进行统计和计算。

按照这个思路，李燕决定逐步制作各张原始信息表格。

## 一、编制“公司职工档案”工作表

李燕想起自己在项目一中已经做过了“万隆灯具有限公司职工信息表”表格，刚好可以拿到这里来使用。于是，找到“万隆灯具有限公司职工信息表.xlsx”文件，右击后从快捷菜单中选择“复制”命令，然后在 D 盘“万隆灯具有限公司财务表格”文件夹里的空白处右击后从快捷菜单中选择“粘贴”命令，这样就会出现一个名为“万隆灯具有限公司职工信息表-副本.xlsx”的文件，将文件名改成“万隆灯具有限公司薪资管理”即可。当然，还有别的做法也能实现复制工作表的目的，此处就不一一赘述了。

打开“万隆灯具有限公司薪资管理”，将原先的 sheet1 工作表改名为“公司职工档案”，在薪资管理中不需要用到的职工信息中的某些项目可以删除，如联系号码、身份证号码和出生日期等，也就是删除了原先的 H、I、J 三列内容。然后在“开始”功能区“样式”组中单击“套用表格格式”按钮（如图 4-1 所示），选择一个表格样式，将区域转换成表格形式；若都不喜欢，也可单击最下方“新建表格样式”自行生成。

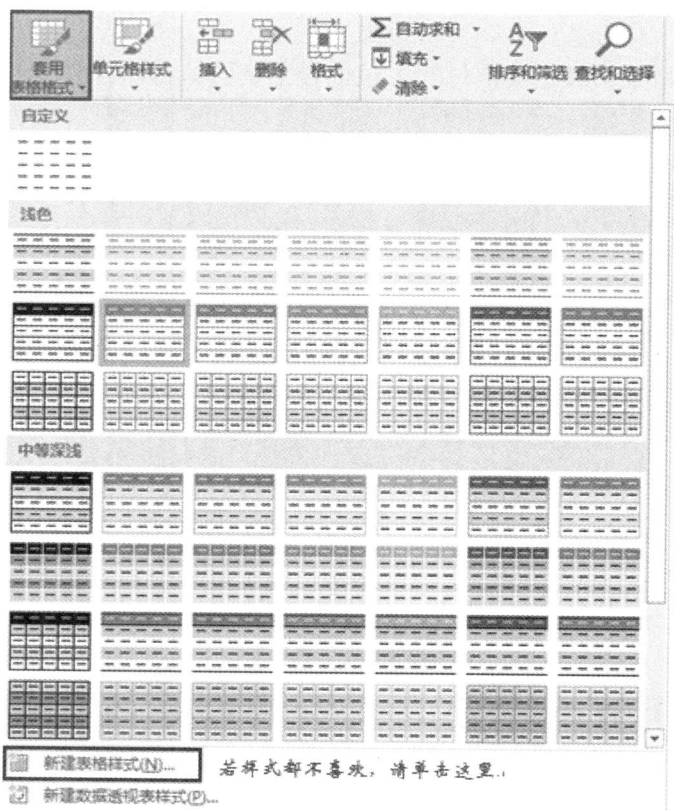


图 4-1　将单元格区域变成表格格式

选中某款样式后，在新弹出的“套用表格式”对话框中输入表数据的来源，勾选“表包含标题”复选框，如图 4-2 所示。

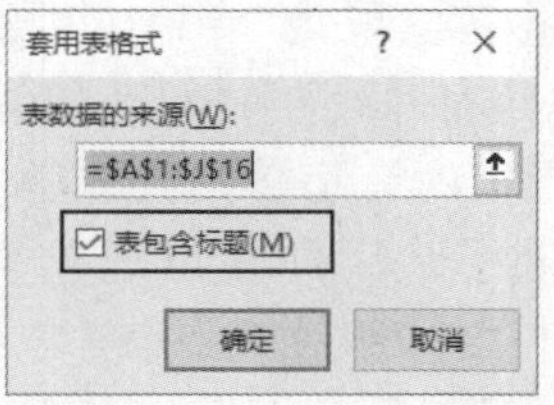


图 4-2　套用表格式区域

单击“确定”按钮后，如图 4-3 所示，第一行将显示筛选状态，在其中可以根据需要筛选所需的项目。当然，若对表格样式仍然不满意，可以在激活的“设计”选项卡中重新设置表格的相关样式。此处，转换成表格的好处在于可以自动生成公式和格式。

| | A | B | C | D | E | F | G | H | I | J |
|---|---|---|---|---|---|---|---|---|---|---|
| 1 | 序 | 姓名 | 性别 | 最高学 | 职称 | 部门 | 职务 | 入职时间 | 工龄 | 薪酬 |
| 2 | 1 | 邓华超 | 男 | 本科 | 中级 | 行政部 | 总经理 | 2014-5-1 | 5 | 12000 |
| 3 | 2 | 叶荣飞 | 男 | 研究生 | 高级 | 研发部 | 部门经理 | 2014-5-1 | 5 | 9000 |
| 4 | 3 | 王振光 | 男 | 本科 | 高级 | 销售部 | 部门经理 | 2014-5-1 | 5 | 9000 |
| 5 | 4 | 沈朝飞 | 男 | 本科 | 高级 | 财务部 | 部门经理 | 2015-5-20 | 4 | 9000 |
| 6 | 5 | 孔人泉 | 男 | 本科 | 初级 | 生产车间 | 基本生产人员 | 2016-5-25 | 3 | 6000 |
| 7 | 6 | 梁坡 | 男 | 专科 | 无 | 销售部 | 销售人员 | 2015-6-15 | 4 | 6000 |
| 8 | 7 | 凌晨晨 | 男 | 本科 | 中级 | 生产车间 | 基本生产人员 | 2015-6-27 | 4 | 6000 |
| 9 | 8 | 陈琳 | 女 | 专科 | 中级 | 财务部 | 财务人员 | 2017-7-11 | 2 | 6000 |
| 10 | 9 | 刘滨晓 | 男 | 本科 | 中级 | 生产车间 | 部门经理 | 2015-7-11 | 4 | 9000 |
| 11 | 10 | 黄郑 | 男 | 专科 | 无 | 生产车间 | 基本生产人员 | 2014-10-10 | 5 | 6000 |
| 12 | 11 | 项薇雪 | 女 | 研究生 | 高级 | 行政部 | 财务人员 | 2015-1-5 | 4 | 9000 |
| 13 | 12 | 许子臻 | 男 | 本科 | 中级 | 研发部 | 研发人员 | 2016-6-6 | 3 | 6000 |
| 14 | 13 | 吴海涛 | 男 | 本科 | 初级 | 采购部 | 采购人员 | 2016-6-6 | 3 | 6000 |
| 15 | 14 | 李燕 | 女 | 专科 | 初级 | 财务部 | 财务人员 | 2019-11-6 | 0 | 6000 |
| 16 | 15 | 章明晖 | 男 | 研究生 | 中级 | 研发部 | 研发人员 | 2019-11-6 | 0 | 6000 |

图 4-3　套用表格格式后效果图

## 二、计算职工的通信费补贴

根据国家税务总局《关于个人所得税有关政策问题的通知》（国税发[1999]58 号）精神，浙江省企事业单位的个人取得通信费补贴收入征收个人所得税的做法是：只要事先将本单位通信费补贴的具体方案报主管地税机关备案，那么企事业单位的主要负责人在每月 500 元额度内按实际取得数予以扣除，其他人员在每月 300 元额度内按实际取得数予以扣除。需要说明的是，每个省的规定有可能不一样，每个单位也可能有进一步的明细措施。例如，万隆灯具有限公司根据这项规定制定了通信费补贴标准：总经理作为单位的主要负责人，通信费补贴 500 元；研究生学历及以上且职称为高级或者是部门经理，通信费补贴 300 元；其他职工补贴 150 元。

李燕按照这个标准，首先在“K1 单元格”上输入表头“通信费”三个字，表格样式自动就会套用到了 K 列。然后选中“K2 单元格”，输入和“J2 单元格”类似的公式“=IF(G2="总经理",500,IF(OR(AND(D2="研究生",E2="高级"),G2="部门经理"),300,150))”，这个函数的做法在项目一中已经讲解过了，这里不再展开。

但是，因为现在是表格形式，如果单元格 G2、D2、E2 不是手工输入，而是用鼠标点选，最终呈现的公式会和之前呈现的不太一样。例如，此处计算职工通信费时，运用点选单元格的方式输入的公式最终呈现为“=IF([@职务]="总经理",500,IF(OR(AND([@最高学历]="研究生",[@职称]="高级"),[@职务]="部门经理"),300,150))”。这是因为在表格状态下，公式是自动套用的，当 K2 单元格的公式输入完成后，K3:K16 区域单元格会自动生成结果，不再需要往下拖动了；因此在点选单元格时，“[@职务]”就代表了 G 列、“[@最高学历]”代表 D 列、“[@职称]”代表 E 列，具体如图 4-4 所示。

| | B | C | D | E | F | G | H | I | J | K |
|---|---|---|---|---|---|---|---|---|---|---|
| 1 | 姓名 | 性别 | 最高学 | 职称 | 部门 | 职务 | 入职时间 | 工龄 | 薪酬 | 通信费 |
| 2 | 邓华超 | 男 | 本科 | 中级 | 行政部 | 总经理 | 2014-5-1 | 5 | 12000 | ) |
| 3 | 叶荣飞 | 男 | 研究生 | 高级 | 研发部 | 部门经理 | 2014-5-1 | 5 | 9000 | 300 |
| 4 | 王振光 | 男 | 本科 | 高级 | 销售部 | 部门经理 | 2014-5-1 | 5 | 9000 | 300 |
| 5 | 沈朝飞 | 男 | 本科 | 高级 | 财务部 | 部门经理 | 2015-5-20 | 4 | 9000 | 300 |
| 6 | 孔人泉 | 男 | 本科 | 初级 | 生产车间 | 基本生产人员 | 2016-5-25 | 3 | 6000 | 150 |
| 7 | 梁坡 | 男 | 专科 | 无 | 销售部 | 销售人员 | 2015-6-15 | 4 | 6000 | 150 |
| 8 | 凌晨晨 | 男 | 本科 | 中级 | 生产车间 | 基本生产人员 | 2015-6-27 | 4 | 6000 | 150 |
| 9 | 陈琳 | 女 | 专科 | 中级 | 财务部 | 财务人员 | 2017-7-11 | 2 | 6000 | 150 |
| 10 | 刘滨晓 | 男 | 本科 | 中级 | 生产车间 | 部门经理 | 2015-7-11 | 4 | 9000 | 300 |
| 11 | 黄郑 | 男 | 专科 | 无 | 生产车间 | 基本生产人员 | 2014-10-10 | 5 | 6000 | 150 |
| 12 | 项薇雪 | 女 | 研究生 | 高级 | 行政部 | 财务人员 | 2015-1-5 | 4 | 9000 | 300 |
| 13 | 许子臻 | 男 | 本科 | 中级 | 研发部 | 研发人员 | 2016-6-6 | 3 | 6000 | 150 |
| 14 | 吴海涛 | 男 | 本科 | 初级 | 采购部 | 采购人员 | 2016-6-6 | 3 | 6000 | 150 |
| 15 | 李燕 | 女 | 专科 | 初级 | 财务部 | 财务人员 | 2019-11-6 | 0 | 6000 | 150 |
| 16 | 章明晖 | 男 | 研究生 | 中级 | 研发部 | 研发人员 | 2019-11-6 | 0 | 6000 | 150 |

图 4-4　计算通信费

**小提示**

公式中用到了 AND 和 OR 函数，在前面 Excel 基础操作中也提到过，可以参见“逻辑函数”部分的介绍。它们一般都和其他函数结合起来使用。

## 小技巧 4-1　认识表格

要简化一组相关数据的管理和分析，可以将单元格范围转换为表格（早前的版本称为列表）。简单来说，表格功能的好处如下：

（1）表格包含一定的格式，可以通过“套用表格格式”使表格数据内容显示得更为清晰，打印效果更为美观。

（2）表格中的首行又被称为标题行，若在“表格样式选项”组中勾选“标题行”“筛选按钮”复选框（如图 4-5 所示），则首行每列数据后都会出现下拉按钮▾，通过该下拉按钮可对数据进行排序和筛选。

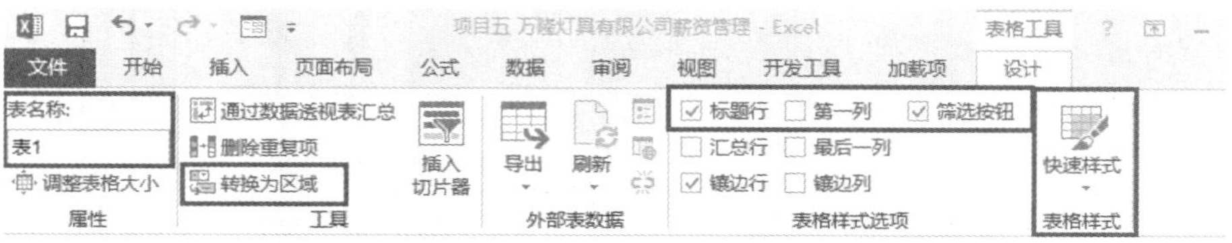


图 4-5　表格设计选项卡

（3）表格末尾可增加汇总行，同样可在“表格样式选项”组中勾选“汇总行”复选框。单击汇总行单元格后方的下拉按钮▾，在下拉列表中会提供平均值、计数、最大值、最小值等基础函数，可以实现在不输入公式的情况下快速汇总表中的相关数据信息。当然，如果想通过公式实现其他汇总效果，也可单击最后的“其他函数”。

（4）表格会使得引用结构化，即在进行引用时可以不使用“A1”之类的引用，而是在公式中引用表名或列名，实现数据公式的自动扩展，极大提高了用户管理和分析多表数据内容的效率。更神奇的是，当要在表格之外创建引用表格数据的公式时，也会显示结构化引用。如该例中，新建“通信费”列后，计算公式中“G2”单元格的引用替换成了“[@职务]”，“D2”单元格的引用替换成了“[@最高学历]”，“E2”单元格的引用替换成了“[@职称]”，进而使得该列的所有单元格都自动套用该内容。

（5）表格在生成的同时，会自动在“公式”功能区“定义的名称”组“名称管理器”中生成该表的名称，使跨工作表引用更加便捷。如果想更改该表的名称，除了通过“名称管理器”编辑，还能在表格的“设计”选项卡中修改，如图4-5左侧深色框所示。

需要说明的是，表的名称在“名称管理器”中只能编辑，不能删除；如果不喜欢“名称管理器”中出现表格的名称，可以在表格的“设计”选项卡“工具”组中单击“转换为区域”。表格样式取消的同时，“名称管理器”中该表的名称也会消失，但不会影响已生成的公式。

## 三、编制“薪资奖惩标准表”工作表

除了职工档案之外，还需要根据公司制定的一些制度，对职工的奖金、考勤等进行统计和计算。每个公司都会有自己的薪资考核标准，万隆灯具有限公司也制定了相应的奖励和惩罚标准，如图4-6所示。

| | A | B | C | D | E | F | G | H | I | J | K | L |
|---|---|---|---|---|---|---|---|---|---|---|---|---|
| 1 | | | | | | | | | | | | |
| 2 | | 奖金计算标准（元） | | | 加班工资补贴（元/天） | | | 级数 | 全月应纳税所得额 | 临界点 | 税率(%) | 速算扣除数 |
| 3 | | 出勤情况 | 每天加/扣款 | | 日常假日加班 | 200 | | 1 | 不超过36000元 | 0 | 3% | 0 |
| 4 | | 全勤 | 200 | | 法定假期加班 | 300 | | 2 | 超过36000元至144000元的部分 | 36000 | 10% | 2520 |
| 5 | | 病假 | 日工资*0.1 | | | | | 3 | 超过144000元至300000元的部分 | 144000 | 20% | 16920 |
| 6 | | 事假 | 日工资*0.5 | | 通讯费标准（元/月） | | | 4 | 超过300000元至420000元的部分 | 300000 | 25% | 31,920 |
| 7 | | 旷工 | 日工资 | | 总经理 | 500 | | 5 | 超过420000元至660000元的部分 | 420000 | 30% | 52,920 |
| 8 | | | | | 研究生学历且为高级职称、部门经理 | 300 | | 6 | 超过660000元至960000元的部分 | 660000 | 35% | 85,920 |
| 9 | | | | | 初级职称 | 150 | | 7 | 超过960000元的部分 | 960000 | 45% | 181,920 |

图4-6　薪资奖惩标准表

因为表格比较多，为了更清楚地显示表格中的文字和数字，李燕将表格的网格线去掉，这样更清晰。具体做法是：切换到“视图”功能区，不勾选“网格线”复选框

（如图 4-7 所示），整个工作表就会呈现白纸状态。另外，也可以按照自己的习惯来调整行高。

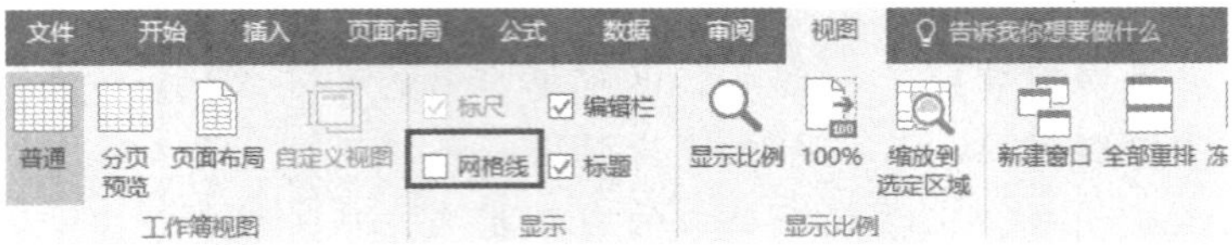


图 4-7　去除网格线

## 四、编制“职工考勤奖惩表”工作表

设置好“薪资奖惩标准表”之后，李燕还要设置一个“职工考勤奖惩表”，用以计算职工的奖惩工资。

### 1. 设置表格表头

在 A1:M1 单元格区域分别填入序号（A 列）、姓名（B 列）、部门（C 列）、职务（D 列）、工资（含津贴）（E 列）、全勤工资（F 列）、病事假/旷工扣款（G 列）、加班工资（H 列）、病假（I 列）、事假（J 列）、旷工（K 列）、法定假日加班（L 列）和平常假日加班（M 列）。

### 2. 引用“公司职工档案”工作表的数据

因为很多信息都是要从“公司职工档案”工作表中取数，可以先将“公司职工档案”工作表定义成一个名称便于后面的操作。具体操作为：选择“公司职工档案”表 A1:K16 单元格区域，然后在名称框上输入“职工信息”，按<Enter>键，这样就可以将这个区域定义为“职工信息”这一名称了。

在“职工考勤奖惩表”中选择 A2 单元格，输入等号后，到“公司职工档案”工作表中单击 A2 单元格，这就形成了表格之间的取数。因为前文已经把“公司职工档案”设置成表格形式了，所以在编辑栏中显示出的是“=表 1[@序号]”，代表的意思就是从“表 1”中取“序号”这一列的数据。

接下来的 B 列、C 列、D 列和 E 列都是利用 VLOOKUP 函数从前面的表格中进行取数。设置的公式及代表的意思见表 4-1。

**表 4-1　“职工考勤奖惩表”取数公式及含义**

| 单元格 | 公式 | 含义 |
|---|---|---|
| B2 | =VLOOKUP($A2,职工信息,2,0) | 根据序号从“职工信息”名称范围中找对应的职工“姓名” |
| C2 | =VLOOKUP($A2,职工信息,6,0) | 根据序号从“职工信息”名称范围中找对应的职工“部门” |
| D2 | =VLOOKUP($A2,职工信息,7,0) | 根据序号从“职工信息”名称范围中找对应的职工“职务” |
| E2 | =VLOOKUP($A2,职工信息,10,0) | 根据序号从“职工信息”名称范围中找对应的职工“工资（含津贴）” |

取数后再利用往下填充公式的方式就可以得到公司所有职工的相关信息了，以“工资（含津贴）”列为例，如图 4-8 所示。

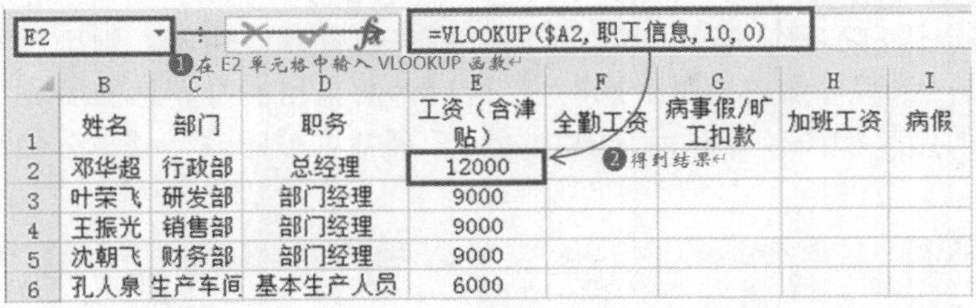


图 4-8　表格间取数结果

### 3. 输入职工的考勤情况并计算奖惩工资

根据职工本月的请假及加班天数在“职工考勤奖惩表”的“病假”“事假”“旷工”“法定假日加班”“平常假日加班”（I:M 列）中进行填列，并通过这些考勤数据计算“全勤工资”“病事假/旷工扣款”“加班工资”（F:H 列）。当然在计算这些奖惩工资时，需要用到“薪资奖惩标准表”中的各项标准，其函数取数公式及含义见表 4-2。

**表 4-2　奖惩公式一览表**

| 单　元　格 | 公　　式 |
|---|---|
| F2 | =IF((I2=0)*(J2=0)*(K2=0),薪资奖惩标准表!$C$4,0) |
| G2 | =ROUND($E2/30*0.1*$I2+$E2/30*0.5*$J2+$E2/30*$K2,2) |
| H2 | =300*$L2+200*$M2 |

从表 4-2 可以看出，F2 单元格的公式代表的意思是：如果没有“病假”“事假”和“旷工”的话，那么就从“薪资奖惩标准表”的 C4 单元格（全勤奖）取数 200 元；否则就没有全勤奖，返回 0 元。

G2 单元格的公式代表的意思是：根据 E2 单元格先计算出日工资（假定一个月都是按 30 天计算），然后再分别与“病假”“事假”“旷工”的奖金计算标准相乘。其中，病假缺勤工资计算公式为“日工资（E2/30）×系数（0.1）×病假天数（I2）”；事假缺勤工资计算公式为“日工资（E2/30）×系数（0.5）×事假天数（J2）”；旷工缺勤工资不需要系数，直接用日工资（E2/30）与旷工天数（K2）相乘即可。最后用 ROUND 函数对结果取两位小数。

**小技巧 4-2　ROUND 函数**

ROUND 函数将数字四舍五入到指定的位数，也就是我们常说的四舍五入。

语法格式为：ROUND（number，num_digits）

其中，number 是要四舍五入的数字，num_digits 是四舍五入的位数，即计算精度。如果 num_digits 大于零，则将数字四舍五入到指定的小数位数；等于零，则将数字四舍五入到最接近的整数；小于零，则将数字四舍五入到小数点左边的相应位数。

由此可见，本例中 ROUND（$E2/30*0.1*$I2+$E2/30*0.5*$J2+$E2/30*$K2,2）表示对计算结果保留两位小数。

H2 单元格的公式代表的意思是：如果是在法定节假日加班，则用法定假日加班天数（L2）乘以法定假日加班工资（300）；如果是普通双休日加班，则用普通假日加班天数（M2）乘以日常假日加班工资（200）。最后将两者相加得到总的加班工资。

最终得到的结果如图 4-9 所示（其中 C～E 列数据被隐藏，该部分隐藏数据内容详见图 4-8）。

| | A | B | F | G | H | I | J | K | L | M |
|---|---|---|---|---|---|---|---|---|---|---|
| 1 | 序号 | 姓名 | 全勤工资 | 病事假/旷工扣款 | 加班工资 | 病假 | 事假 | 旷工 | 法定假日加班 | 平常假日加班 |
| 2 | 1 | 邓华超 | 200 | 0 | 300 | | | | 1 | |
| 3 | 2 | 叶荣飞 | 0 | 100 | 0 | | 1 | | | |
| 4 | 3 | 王振光 | 200 | 0 | 200 | | | | | 1 |
| 5 | 4 | 沈朝飞 | 200 | 0 | 0 | | | | | |
| 6 | 5 | 孔人泉 | 0 | 80 | 0 | 1 | 1 | | | |
| 7 | 6 | 梁坡 | 200 | 0 | 0 | | | | | |
| 8 | 7 | 凌晨晨 | 200 | 0 | 0 | | | | | |
| 9 | 8 | 陈琳 | 0 | 66.67 | 0 | | 1 | | | |
| 10 | 9 | 刘滨晓 | 200 | 0 | 300 | | | | 1 | |
| 11 | 10 | 黄郑 | 200 | 0 | 0 | | | | | |
| 12 | 11 | 项薇雪 | 0 | 20 | 0 | 1 | | | | |
| 13 | 12 | 许子臻 | 200 | 0 | 0 | | | | | |
| 14 | 13 | 吴海涛 | 200 | 0 | 0 | | | | | |
| 15 | 14 | 李燕 | 200 | 0 | 200 | | | | | 1 |
| 16 | 15 | 章明晖 | 0 | 133.33 | 0 | | 2 | | | |

图 4-9 职工考勤奖惩表

# 任务二 编制“职工当月工资汇总表”

经过前期的一系列辅助表格的编制工作，李燕终于可以动手编制“职工当月工资汇总表”了。该表的设置主要包括表头和表体两部分，而表体部分又包括两块内容：①表格间的取数；②相关数据的计算。

## 一、编制“职工当月工资汇总表”表头

首先，她在“职工考勤奖惩表”的后面新建了工作表，并将其命名为“职工当月工资汇总表”。设置表头第一行，分别输入序号（A 列）、姓名（B 列）、部门（C 列）、职务（D 列）、工资（含津贴）（E 列）、全勤工资（F 列）、病事假/旷工扣款（G 列）、加班工资（H 列）、通信费（I 列）、应发工资（J 列）、养老保险（K 列）、医疗保险（L 列）、失业保险（M 列）、公积金（N 列）、个人所得税（O 列）、实发工资（P 列）。

## 二、“职工当月工资汇总表”的取数

“职工当月工资汇总表”工作表的取数来源于“职工考勤奖惩表”，方法与前面类似，可以先将“职工考勤奖惩表”的 A1:M16 单元格区域定义为名称“考勤”，因为后面在函数取数中需要用到这块数据。

A列数据可以参照前文任务一中引用“公司职工档案”工作表数据的方法，输入“=表1[@序号]”实现表格之间的取数。当然，也可使用项目一中学过的“填充序列”的方法取数，即在A2单元格输入数字1，然后往下拖动填充柄到A16单元格，在弹出的符号里，选中“填充序列”选项，就可以实现按序自动填充的功能了。B～I列取数公式和前面大致相同，就不一一介绍了，具体取数公式参见表4-3所示。

**表4-3 “职工当月工资汇总表”取数公式一览表**

| 单元格 | 公式 |
|---|---|
| B2 | =VLOOKUP（$A2,考勤,2,0） |
| C2 | =VLOOKUP（$A2,考勤,3,0） |
| D2 | =VLOOKUP（$A2,考勤,4,0） |
| E2 | =VLOOKUP（$A2,考勤,5,0） |
| F2 | =VLOOKUP（$A2,考勤,6,0） |
| G2 | =VLOOKUP（$A2,考勤,7,0） |
| H2 | =VLOOKUP（$A2,考勤,8,0） |
| I2 | =VLOOKUP（$A2,职工信息,11,0） |

## 三、“职工当月工资汇总表”中“五险一金”的计算

“五险一金”是指用人单位给予劳动者的几种保障性待遇的合称，包括养老保险、医疗保险、失业保险、工伤保险、生育保险、住房公积金。这里会涉及个人计提的部分，进而会影响职工的薪资计算，因此“五险一金”的计算非常重要。“五险一金”通常是根据应纳税所得额乘以计提比例计算得到的，而计提比例各个省份也会有所不同。

### 1．“应发工资”的计算

根据应发工资的含义，万隆灯具有限公司应发工资J2单元格的公式设定为“=E2+F2-G2+H2+I2”，并向下填充该列；也就是说应发工资等于该职工的工资（含津贴）加上奖金、补贴后扣除缺勤工资的金额。

### 2．“社保”的计算

万隆灯具有限公司所在的省市采用的是10.5%的个人计提比例（即养老保险8%、医疗保险2%、失业保险0.5%），且通信费不参与社保的计提。

因此，K2单元格的公式设置为“=ROUND(($J2-$I2)*8%,2)”，因为我国目前最小计价单位是“分”，所以用ROUND函数保留2位小数，并向下填充该列。

同理，L2单元格的公式设置为“=ROUND(($J2-$I2)*2%,2)”，并向下填充该列；M2单元格的公式设置为“=ROUND(($J2-$I2)*0.5%,2)”，并向下填充该列。

### 3．“公积金”的计算

根据住房公积金管理的有关规定，单位和职工缴存比例最低不低于5%，原则上不高于12%。万隆灯具有限公司目前一律采用10%的比例来计提，所以，公积金=（应发工资-通信费）×10%。L2单元格的公式设置为“=ROUND(($J2-$I2)*10%,2)”，同样用ROUND函数保留两位小数，并向下填充该列。

### 4. “应纳税所得额”的计算

因为个税起征点为 5000 元，且其计税基数为应纳税所得额，而应纳税所得额在万隆灯具有限公司的计算公式为“应纳税所得额=应付工资−通信费−社保−公积金−起征点”，所以 M2 单元格的公式设置为“=J2−I2−K2−L2−5000”，并向下填充该列。

最终计算结果如图 4-10 所示。

| | A | B | C | D | E | F | G | H | I | J | K | L | M | N |
|---|---|---|---|---|---|---|---|---|---|---|---|---|---|---|
| 1 | 序号 | 姓名 | 部门 | 职务 | 工资（含津贴） | 全勤工资 | 病事假/旷工扣款 | 加班工资 | 通信费 | 应发工资 | 养老保险 | 医疗保险 | 失业保险 | 公积金 |
| 2 | 1 | 邓华超 | 行政部 | 总经理 | 12000 | 200 | 0 | 300 | 500 | 13000 | 1000 | 250 | 62.5 | 1250 |
| 3 | 2 | 叶荣飞 | 研发部 | 部门经理 | 9000 | 0 | 150 | 0 | 300 | 9150 | 708 | 177 | 44.25 | 885 |
| 4 | 3 | 王振光 | 销售部 | 部门经理 | 9000 | 200 | 0 | 200 | 300 | 9700 | 752 | 188 | 47 | 940 |
| 5 | 4 | 沈朝飞 | 财务部 | 部门经理 | 9000 | 200 | 0 | 0 | 300 | 9500 | 736 | 184 | 46 | 920 |
| 6 | 5 | 孔人泉 | 生产车间 | 基本生产人员 | 6000 | 0 | 120 | 0 | 150 | 6030 | 470.4 | 117.6 | 29.4 | 588 |
| 7 | 6 | 梁坡 | 销售部 | 销售人员 | 6000 | 200 | 0 | 0 | 150 | 6350 | 496 | 124 | 31 | 620 |
| 8 | 7 | 凌晨晨 | 生产车间 | 基本生产人员 | 6000 | 200 | 0 | 0 | 150 | 6350 | 496 | 124 | 31 | 620 |
| 9 | 8 | 陈琳 | 财务部 | 财务人员 | 6000 | 0 | 100 | 0 | 150 | 6050 | 472 | 118 | 29.5 | 590 |
| 10 | 9 | 刘滨晓 | 生产车间 | 部门经理 | 9000 | 200 | 0 | 300 | 300 | 9800 | 760 | 190 | 47.5 | 950 |
| 11 | 10 | 黄郑 | 生产车间 | 基本生产人员 | 6000 | 200 | 0 | 0 | 150 | 6350 | 496 | 124 | 31 | 620 |
| 12 | 11 | 项薇雪 | 行政部 | 财务人员 | 9000 | 0 | 30 | 0 | 300 | 9270 | 717.6 | 179.4 | 44.85 | 897 |
| 13 | 12 | 许子臻 | 研发部 | 研发人员 | 6000 | 200 | 0 | 0 | 150 | 6350 | 496 | 124 | 31 | 620 |
| 14 | 13 | 吴海涛 | 采购部 | 采购人员 | 6000 | 200 | 0 | 0 | 150 | 6350 | 496 | 124 | 31 | 620 |
| 15 | 14 | 李燕 | 财务部 | 财务人员 | 6000 | 200 | 0 | 200 | 150 | 6550 | 512 | 128 | 32 | 640 |
| 16 | 15 | 章明晖 | 研发部 | 研发人员 | 6000 | 0 | 200 | 0 | 150 | 5950 | 464 | 116 | 29 | 580 |

图 4-10 “五险一金”的计算结果

## 四、编制“职工个税计算表”工作表

“个人所得税”的计算是职工薪资计算中最为复杂的一个。目前我国为七级超额累进税率，所以速算扣除率也是七级递增，且与七级税率相对应，具体的税率表已经在“薪资奖惩标准表”中（H:L 列）列示了。

**小提示**

2019 年的个人所得税税率表仍然划分为七级，其中前四级的应纳税所得额发生了变化，主要表现为前三档的级距有所提高，而税率没有发生改变。具体情况如图 4-6 最右侧框图所示。由于应纳税所得额的改变，速算扣除数也发生了一定的变化，往年的速算扣除数都是按月计算的，从 2019 年开始，速算扣除数要按年计算了。

《国家税务总局关于发布<个人所得税扣缴申报管理办法（试行）>的公告》中指出，扣缴义务人向居民个人支付工资、薪金所得时，按照累计预扣法计算预扣税款，并按月办理扣缴申报。也就是说，以领取工资薪金为主的群体，将适用“累计预扣法”。

关于累计预扣法，我们可以这么理解：新个税法实施后，我们可以把每个人看作是一个“企业”。先把截止当月所有工资，相当于“年”算个税，然后再减去截止到上月已累计缴纳金额，剩下的就是当月需要缴纳金额。因为是预缴，需要到第二年 3～6 月，再进行“汇算清缴”，如果你缴多了，就退给你；当然，如果你缴少了，还要补一下。

具体每月应预扣预缴税额，按照国家税务总局给出的解释，计算公式为

本期应预扣预缴税额=（累计预扣预缴应纳税所得额×预扣率−速算扣除数）−累计减免税额−累计已预扣预缴税额

因为涉及到累计值，所以我们还需要编制一张“职工个税计算表”。

**1. 编制“职工个税计算表”表头**

首先，在“职工当月工资汇总表”的后面新建工作表，并将其命名为“职工个税计算表”。设置表头第一行，分别输入序号（A 列）、姓名（B 列）、累计收入额（C 列）、累计减除费用（D 列）、累计专项扣除（E 列）、累计子女教育支出扣除（F 列）、累计继续教育支出扣除（G 列）、累计住房贷款利息支出扣除（H 列）、累计住房租金支出扣除（I 列）、累计赡养老人支出扣除（J 列）、累计其他扣除（K 列）、累计准予扣除的捐赠（L 列）、累计应纳税所得额（M 列）、累计应纳税额（N 列）、累计减免税额（O 列）、累计应扣缴税额（P 列）、累计已预缴税额（Q 列）、累计应补(退)税额（R 列）。

**2. “职工个税计算表”的取数**

A 列数据可以参照前文任务一中引用“公司职工档案”工作表数据的方法，输入“=表 1[@序号]”实现表格之间的取数。当然，也可使用项目一中学过的“填充序列”的方法取数，即在 A2 单元格输入数字 1，然后往下拖动填充柄到 A16 单元格，在弹出的符号里，选中“填充序列”选项，就可以实现按序自动填充的功能了。B 列取数公式和前面大致相同，就不介绍了。

C 列以后的数据因为涉及到累计的概念，为体现连续性，年初第一期时，就应将“职工当月工资汇总表”的相关信息摘录到该表中，到第二个月时，将上一期的金额和本期金额相加，就能得到累计值了。所以，2019 年 11 月的“职工个税计算表”取数即为前 10 个月的数据加上本月计算的值。考虑到李燕所在的工资之前没有用 Excel 计算过个数，我们直接从“自然人税收管理系统扣缴客户端”中取数，所得结果如图 4-11 所示。

| | A | B | C | D | E | F | G | H | I | J | K | L |
|---|---|---|---|---|---|---|---|---|---|---|---|---|
| 1 | 序号 | 姓名 | 累计收入额 | 累计减除费用 | 累计专项扣除 | 累计子女教育支出扣除 | 累计继续教育支出扣除 | 累计住房贷款利息支出扣除 | 累计住房租金支出扣除 | 累计赡养老人支出扣除 | 累计其他扣除 | 累计准予扣除的捐赠 |
| 2 | 1 | 邓华超 | 183000 | 55000 | 28188 | 11000 | 0 | 11000 | 0 | 0 | 0 | 0 |
| 3 | 2 | 叶荣飞 | 160650 | 55000 | 19957 | 11000 | 0 | 0 | 0 | 11000 | 0 | 0 |
| 4 | 3 | 王振光 | 136700 | 55000 | 21197 | 11000 | 0 | 0 | 0 | 22000 | 0 | 0 |
| 5 | 4 | 沈朝飞 | 144500 | 55000 | 20746 | 11000 | 0 | 0 | 0 | 0 | 0 | 0 |
| 6 | 5 | 孔人泉 | 86330 | 55000 | 13259 | 0 | 0 | 0 | 0 | 0 | 0 | 0 |
| 7 | 6 | 梁坡 | 99850 | 55000 | 13981 | 0 | 0 | 0 | 0 | 22000 | 0 | 0 |
| 8 | 7 | 凌晨晨 | 69850 | 55000 | 13981 | 0 | 4400 | 0 | 0 | 0 | 0 | 0 |
| 9 | 8 | 陈琳 | 66550 | 55000 | 13305 | 0 | 0 | 0 | 0 | 0 | 0 | 0 |
| 10 | 9 | 刘滨晓 | 107800 | 55000 | 21423 | 0 | 0 | 11000 | 0 | 0 | 0 | 0 |
| 11 | 10 | 黄郑 | 69850 | 55000 | 13981 | 0 | 0 | 0 | 0 | 22000 | 0 | 0 |
| 12 | 11 | 项薇雪 | 101970 | 55000 | 20227 | 0 | 0 | 0 | 0 | 22000 | 0 | 0 |
| 13 | 12 | 许子臻 | 69850 | 55000 | 13981 | 0 | 0 | 0 | 16500 | 0 | 0 | 0 |
| 14 | 13 | 吴海涛 | 69850 | 55000 | 13981 | 0 | 0 | 0 | 16500 | 0 | 0 | 0 |
| 15 | 14 | 李燕 | 6550 | 5000 | 14432 | 0 | 0 | 0 | 1500 | 0 | 0 | 0 |
| 16 | 15 | 章明晖 | 5950 | 5000 | 13079 | 0 | 0 | 0 | 1500 | 0 | 0 | 0 |

图 4-11 “职工个税计算表”的累计数取值

**3. “累计应纳税所得额”的计算**

累计预扣预缴应纳税所得额=累计收入−累计减除费用−累计专项扣除−累计专项附加扣除−累计依法确定的其他扣除。

对应到表头中的名称，“累计减除费用”就是 D1 单元格，该列数值即按照 5000 元/

月乘以纳税人当年截至本月在本单位的任职受雇月份数计算的数额。“累计专项扣除”是 E1 单元格，具体包括社会保险费和住房公积金，也就是我们上一节中“五险一金”计算金额的累计值。“累计专项附加扣除”包括“累计子女教育支出扣除”（F 列）、“累计继续教育支出扣除”（G 列）、“累计住房贷款利息支出扣除”（H 列）、“累计住房租金支出扣除（I 列）”、“累计赡养老人支出扣除”（J 列）、“累计其他扣除”（K 列）。“累计依法确定的其他扣除”对应“累计准予扣除的捐赠（L 列）”。

因为逐项相减的公式过于烦琐，而且容易出错，故选择 M2 单元格输入公式“=C2-SUM(D2:L2)”，然后往下拖动填充柄到 M16 单元格即可。

## 五、“个人所得税”的计算

“个人所得税”的计算公式为“个人所得税=应纳税所得额*税率-速算扣除数”。从“自然人税收管理系统扣缴客户端”导出的表格可以看到有“税率”和“速算扣除数”两个辅助列，因为 Excel 具有强大的计算功能，所以我们的表格中拿掉了这两列，直接计算“累计应纳税额”。通常可以考虑使用 IF 函数、VLOOKUP 函数、MAX 函数或数组实现“个人所得税”的计算。

### 1. 利用 IF 函数计算“个人所得税”

按照“个人所得税”的计算公式，在设置 Excel 函数时用得最多的一种做法是采用多重嵌套 IF 函数。由于设置公式要考虑完整性，因此七级税率要嵌套 6 个 IF 函数，见表 4-4。这个函数虽然看着很复杂，但一旦掌握了计算个税的原理，熟悉嵌套函数的使用方法，操作起来并不像看上去那么复杂。

个人所得税（if 函数）

**表 4-4 IF 嵌套函数实现“个人所得税”计算**

| 单元格 | 公式 |
|---|---|
| N2 | =IF(M2<0,0,IF(M2<36000,M2*3%,IF(M2<144000,M2*10%-2520,IF(M2<300000,M2*20%-16920,IF(M2<420000,M2*25%-31920,IF(M2<660000,M2*30%-52920,IF(M2<960000,M2*35%-85920,M2*45%-181920))))))) |

计算出 N2 后，往下填充就可以得到全部职工的“个人所得税”了。如果要保证“个人所得税”都是保留两位小数，可以运用前文提及的 ROUND 函数；也可以选中 N 列，然后在“开始”功能区“数字”组中的下拉列表框中选择“数值”。具体计算结果如图 4-12 所示。

N2 =IF(M2<0,0,IF(M2<36000,M2*3%,IF(M2<144000,M2*10%-2520,IF(M2<300000,M2*20%-16920,IF(M2<420000,M2*25%-31920,IF(M2<660000,M2*30%-52920,IF(M2<960000,M2*35%-85920,M2*45%-181920)))))))

| | D | E | F | G | H | I | J | K | L | M | N | O |
|---|---|---|---|---|---|---|---|---|---|---|---|---|
| 1 | 累计减除费用 | 累计专项扣除 | 累计子女教育支出扣除 | 累计继续教育支出扣除 | 累计住房贷款利息支出扣除 | 累计住房租金支出扣除 | 累计赡养老人支出扣除 | 累计其他扣除 | 累计准予扣除的捐赠 | 累计应纳税所得额 | 累计应纳税额 | 累计减免税额 |
| 2 | 55000 | 28188 | 11000 | 0 | 11000 | 0 | 0 | 0 | 0 | 77812.5 | 5261.25 | 0 |
| 3 | 55000 | 19957 | 11000 | 0 | 0 | 0 | 11000 | 0 | 0 | 63693.25 | 3849.33 | 0 |
| 4 | 55000 | 21197 | 11000 | 0 | 0 | 0 | 22000 | 0 | 0 | 27503 | 825.09 | 0 |
| 5 | 55000 | 20746 | 11000 | 0 | 0 | 0 | 0 | 0 | 0 | 57754 | 3255.4 | 0 |

图 4-12 用 IF 函数计算“个人所得税”的结果

**小提示**

如果觉得IF嵌套函数掌握得不好，也可以不用嵌套函数，用IF结合AND实现“个人所得税”的计算。同样选择“N2单元格”，输入表4-5的公式，往下填充就可以得到全部职工的“个人所得税”了。

**表4-5 IF函数结合AND函数实现“个人所得税”计算**

| 单元格 | 公式 |
|---|---|
| N2 | =IF(M2<0,0,"")&IF(AND(M2>=0,M2<=36000),M2*3%,"")&IF(AND(M2>36000,M2<=144000),M2*10%-2520,"")&IF(AND(M2>144000,M2<=300000),M2*20%-16920,"")&IF(AND(M2>300000,M2<=420000),M2*25%-31920,"")&IF(AND(M2>420000,M2<=660000),M2*30%-52920,"")&IF(AND(M2>660000,M2<=960000),M2*35%-85920,"")&IF(M2>960000,M2*45%-181920,"") |

表4-5中的公式综合考虑了七级超额累进税率和小于零的情况，将不同的“应纳税所得额”分成八个区间段，并用“&”连接起来。如果符合某个区间段，则乘以该区间段的税率并减去对应的速算扣除数，不然IF函数将返回空值；因为“应纳税所得额”一定符合其中的某一个区间段，所以最终会返回该区间段的值，实现该职工“个人所得税”的计算。

需要说明的是，在连接区间段时一定要确保连续性。例如，在第一个IF函数中设定的判断条件是“小于零”，那么第二个IF函数的判定条件一定要设置成“大于或等于零”。如果第二个判定条件是“大于零”，那么某位职工“应纳税所得额”为“零”时，将无法找到其对应的税基。

2．利用VLOOKUP函数计算“个人所得税”

VLOOKUP函数的功能是在表格或数值数组的首列查找指定的数值，并由此返回表格或数组当前行中指定列处的数值。语法格式为VLOOKUP(lookup_value,table_array,col_index _num,[range_lookup])。在项目二中已详细介绍了参数range_lookup为FALSE（即“0”值）时，VLOOKUP函数精确查找的使用方法；此处，再来看下该参数为TRUE（即“1”值）或省略时，如何实现近似匹配的方法。

选择N2单元格，输入表4-6的计算公式，并往下填充，可返回所有员工应纳的“个人所得税”情况。

**表4-6 VLOOKUP函数实现“个人所得税”计算**

| 单元格 | 公式 |
|---|---|
| N2 | =IF(M2<0,0,M2*(VLOOKUP(M2,薪资奖惩标准表!$J$3:$L$9,2,1))–VLOOKUP (M2,薪资奖惩标准表!$J$3:$L$9,3,1)) |

其中，“VLOOKUP(M2,薪资奖惩标准表!$J$3:$L$9,2,1)”表示从“薪资奖惩标准表”中$J$3:$L$9绝对区域中，模糊查找第二列并返回M2单元格所对应的税率。这里的模糊匹配规则是指，当查找不到某个数据时，查找比它小的最大值；所以，在转换七级超额累进税率的文字表述时，需要设定临界点（J列），现将“薪资奖惩标准表”中税率部分截图如图4-13所示，这样当被查找的数据大于该下限时都会返回该

临界点对应的值。同理，“VLOOKUP(M2,薪资奖惩标准表!$J$3:$L$9,3,1)”表示从“薪资奖惩标准表”中$J$3:$L$9 绝对区域中，模糊查找第三列并返回 M2 单元格所对应的速算扣除数。

| | G | H | I | J | K | L |
|---|---|---|---|---|---|---|
| 1 | | | | | | |
| 2 | | 级数 | 全月应纳税所得额 | 临界点 | 税率(%) | 速算扣除数 |
| 3 | | 1 | 不超过36000元 | 0 | 3% | 0 |
| 4 | | 2 | 超过36000元至144000元的部分 | 36000 | 10% | 2520 |
| 5 | | 3 | 超过144000元至300000元的部分 | 144000 | 20% | 16920 |
| 6 | | 4 | 超过300000元至420000元的部分 | 300000 | 25% | 31, 920 |
| 7 | | 5 | 超过420000元至660000元的部分 | 420000 | 30% | 52, 920 |
| 8 | | 6 | 超过660000元至960000元的部分 | 660000 | 35% | 85, 920 |
| 9 | | 7 | 超过960000元的部分 | 960000 | 45% | 181, 920 |

图 4-13 “个人所得税”七级超额累进税率表

需要说明的是，如果 range_lookup 为 TRUE（即“1”值）或省略时，table_array 的第一列（此处为临界点 J 列）中的数值必须按升序排列，否则函数不能返回正确的结果。

本例中，M2 单元格应纳税所得额数值为 77812.5 元，在“薪资奖惩标准表”中$J$3:$L$9 绝对区域中无法精确查找到该值，所以按照模糊匹配规则将查找比它小的最大值，也就是临界点 36000，“VLOOKUP(M2,薪资奖惩标准表!$J$3:$L$9,2,1)”返回第二列税率“10%”，“VLOOKUP(M2,薪资奖惩标准表!$J$3:$L$9,3,1)”返回第三列速算扣除数“2520”。最终，该员工应纳个人所得税=应纳税所得额×税率−速算扣除数=M2*(VLOOKUP(M2,薪资奖惩标准表!$J$3:$L$9,2,1))−VLOOKUP(M2,薪资奖惩标准表！$J$3:$L$9,3,1)=77812.5×10%−2520=5261.25。当然，如果觉得公式太长，可以将绝对引用区域“薪资奖惩标准表!$J$3:$L$9”定义成名称“七级个税表”，省略最后一位参数后得到较短的公式为“=M2*(VLOOKUP(M2,七级个税表,2))−VLOOKUP(M2,七级个税表,3)”。

但是，千万不要忘了增加 IF 函数，因为当“应纳税所得额”小于零时，模糊匹配规则在“七级个税表”中无法找到小于负数的最大值，所以 VLOOKUP 函数外套一层 IF 函数，用于判定那些“应纳税所得额”小于零的员工无须缴纳个人所得税。

### 3. 利用 MAX 函数计算“个人所得税”

其实在“个人所得税”计算中有其他更为简单的方法可供选择，如利用 MAX 函数。当然在应用这个函数之前，必须先弄清楚“个人所得税”计算原理。以“应纳税所得额”为 50000 元来举例说明它在各不同税率中计算出的“个人所得税”金额。如果用 3%的税率，计算出“个人所得税”为 1500 元；如果用 10%的税率，计算出的“个人所得税”为 50000×10%−2520=2480（元）；如果用 20%的税率，计算出的“个人所得税”为 50000×20%−16920=−6920（元）；如果用 25%的税率，计算出的“个人所得税”为 50000×25%−31920=−19420 元；后面的计算结果都是负数，不再往下计算。参见图 4-13 中的基数范围可知，应纳税所得额 5000 元的正确级数为 2，即税率为 10%、速算扣除数为 2520。由此可见，只有在符合级次的范围内计算出的“个人所得税”才是最大的，这就可以用MAX函数来进行简单的“个人所得税”计算了，计算公式见表4-7。

表4-7 MAX函数实现“个人所得税”计算

| 单元格 | 公式 |
|---|---|
| N2 | =MAX(M2*0.03,M2*0.1–2520,M2*0.2–16920,M2*0.25–31920,M2*0.3–52920,M2*0.35–85920,M2*0.45–181920,0) |

表4-7的公式就是将七个等级的税率分别计算了一遍，又因为“个人所得税”不会为负值，参数中再加入“零值”，最终取这八个数中的最大值，用意非常简单明了，得出的结果与前面方法的计算结果一致。

**小技巧4-3 极值统计**

极值包括最大值和最小值，统计极值有助于了解数据的分布状态，分析数据异常的原因。例如，根据数据确定优秀的销售员工予以适当的激励，而对不达标的员工，试着找寻合适的方法促使其改进。

**1．MAX函数和MIN函数**

MAX是maximum的简写，通常用于返回一组值中的最大值。

语法格式为：MAX(number1, [number2], ...)

其中，参数number1是必需的，后续参数是可选的，最多可包含255个参数。参数可以是数字或者是包含数字的名称、数组或引用。

当然，有最大值就会有最小值，MIN是minimum的简写，通常用于返回一组值中的最小值，语法格式和参数设定同MAX函数。

**2．LARGE函数和SMALL函数**

LARGE函数用于返回数据集中第k个最大值。

语法格式为：LARGE（array，k）

其中，array表示需要确定最大值的数组或数据区域；k表示返回的数据在array区域中从大到小排列的位置。如果区域中数据点的个数为n，则函数LARGE（array，1）返回最大值，函数LARGE（array，n）返回最小值。可见，LARGE函数比MAX函数的应用范围更广。

SMALL函数和LARGE函数相对应，用于返回数据集中第k个最小值。语法格式和参数设置同LARGE函数，只是k表示返回的数据在array区域中从小到大排列的位置。同样，如果区域中数据点的个数为n，则函数SMALL( array, 1 )返回最小值，函数SMALL（array，n）返回最大值。

**4．利用数组计算“个人所得税”**

关于“个人所得税”的计算还有不少，这里再介绍一个比较常用的方法，就是运用数组进行计算，计算公式见表4-8。

表 4-8　利用数组计算“个人所得税”

| 单元格 | 公式 |
|---|---|
| N2 | =ROUND(MAX(M2*{0.03,0.1,0.2,0.25,0.3,0.35,0.45}-{0,2520,16920,31920,52920,85920,181920},0),2) |

## 小技巧 4-4　数组

数组是指按规则排列的一组数据的集合，包括常量数组和内存数组。其中，常量数组是常量的集合，用花括号括起来，如表 4-8 中的{0.03,0.1,0.2,0.25,0.3,0.35,0.45}就是一个包含 7 个常量的数组，包含的信息是 1 个常量的 7 倍；内存数组是指通过计算得到的数组，存在内存中，并可作为函数的参数参与下一步运算。

利用数组计算个税

按维度分，Excel 公式涉及一维数组和二维数组，VBA 中才允许使用三维数组。作为入门，在此主要介绍一维数组。一维数组按呈现状态不同，又可进一步分为横向一维数组和纵向一维数组。横向一维数组在 Excel 中只占用一行，并用逗号作为分隔符，如表 4-8 中的税率数组{0.03,0.1,0.2,0.25,0.3,0.35,0.45}在 Y2:AE2 区域中输入的效果如图 4-14 所示；纵向一维数组则是只占用一列，并用分号作为分隔符，如{1;2;3}在 A1:A3 区域中输入的效果如图 4-15 所示。需要说明的是，等号后面的花括号是通过键盘输入的，而等号外面的那层花括号是通过按〈Ctrl+Shift+Enter〉组合键实现的。

清楚了一维数组在 Excel 中的呈现形式后，再来看本例中数组的计算。数组存在的目的是执行批量运算，提升公式的执行效率，减少公式数量。当执行“=M2*{0.03,0.1,0.2, 0.25, 0.3,0.35,0.45}”时，需同时按住〈Ctrl+Shift+Enter〉组合键，才能得到如图 4-16 所示的结果。

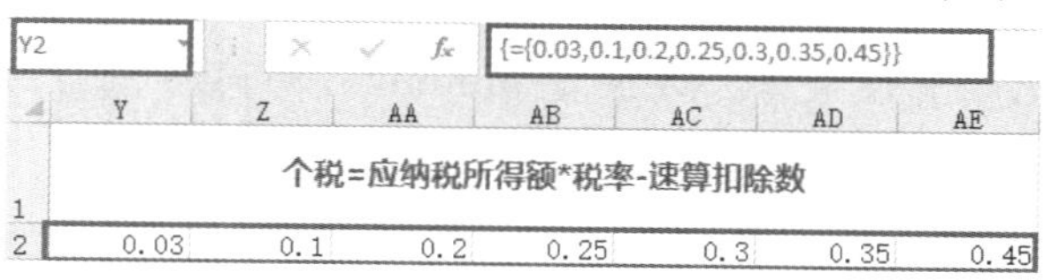


图 4-14　横向一维数组

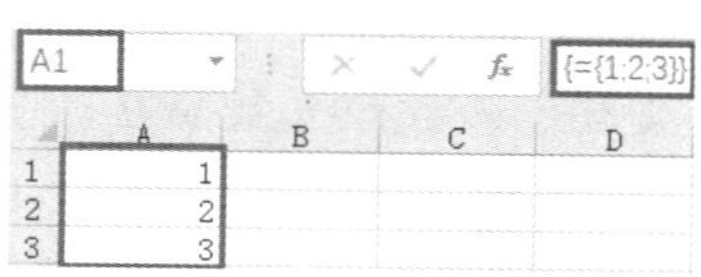


图 4-15　纵向一维数组

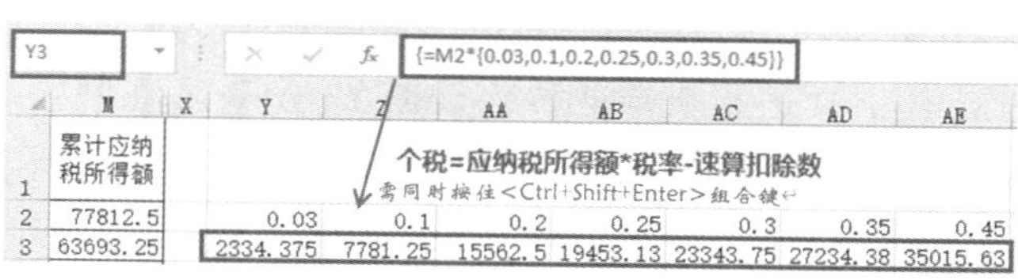


图 4-16　常量与一维数组的乘法计算

从图 4-16 可知，M2*{0.03,0.1,0.2,0.25,0.3,0.35,0.45}虽然只是一个常量和数组的乘法计算，但确是普通常量乘法计算量的 7 倍。Q3:W3 区域的值分别为 M2 单元格的值（77812.5）和 Y2:AE2 的乘积，即“应纳税所得额”分别乘以每一档税率并存放于连续的单元格内。然而，“个人所得税”计算公式不仅需要乘以税率，还需要减去每档对应的速算扣除数，因此，再执行数组间的减法计算，输入“=M2*{0.03,0.1,0.2,0.25,0.3,0.35,0.45}-{0,2520,16920,31920,52920,85920,181920}”，同时按住<Ctrl+Shift+Enter>组合键，得到结果如图 4-17 所示。

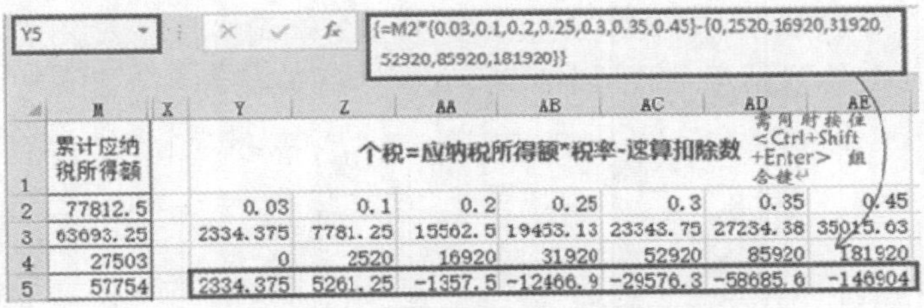


图 4-17 一维数组的减法计算

图 4-17 中，Y4:AE4 数组是速算扣除数{0,2520,16920,31920,52920,85920,181920}的表现形式，Y5:AE5 数组的计算结果就是每一个税基下的计算结果。套用上一种求解思路，用 MAX 取这些“个人所得税”中的最大值，而且负数的“应纳税所得额”不需要缴纳“个人所得税”，所以在外层用 MAX 函数取“零值”和该数组计算结果中的最大值，公式为“=MAX(M2*{0.03,0.1,0.2,0.25,0.3,0.35,0.45}-{0,2520,16920,31920,52920,85920,181920},0)”。最后再用 ROUND 函数取两位小数。

表 4-8 是将七级超额累进税率和速算扣除数手工输入成带逗号的花括号形式，从而构建出横向一维数组；当然也可以用图 4-6“薪资奖惩标准表”中已有的纵向单元格区域，在 Y6:Y12 的范围内输入公式“=M2*薪资奖惩标准表!K3:K9-薪资奖惩标准表!L3:L9”，同时按住<Ctrl+Shift+Enter>组合键，得到纵向一维数组的个税计算结果(如图 4-18 所示)。横向一维数组计算的个税结果 Y5:AE5 和纵向一维数组计算的个税结果 Y6:Y12 只是显示的形式有所不同，但是计算原理是完全一致的。

需要说明的是，如果想用已有的“薪资奖惩标准表”中的数据计算“个人所得税”，需要注意绝对引用该区域数值，即 N2 单元格中输入的公式“=ROUND(MAX(M2*薪资奖惩标准表!$K$3:$K$9-薪资奖惩标准表!$L$3:$L$9,0),2)”，同时按住<Ctrl+Shift+Enter>组合键，这样计算出来的结果才能向下拖动到该列的其他单元格内。

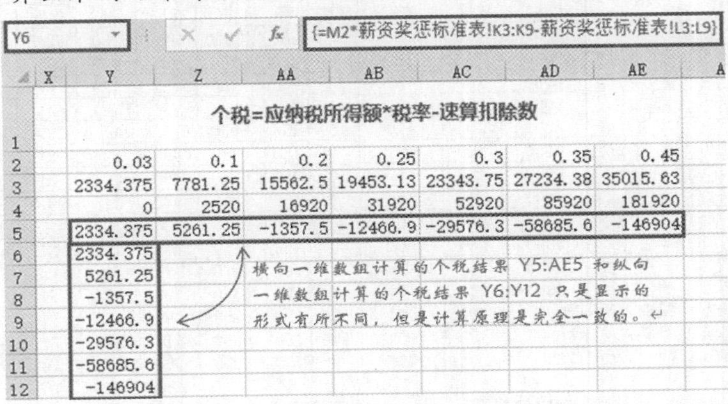


图 4-18 纵向一堆数组的“个人所得税”计算结果

### 5. “职工个税计算表”中其它项目计算

已知“累计减免税额”全为零，累计应扣缴税额=累计应纳税额−累计减免税额，故选择 P2 单元格，输入公式“=N2-O2”。

“累计已预缴税额”可以根据前期制作的表取数前 10 个月的数据，也可从“自然人税收管理系统扣缴客户端”中取数；最终，选择 R2 单元格，输入公式“=P2-Q2”即可。“职工个税计算表”最终结果如图 4-19 所示。

|  | A | B | C | D | E | F | G | H | I | J | K | L | M | N | O | P | Q | R |
|---|---|---|---|---|---|---|---|---|---|---|---|---|---|---|---|---|---|---|
| 1 | 序号 | 姓名 | 累计收入额 | 累计减除费用 | 累计专项扣除 | 累计子女教育支出扣除 | 累计继续教育支出扣除 | 累计住房贷款利息支出扣除 | 累计住房租金支出扣除 | 累计赡养老人支出扣除 | 累计其他扣除 | 累计准予扣除的捐赠 | 累计应纳税所得额 | 累计应纳税额 | 累计减免税额 | 累计应扣缴税额 | 累计已预缴税额 | 累计应补(退)税额 |
| 2 | 1 | 邓华超 | 183000 | 55000 | 28188 | 11000 | 0 | 11000 | 0 | 0 | 0 | 0 | 77812.5 | 5261.25 | 0 | 5261.25 | 4977.50 | 283.75 |
| 3 | 2 | 叶荣飞 | 160650 | 55000 | 19957 | 11000 | 0 | 0 | 0 | 11000 | 0 | 0 | 63693.25 | 3849.33 | 0 | 3849.33 | 3788.26 | 61.07 |
| 4 | 3 | 王振光 | 136700 | 55000 | 21197 | 11000 | 0 | 0 | 0 | 22000 | 0 | 0 | 27503 | 825.09 | 0 | 825.09 | 750.90 | 74.19 |
| 5 | 4 | 沈朝飞 | 144500 | 55000 | 20746 | 11000 | 0 | 0 | 0 | 0 | 0 | 0 | 57754 | 3255.4 | 0 | 3255.40 | 3185.98 | 69.42 |
| 6 | 5 | 孔人泉 | 86330 | 55000 | 13259 | 0 | 0 | 0 | 0 | 0 | 0 | 0 | 18070.6 | 542.12 | 0 | 542.12 | 542.12 | 0.00 |
| 7 | 6 | 梁坡 | 99850 | 55000 | 13981 | 0 | 0 | 0 | 0 | 22000 | 0 | 0 | 8869 | 266.07 | 0 | 266.07 | 266.07 | 0.00 |
| 8 | 7 | 凌晨晨 | 69850 | 55000 | 13981 | 0 | 4400 | 0 | 0 | 0 | 0 | 0 | -3531 | 0 | 0 | 0.00 | 0.00 | 0.00 |
| 9 | 8 | 陈琳 | 66550 | 55000 | 13305 | 0 | 0 | 0 | 0 | 0 | 0 | 0 | -1754.5 | 0 | 0 | 0.00 | 0.00 | 0.00 |
| 10 | 9 | 刘滨晓 | 107800 | 55000 | 21423 | 0 | 0 | 11000 | 0 | 0 | 0 | 0 | 20377.5 | 611.33 | 0 | 611.33 | 534.76 | 76.58 |
| 11 | 10 | 黄郑 | 69850 | 55000 | 13981 | 0 | 0 | 0 | 0 | 22000 | 0 | 0 | -21131 | 0 | 0 | 0.00 | 0.00 | 0.00 |
| 12 | 11 | 项薇雪 | 101970 | 55000 | 20227 | 0 | 0 | 0 | 0 | 22000 | 0 | 0 | 4742.65 | 142.28 | 0 | 142.28 | 78.35 | 63.93 |
| 13 | 12 | 许子臻 | 69850 | 55000 | 13981 | 0 | 0 | 0 | 16500 | 0 | 0 | 0 | -15631 | 0 | 0 | 0.00 | 0.00 | 0.00 |
| 14 | 13 | 吴海涛 | 69850 | 55000 | 13981 | 0 | 0 | 0 | 16500 | 0 | 0 | 0 | -15631 | 0 | 0 | 0.00 | 0.00 | 0.00 |
| 15 | 14 | 李燕 | 6550 | 5000 | 14432 | 0 | 0 | 0 | 1500 | 0 | 0 | 0 | -14382 | 0 | 0 | 0.00 | 0.00 | 0.00 |
| 16 | 15 | 章明晖 | 5950 | 5000 | 13079 | 0 | 0 | 0 | 1500 | 0 | 0 | 0 | -13629 | 0 | 0 | 0.00 | 0.00 | 0.00 |

图 4-19 “职工个税计算表”最终结果

### 6. “职工当月工资汇总表”中“实发工资”的计算

“个人所得税”计算完后，就剩下计算“实发工资”了，这一步就显得很简单了。

单击返回“职工当月工资汇总表”工作表，选择 O2 单元格，输入等于号，然后跳转至“职工个税计算表”，点击 R2 单元格，然后往下拖动填充柄到 R16 单元格，即“职工当月工资汇总表”的“个人所得税”=“职工个税计算表”中的“累计应补(退)税额”。

最后计算“实发工资”，选择 P2 单元格，输入公式“=ROUND((J2-K2-L2-M2-N2-O2),2)”。最后整张表格的计算结果如图 4-20 所示。

|  | A | B | C | D | E | F | G | H | I | J | K | L | M | N | O | P |
|---|---|---|---|---|---|---|---|---|---|---|---|---|---|---|---|---|
| 1 | 序号 | 姓名 | 部门 | 职务 | 工资（含津贴） | 全勤工资 | 病事假/旷工扣款 | 加班工资 | 通信费 | 应发工资 | 养老保险 | 医疗保险 | 失业保险 | 公积金 | 个人所得税 | 实发工资 |
| 2 | 1 | 邓华超 | 行政部 | 总经理 | 12000 | 200 | 0 | 300 | 500 | 13000 | 1000 | 250 | 62.5 | 1250 | 283.75 | 10153.75 |
| 3 | 2 | 叶荣飞 | 研发部 | 部门经理 | 9000 | 0 | 150 | 0 | 300 | 9150 | 708 | 177 | 44.25 | 885 | 61.07 | 7274.68 |
| 4 | 3 | 王振光 | 销售部 | 部门经理 | 9000 | 200 | 0 | 200 | 300 | 9700 | 752 | 188 | 47 | 940 | 74.19 | 7698.81 |
| 5 | 4 | 沈朝飞 | 财务部 | 部门经理 | 9000 | 200 | 0 | 0 | 300 | 9500 | 736 | 184 | 46 | 920 | 69.42 | 7544.58 |
| 6 | 5 | 孔人泉 | 生产车间 | 基本生产人员 | 6000 | 0 | 120 | 0 | 150 | 6030 | 470.4 | 117.6 | 29.4 | 588 | 0.00 | 4824.60 |
| 7 | 6 | 梁坡 | 销售部 | 销售人员 | 6000 | 200 | 0 | 0 | 150 | 6350 | 496 | 124 | 31 | 620 | 0.00 | 5079.00 |
| 8 | 7 | 凌晨晨 | 生产车间 | 基本生产人员 | 6000 | 200 | 0 | 0 | 150 | 6350 | 496 | 124 | 31 | 620 | 0.00 | 5079.00 |
| 9 | 8 | 陈琳 | 财务部 | 财务人员 | 6000 | 0 | 100 | 0 | 150 | 6050 | 472 | 118 | 29.5 | 590 | 0.00 | 4840.50 |
| 10 | 9 | 刘滨晓 | 生产车间 | 部门经理 | 9000 | 200 | 0 | 300 | 300 | 9800 | 760 | 190 | 47.5 | 950 | 76.58 | 7775.93 |
| 11 | 10 | 黄郑 | 生产车间 | 基本生产人员 | 6000 | 200 | 0 | 0 | 150 | 6350 | 496 | 124 | 31 | 620 | 0.00 | 5079.00 |
| 12 | 11 | 项薇雪 | 行政部 | 财务人员 | 9000 | 0 | 30 | 0 | 300 | 9270 | 717.6 | 179.4 | 44.85 | 897 | 63.93 | 7367.22 |
| 13 | 12 | 许子臻 | 研发部 | 研发人员 | 6000 | 200 | 0 | 0 | 150 | 6350 | 496 | 124 | 31 | 620 | 0.00 | 5079.00 |
| 14 | 13 | 吴海涛 | 采购部 | 采购人员 | 6000 | 200 | 0 | 0 | 150 | 6350 | 496 | 124 | 31 | 620 | 0.00 | 5079.00 |
| 15 | 14 | 李燕 | 财务部 | 财务人员 | 6000 | 200 | 0 | 200 | 150 | 6550 | 512 | 128 | 32 | 640 | 0.00 | 5238.00 |
| 16 | 15 | 章明晖 | 研发部 | 研发人员 | 6000 | 0 | 200 | 0 | 150 | 5950 | 464 | 116 | 29 | 580 | 0.00 | 4761.00 |

图 4-20 “职工当月工资汇总表”最终计算结果

# 任务三　薪资的查询与工资条制作

计算出职工的薪资之后，我们还要对职工薪资进行一系列的查询分析工作。对于工资查询，主要分两种情况：①公司通过对职工薪资的统计分析获取想要的信息；②针对职工个人的薪资数据进行查询，俗称工资条。

## 一、薪资信息的查询

薪资信息的查询可以通过筛选功能来完成。通过筛选，可以将满足条件的数据显示出来，而将其他不满足条件的数据暂时隐藏起来。筛选又可分为“自动筛选”“自定义筛选”和“高级筛选”。

### 1. 自动筛选

“自动筛选”是最简单的一种查询任意符合条件的方法。在前文表格的创建中，会在首行自动创建带有“筛选”下拉按钮，选择▾的列标签；而对于普通单元格区域，可以选择需要筛选的标题行，然后单击“数据”选项卡中的“筛选”按钮，也可以直接在“开始”选项卡中单击“排序和筛选”按钮，选择“筛选”。执行后，该标题行每列的列标签旁就会自动生成“筛选”按钮。

假如万隆灯具有限公司现在想查询该月“生产车间”的薪资水平，只需在“职工当月工资汇总表”中单击“部门”列标签后的“筛选”下拉按钮▾，在弹出的对话框中单击“生产车间”即可得到如图4-21所示的效果。

| | A | B | C | D | E | F | G | H | I | J | K | L | M | N | O | P |
|---|---|---|---|---|---|---|---|---|---|---|---|---|---|---|---|---|
| 1 | 序号 | 姓名 | 部门 | 职务 | 工资（含津贴） | 全勤工资 | 病事假/旷工扣 | 加班工资 | 通信费 | 应发工资 | 养老保险 | 医疗保险 | 失业保险 | 公积金 | 个人所得税 | 实发工资 |
| 6 | 5 | 孔人泉 | 生产车间 | 基本生产人员 | 6000 | 0 | 120 | 0 | 150 | 6030 | 470.4 | 117.6 | 29.4 | 588 | 0.00 | 4824.60 |
| 8 | 7 | 凌晨晨 | 生产车间 | 基本生产人员 | 6000 | 200 | 0 | 0 | 150 | 6350 | 496 | 124 | 31 | 620 | 0.00 | 5079.00 |
| 10 | 9 | 刘滨晓 | 生产车间 | 部门经理 | 9000 | 200 | 0 | 300 | 300 | 9800 | 760 | 190 | 47.5 | 950 | 76.58 | 7775.93 |
| 11 | 10 | 黄郑 | 生产车间 | 基本生产人员 | 6000 | 200 | 0 | 0 | 150 | 6350 | 496 | 124 | 31 | 620 | 0.00 | 5079.00 |

图4-21　自动筛选“生产车间”的薪资水平

如果想要还原成初始筛选状态，可以单击“部门”列标签后的“筛选”下拉按钮▾，并在弹出的对话框中勾选“全选”；也可按<Ctrl+Shift+L>的组合键，退出筛选状态。

### 2. 自定义筛选

在运用“自动筛选”不能筛选出所需要的结果时，还可以通过筛选器对文本、数字、单元格颜色、日期和时间等数据进行“自定义筛选”。

例如，想要筛选该公司“实发工资”前五名的员工，可以单击“实发工资”列标签后的“筛选”下拉按钮▾，在弹出的对话框中单击“数字筛选”，并选择“前10项”，如图4-22所示。

图 4-22 “数字筛选”前 10 项

虽然选的是“前 10 项”，但可以在弹出的对话框中将其调整为“显示最大 5 项”，筛选后的结果会按初始顺序排序，如图 4-23 所示。若想按降序排列，则需再次单击“实发工资”列标签后的“筛选”按钮，执行“降序”操作。

此外，在项目二中还介绍过通配符的概念，如果想要查找经理级别的薪酬信息，可以单击“职务”列标签后的“筛选”按钮，并在弹出的对话框中输入“*经理”，如图 4-24 所示，下方的复选框会自动勾选所有包含经理的值。当然，如果不清楚通配符，也可以单击文本框上方的“文本筛选”按钮，执行“包含”操作后，在新弹出的对话框中输入“经理”，如图 4-25 所示，能实现和图 4-24 通配符命令一样的筛选效果。

|  | A | B | C | D | E | F | G | H | I | J | K | L | M | N | O | P |
|---|---|---|---|---|---|---|---|---|---|---|---|---|---|---|---|---|
| 1 | 序号 | 姓名 | 部门 | 职务 | 工资（含津贴） | 全勤工资 | 病事假/旷工扣 | 加班工 | 通信费 | 应发工资 | 养老保险 | 医疗保险 | 失业保险 | 公积金 | 个人所得税 | 实发工资 |
| 2 | 1 | 邓华超 | 行政部 | 总经理 | 12000 | 200 | 0 | 300 | 500 | 13000 | 1000 | 250 | 62.5 | 1250 | 283.75 | 10153.75 |
| 4 | 3 | 王振光 | 销售部 | 部门经理 | 9000 | 200 | 0 | 200 | 300 | 9700 | 752 | 188 | 47 | 940 | 74.19 | 7698.81 |
| 5 | 4 | 沈朝飞 | 财务部 | 部门经理 | 9000 | 200 | 0 | 0 | 300 | 9500 | 736 | 184 | 46 | 920 | 69.42 | 7544.58 |
| 10 | 9 | 刘滨晓 | 生产车间 | 部门经理 | 9000 | 200 | 0 | 300 | 300 | 9800 | 760 | 190 | 47.5 | 950 | 76.58 | 7775.93 |
| 12 | 11 | 项薇雪 | 行政部 | 财务人员 | 9000 | 0 | 30 | 0 | 300 | 9270 | 717.6 | 179.4 | 44.85 | 897 | 63.93 | 7367.22 |

图 4-23 筛选“实发工资”前 5 项未降序效果图

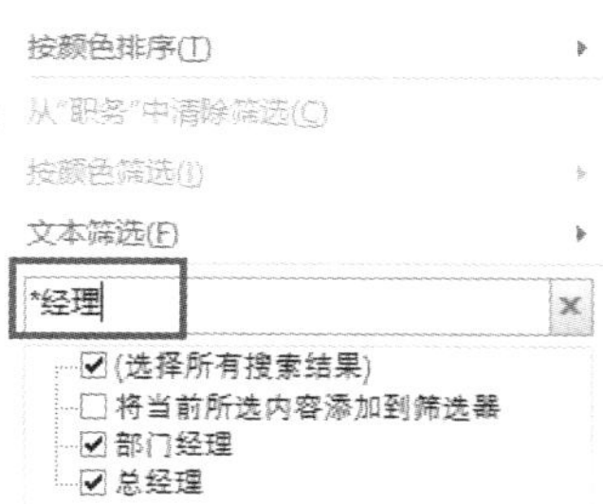


图 4-24 运用通配符进行“自定义筛选”

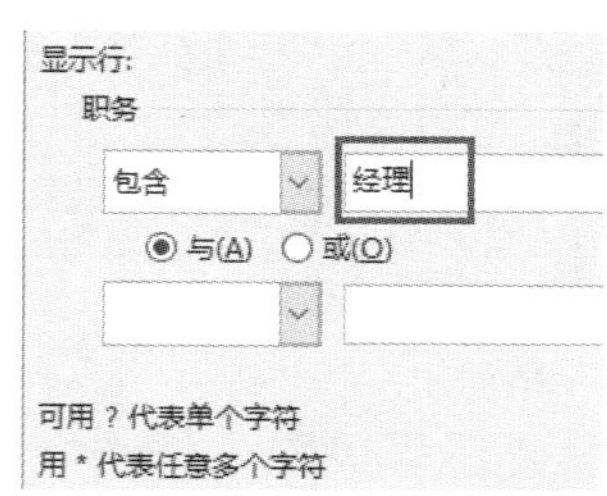


图 4-25 运用“包含”进行文本筛选

### 3. 高级筛选

当要筛选出同时满足两个或两个以上条件的数据时，使用前面的筛选方法可能难以一次性达到要求，此时就需要使用更高级的方法。“高级筛选”需要在筛选的源数据区域外的空白区域中手动设定筛选条件区域，且条件区域的结果需要满足以下条件：

（1）以条件区域的第一行为条件的列标签行，需要与筛选的源数据区域的筛选条件列标签相同；且在该列标签下方，至少应包含一行具体的筛选条件。

（2）如果字段具有两个或以上筛选条件时，可以在条件区域中对应的列标签下方单元格依次列出各个条件，各条件间的逻辑关系为“或”；但若在同一行对应的列标签下输入各个条件，则各条件间的逻辑关系为“与”。因此，若要筛选满足多组条件之一的情况，可将各组条件输入在条件区域的不同行上。

例如，前文介绍“自动筛选”时，已经筛选出了“生产车间”员工的薪资信息，然而若想进一步知晓这些“生产车间”员工中“加班工资”不为零的员工有哪些时，当然可在图4-21的基础上再进行一次筛选，但这样一来复杂，二来可能会出错。所以，我们在“职工当月工资汇总表”右侧的空白处输入想要进行“高级筛选”的信息，如图4-26所示。

| | Q | R |
|---|---|---|
| 1 | **部门** | **加班工资** |
| 2 | 生产车间 | <>0 |

图4-26　设置高级筛选条件区域

参照上文条件区域格式设置的方法可知，条件区域的第一行为条件的列标签行，即此处的Q1单元格和R1单元格，且该部分内容的值应与筛选源数据区域的列标签相同。该列标签下方，至少应包含一行具体的筛选条件，此处Q1单元格列标签“部门”对应的条件是Q2单元格的“生产车间”，R1单元格列标签“加班工资”对应的条件是R2单元格的“<>0”。两条筛选条件写在同一行（都是第二行），说明两者间的逻辑关系是“与”，也就是AND函数的意思。需要说明的是，R2单元格不是小于或者大于零的意思，“<>”是不等于的意思。

在“数据”功能区“排序和筛选”组中单击“高级”按钮，在弹出的对话框中输入相应的信息，如图4-27所示。因为不想影响“职工当月工资汇总表”中已有的数据，所以点选“将筛选结果复制到其他位置”，“列表区域”即为整个工资汇总表（此处为$A$1:$P$16的绝对区域，当然随着员工的增加，该区域也会扩大），“条件区域”即为图4-24设置的$Q$1:$R$2区域，为方便观看，“复制到”选择$Q$4单元格即可，生成的效果图如图4-28所示。

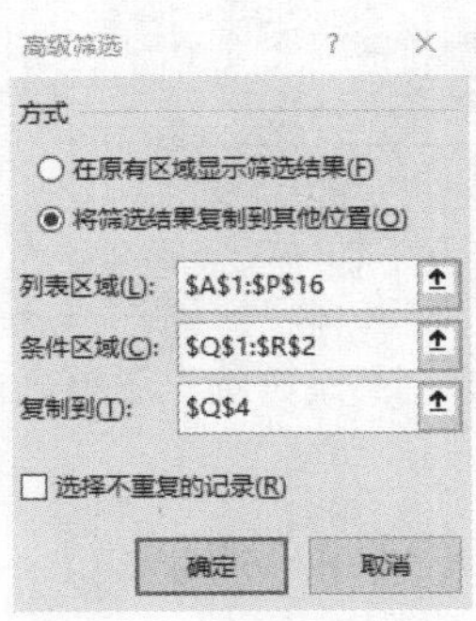


图4-27　高级筛选对话框设置

| Q | R | S | T | U | V | W | X | Y | Z | AA | AB | AC | AD | AE | AF |
|---|---|---|---|---|---|---|---|---|---|---|---|---|---|---|---|
| 部门 | 加班工资 | | | | | | | | | | | | | | |
| 生产车间 | <>0 | | | | | | | | | | | | | | |
| | | | | | | | | | | | | | | | |
| 序号 | 姓名 | 部门 | 职务 | 工资（含津贴） | 全勤工资 | 病事假/旷工扣款 | 加班工资 | 通信费 | 应发工资 | 养老保险 | 医疗保险 | 失业保险 | 公积金 | 个人所得税 | 实发工资 |
| 9 | 刘滨晓 | 生产车间 | 部门经理 | 9000 | 200 | 0 | 300 | 300 | 9800 | 760 | 190 | 47.5 | 950 | 76.58 | 7775.93 |

图4-28　“生产车间”员工中“加班工资<>0”的员工信息

再来看一个逻辑“或”的例子，假定万隆灯具有限公司想要查询“实发工资”在 6500～7500 元之间，以及前面所述的经理级别员工的薪资情况。首先，新建一个“员工工资查询”工作表，在空白处输入想要进行“高级筛选”的信息，如图 4-29 所示。

|  | A | B | C | D |
|---|---|---|---|---|
| 9 |  |  |  |  |
| 10 |  | 实发工资 | 实发工资 | 职务 |
| 11 |  | >=6500 | <=7500 |  |
| 12 |  |  |  | *经理 |

图 4-29 “高级筛选”条件之逻辑或

在图 4-29 中，条件区域的第一行仍为条件的列标签行，且该部分内容的值应与筛选源数据区域的列标签相同。该列标签下方，筛选条件分处两行，其中 B10 单元格列标签“实发工资”对应的条件是 B11 单元格的“>=6500”，C10 单元格列标签“实发工资”对应的条件是 C11 单元格的“<=7500”，两条筛选条件写在同一行表示前文所述的逻辑“与”，即“实发工资”在 6500～7500 元之间；此外，D10 单元格列标签“职务”对应的条件是 D12 单元格的“*经理”，这条筛选条件与前两条筛选条件不在同一行，说明此处的关系是逻辑“或”，也就是 OR 函数的意思。

在“数据”功能区“排序和筛选”组中单击“高级”按钮，在弹出的对话框中输入相应的信息，如图 4-30 所示。同样点选“将筛选结果复制到其他位置”，“列表区域”即为整个工资汇总表（此处因为跨表操作，所以输入为“职工当月工资汇总表!$A$1:$P$16”的绝对区域），“条件区域”即为图 4-29 设置的$B$10:$D$12 区域；“复制到”选择单元格“员工工资查询!$B$14”。考虑到这样筛选出的信息可能会比较多，而且会存在重复现象，勾选下方的“选择不重复的记录”，最终生成的效果图如图 4-31 所示。

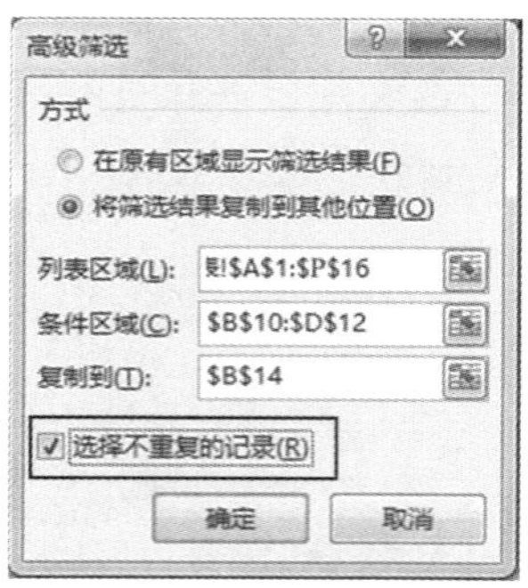


图 4-30 “高级筛选”条件之逻辑或

| 实发工资 | 实发工资 | 职务 |  |  |  |  |  |  |  |  |  |  |  |  |  |
|---|---|---|---|---|---|---|---|---|---|---|---|---|---|---|---|
| >=6500 | <=7500 |  |  |  |  |  |  |  |  |  |  |  |  |  |  |
|  |  | *经理 |  |  |  |  |  |  |  |  |  |  |  |  |  |
|  |  |  |  |  |  |  |  |  |  |  |  |  |  |  |  |
| 序号 | 姓名 | 部门 | 职务 | 工资（含津贴） | 全勤工资 | 病事假/旷工扣款 | 加班工资 | 通信费 | 应发工资 | 养老保险 | 医疗保险 | 失业保险 | 公积金 | 个人所得税 | 实发工资 |
| 1 | 邓华超 | 行政部 | 总经理 | 12000 | 200 | 0 | 300 | 500 | 13000 | 1000 | 250 | 62.5 | 1250 | 283.75 | 10153.75 |
| 2 | 叶荣飞 | 研发部 | 部门经理 | 9000 | 0 | 150 | 0 | 300 | 9150 | 708 | 177 | 44.25 | 885 | 61.07 | 7274.68 |
| 3 | 王振光 | 销售部 | 部门经理 | 9000 | 200 | 0 | 200 | 300 | 9700 | 752 | 188 | 47 | 940 | 74.19 | 7698.81 |
| 4 | 沈朝飞 | 财务部 | 部门经理 | 9000 | 200 | 0 | 0 | 300 | 9500 | 736 | 184 | 46 | 920 | 69.42 | 7544.58 |
| 9 | 刘滨晓 | 生产车间 | 部门经理 | 9000 | 200 | 0 | 300 | 300 | 9800 | 760 | 190 | 47.5 | 950 | 76.58 | 7775.93 |
| 11 | 项薇雪 | 行政部 | 财务人员 | 9000 | 0 | 30 | 0 | 300 | 9270 | 717.6 | 179.4 | 44.85 | 897 | 63.93 | 7367.22 |

图 4-31 “实发工资”在 6500～7500 元以及经理级别员工的薪资情况

**小提示**

跨表进行高级筛选时，要在最终显示结果的工作表界面中，单击“数据”功能区“排序和筛选”组中的“高级”按钮。如此例中，需要在新建的“员工工资查询”工作表界面执行“高级筛选”，若在“职工当月工资汇总表”中执行“高级筛选”，选择将筛选结果复制到“员工工资查询”工作表，系统会报错。

## 二、职工工资条查询

职工工资条查询也可以通过筛选功能来完成，但李燕决定采用公式来完成。

### 1．设置职工姓名序列

李燕单击打开刚才进行“高级筛选”时新增的“员工工资查询”工作表，合并 B2:C2，输入“查询条件”并加粗字体；在 B3 单元格中输入“职工姓名”；单击 C3 单元格，执行“数据”选项卡下的“数据验证”，设置“允许”为“序列”，“来源”为“=职工当月工资汇总表!$B$2:$B$16”，这样即可将职工姓名排成序列，用于查询。

### 2．编辑查询公式

（1）复制“职工当月工资汇总表”B1:P1 单元格区域内容，粘贴到“员工工资查询”的 B6:P6 单元格范围内。

（2）选择 B7 单元格，输入公式“=IF(C3="","",C3)”。

（3）选择 C7 单元格，输入公式“=IF($B7="","",VLOOKUP($B7,职工当月工资汇总表!$B$1:$P$16,2,0))”。

（4）D7:P7 单元格的公式与 C7 单元格的公式基本一致，只是将 C7 单元格公式中的数字“2”，依次改成 3～15。

当李燕在 C3 单元格中选择“孔人泉”时，B7:P7 单元格就会自动显示出“孔人泉”的薪资信息，如图 4-32 所示。

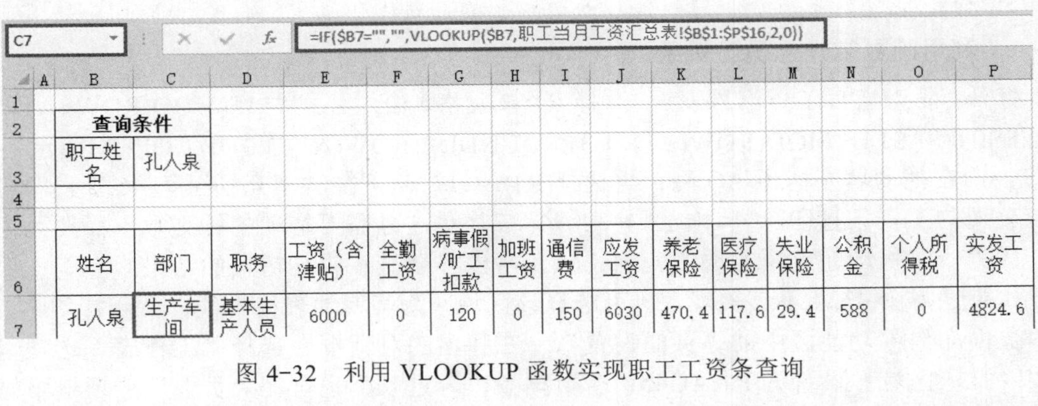


| | A | B | C | D | E | F | G | H | I | J | K | L | M | N | O | P |
|---|---|---|---|---|---|---|---|---|---|---|---|---|---|---|---|---|
| 1 | | | | | | | | | | | | | | | | |
| 2 | | 查询条件 | | | | | | | | | | | | | | |
| 3 | | 职工姓名 | 孔人泉 | | | | | | | | | | | | | |
| 4 | | | | | | | | | | | | | | | | |
| 5 | | | | | | | | | | | | | | | | |
| 6 | | 姓名 | 部门 | 职务 | 工资（含津贴） | 全勤工资 | 病事假/旷工扣款 | 加班工资 | 通信费 | 应发工资 | 养老保险 | 医疗保险 | 失业保险 | 公积金 | 个人所得税 | 实发工资 |
| 7 | | 孔人泉 | 生产车间 | 基本生产人员 | 6000 | 0 | 120 | 0 | 150 | 6030 | 470.4 | 117.6 | 29.4 | 588 | 0 | 4824.6 |

图 4-32　利用 VLOOKUP 函数实现职工工资条查询

因为用 VLOOKUP 函数需要针对每个单元格调整相关参数，所以，如果觉得麻烦，也可使用 OFFSET 加 MATCH 函数实现同样的效果。基础步骤同前，此处为增强比对效果，故选择 B8 单元格，输入公式“=IF(C3="","",C3)”。选择 C8 单元格，输入公式“=IF($B8="", "",OFFSET(职工当月工资汇总表!$B$1,MATCH($B$8,职工工资汇总表!$B$1:$B$16,0)−1, MATCH(C6,职工当月工资汇总表!$B$1:$O$1,0)−1,,))”，然后向右拖动填充柄到 P8 即可。此处，“MATCH($B$8,职工当月工资汇总表!$B$1:$B$16,0)”找到的是 B8 单元格的内容在“职工当月工资汇总表”中对应的行号，“MATCH(C6,职工当月工资汇总表!$B$1:$P$1,0)”找到的是 C6 单元格的内容在“职工当月工资汇总表”中对应的列号，最后用 OFFSET 函数进行行列查找，故 MATCH 的行号、列号都需要减去 1。C3 单元格调整“职工姓名”为“孔人泉”后，新得到的工资条查询效果如图 4-33 所示。

C8 =IF($B8="", "",OFFSET(职工当月工资汇总表!$B$1,MATCH($B$8,职工当月工资汇总表!$B$1:$B$16,0)-1, MATCH(C6,职工当月工资汇总表!$B$1:$P$1,0)-1,,))

| | B | C | D | E | F | G | H | I | J | K | L | M | N | O | P |
|---|---|---|---|---|---|---|---|---|---|---|---|---|---|---|---|
| 2 | 查询条件 | | | | | | | | | | | | | | |
| 3 | 职工姓名 | 孔人泉 | | | | | | | | | | | | | |
| 4 | | | | | | | | | | | | | | | |
| 5 | | | | | | | | | | | | | | | |
| 6 | 姓名 | 部门 | 职务 | 工资（含津贴） | 全勤工资 | 病事假/旷工扣款 | 加班工资 | 通信费 | 应发工资 | 养老保险 | 医疗保险 | 失业保险 | 公积金 | 个人所得税 | 实发工资 |
| 7 | 孔人泉 | 生产车间 | 基本生产人员 | 6000 | 0 | 120 | 0 | 150 | 6030 | 470.4 | 117.6 | 29.4 | 588 | 0 | 4824.6 |
| 8 | 孔人泉 | 生产车间 | 基本生产人员 | 6000 | 0 | 120 | 0 | 150 | 6030 | 470.4 | 117.6 | 29.4 | 588 | 0 | 4824.6 |

图 4-33　利用 OFFSET+MATCH 函数实现职工工资条查询

## 三、工资条的制作

工资条查询只能实现某位员工薪资的查询，虽然也可通过这样的方式打印每位员工的工资条，但显然较为费时费力。如何更有效地使“职工工资汇总表”中每位员工的工资数据对应其工资明细项目，以便发放到每位员工手中，本节主要介绍函数、排序和定位三种方法。

### 1. 利用函数制作全员工资条

打开“职工当月工资汇总表”，选择 R1 单元格，输入公式“=IF(MOD(ROW (A1),3)>0,OFFSET($A$1,IF(MOD(ROW(A1)−1,3),ROUNDUP(ROW(A1)/3,0),0),COLUMN(A1)−1),"")”，向右拖动填充柄至 AG 列；再选择 R1:AG1，向下拖动填充柄至第 45 行，即可得到该公司的工资条打印总表，如图 4-34 所示。其实这里需要拖动的行列数不需要死记硬背，因为一旦拖动超过所需要的范围，单元格内容会显示明显错误的结果。

如果觉得图 4-34 不够美观，也可选择该区域，为其增加表格框线。实际打印时，单击“页面布局”功能区中的“页面设置”，在弹出的对话框中选择“工作表”选项卡，并将“打印区域”设置为 R1:AG45；若数据条内容过长，也可在“页面”选项卡中修改“方向”为“横向”。

| 序号 | 姓名 | 部门 | 职务 | 工资（含津贴） | 全勤工资 | 病事假/旷工扣款 | 加班工资 | 通信费 | 应发工资 | 养老保险 | 医疗保险 | 失业保险 | 公积金 | 个人所得税 | 实发工资 |
|---|---|---|---|---|---|---|---|---|---|---|---|---|---|---|---|
| 1 | 邓华超 | 行政部 | 总经理 | 12000 | 200 | 0 | 300 | 500 | 13000 | 1000 | 250 | 62.5 | 1250 | 283.75 | 10153.75 |
| | | | | | | | | | | | | | | | |
| 序号 | 姓名 | 部门 | 职务 | 工资（含津贴） | 全勤工资 | 病事假/旷工扣款 | 加班工资 | 通信费 | 应发工资 | 养老保险 | 医疗保险 | 失业保险 | 公积金 | 个人所得税 | 实发工资 |
| 2 | 叶荣飞 | 研发部 | 部门经理 | 9000 | 0 | 150 | 0 | 300 | 9150 | 708 | 177 | 44.25 | 885 | 61.07 | 7274.68 |
| | | | | | | | | | | | | | | | |
| 序号 | 姓名 | 部门 | 职务 | 工资（含津贴） | 全勤工资 | 病事假/旷工扣款 | 加班工资 | 通信费 | 应发工资 | 养老保险 | 医疗保险 | 失业保险 | 公积金 | 个人所得税 | 实发工资 |
| 3 | 王振光 | 销售部 | 部门经理 | 9000 | 200 | 0 | 200 | 300 | 9700 | 752 | 188 | 47 | 940 | 74.19 | 7698.81 |
| | | | | | | | | | | | | | | | |
| 序号 | 姓名 | 部门 | 职务 | 工资（含津贴） | 全勤工资 | 病事假/旷工扣款 | 加班工资 | 通信费 | 应发工资 | 养老保险 | 医疗保险 | 失业保险 | 公积金 | 个人所得税 | 实发工资 |
| 4 | 沈朝飞 | 财务部 | 部门经理 | 9000 | 200 | 0 | 0 | 300 | 9500 | 736 | 184 | 46 | 920 | 69.42 | 7544.58 |
| | | | | | | | | | | | | | | | |
| 序号 | 姓名 | 部门 | 职务 | 工资（含津贴） | 全勤工资 | 病事假/旷工扣款 | 加班工资 | 通信费 | 应发工资 | 养老保险 | 医疗保险 | 失业保险 | 公积金 | 个人所得税 | 实发工资 |
| 5 | 孔人泉 | 生产车间 | 基本生产人员 | 6000 | 0 | 120 | 0 | 150 | 6030 | 470.4 | 117.6 | 29.4 | 588 | 0 | 4824.6 |
| | | | | | | | | | | | | | | | |
| 序号 | 姓名 | 部门 | 职务 | 工资（含津贴） | 全勤工资 | 病事假/旷工扣款 | 加班工资 | 通信费 | 应发工资 | 养老保险 | 医疗保险 | 失业保险 | 公积金 | 个人所得税 | 实发工资 |
| 6 | 梁坡 | 销售部 | 销售人员 | 6000 | 200 | 0 | 0 | 150 | 6350 | 496 | 124 | 31 | 620 | 0 | 5079 |
| | | | | | | | | | | | | | | | |
| 序号 | 姓名 | 部门 | 职务 | 工资（含津贴） | 全勤工资 | 病事假/旷工扣款 | 加班工资 | 通信费 | 应发工资 | 养老保险 | 医疗保险 | 失业保险 | 公积金 | 个人所得税 | 实发工资 |
| 7 | 凌晨晨 | 生产车间 | 基本生产人员 | 6000 | 200 | 0 | 0 | 150 | 6350 | 496 | 124 | 31 | 620 | 0 | 5079 |
| | | | | | | | | | | | | | | | |
| 序号 | 姓名 | 部门 | 职务 | 工资（含津贴） | 全勤工资 | 病事假/旷工扣款 | 加班工资 | 通信费 | 应发工资 | 养老保险 | 医疗保险 | 失业保险 | 公积金 | 个人所得税 | 实发工资 |
| 8 | 陈琳 | 财务部 | 财务人员 | 6000 | 0 | 100 | 0 | 150 | 6050 | 472 | 118 | 29.5 | 590 | 0 | 4840.5 |
| | | | | | | | | | | | | | | | |
| 序号 | 姓名 | 部门 | 职务 | 工资（含津贴） | 全勤工资 | 病事假/旷工扣款 | 加班工资 | 通信费 | 应发工资 | 养老保险 | 医疗保险 | 失业保险 | 公积金 | 个人所得税 | 实发工资 |
| 9 | 刘滨晓 | 生产车间 | 部门经理 | 9000 | 200 | 0 | 300 | 300 | 9800 | 760 | 190 | 47.5 | 950 | 76.58 | 7775.92 |
| | | | | | | | | | | | | | | | |
| 序号 | 姓名 | 部门 | 职务 | 工资（含津贴） | 全勤工资 | 病事假/旷工扣款 | 加班工资 | 通信费 | 应发工资 | 养老保险 | 医疗保险 | 失业保险 | 公积金 | 个人所得税 | 实发工资 |
| 10 | 黄郑 | 生产车间 | 基本生产人员 | 6000 | 200 | 0 | 0 | 150 | 6350 | 496 | 124 | 31 | 620 | 0 | 5079 |
| | | | | | | | | | | | | | | | |
| 序号 | 姓名 | 部门 | 职务 | 工资（含津贴） | 全勤工资 | 病事假/旷工扣款 | 加班工资 | 通信费 | 应发工资 | 养老保险 | 医疗保险 | 失业保险 | 公积金 | 个人所得税 | 实发工资 |
| 11 | 项薇雪 | 行政部 | 财务人员 | 9000 | 0 | 30 | 0 | 300 | 9270 | 717.6 | 179.4 | 44.85 | 897 | 63.93 | 7367.22 |
| | | | | | | | | | | | | | | | |
| 序号 | 姓名 | 部门 | 职务 | 工资（含津贴） | 全勤工资 | 病事假/旷工扣款 | 加班工资 | 通信费 | 应发工资 | 养老保险 | 医疗保险 | 失业保险 | 公积金 | 个人所得税 | 实发工资 |
| 12 | 许子臻 | 研发部 | 研发人员 | 6000 | 200 | 0 | 0 | 150 | 6350 | 496 | 124 | 31 | 620 | 0 | 5079 |
| | | | | | | | | | | | | | | | |
| 序号 | 姓名 | 部门 | 职务 | 工资（含津贴） | 全勤工资 | 病事假/旷工扣款 | 加班工资 | 通信费 | 应发工资 | 养老保险 | 医疗保险 | 失业保险 | 公积金 | 个人所得税 | 实发工资 |
| 13 | 吴海涛 | 采购部 | 采购人员 | 6000 | 200 | 0 | 0 | 150 | 6350 | 496 | 124 | 31 | 620 | 0 | 5079 |
| | | | | | | | | | | | | | | | |
| 序号 | 姓名 | 部门 | 职务 | 工资（含津贴） | 全勤工资 | 病事假/旷工扣款 | 加班工资 | 通信费 | 应发工资 | 养老保险 | 医疗保险 | 失业保险 | 公积金 | 个人所得税 | 实发工资 |
| 14 | 李燕 | 财务部 | 财务人员 | 6000 | 200 | 0 | 200 | 150 | 6550 | 512 | 128 | 32 | 640 | 0 | 5238 |
| | | | | | | | | | | | | | | | |
| 序号 | 姓名 | 部门 | 职务 | 工资（含津贴） | 全勤工资 | 病事假/旷工扣款 | 加班工资 | 通信费 | 应发工资 | 养老保险 | 医疗保险 | 失业保险 | 公积金 | 个人所得税 | 实发工资 |
| 15 | 章明晖 | 研发部 | 研发人员 | 6000 | 0 | 200 | 0 | 150 | 5950 | 464 | 116 | 29 | 580 | 0 | 4761 |
| | | | | | | | | | | | | | | | |

图4-34　利用OFFSET函数实现套打职工工资条

### 小技巧 4-5　取余函数与行列引用函数

（1）MOD 函数，用于返回两数相除的余数。

语法格式为：MOD（number，divisor）

其中，number 是被除数，divisor 是除数，所以如果 divisor 为 0，函数会返回错误值 #DIV/0!。

（2）ROW 函数和 COLUMN 函数。ROW 函数，用于返回引用的行号。

语法格式为：ROW（[reference]）

COLUMN 函数参数及语法格式同 ROW 函数，用于返回引用的列号。

（3）ROUNDUP 函数，用于将数字以远离零值的方向进行向上舍入。

语法格式为：ROUNDUP（number，num_digits）

其中，number 是要进行向上舍入的数字，num_digits 是要将数字舍入到的位数。

所以，不同于 ROUND（1/3，0）=0，ROUNDUP（1/3，0）=1，因为 ROUNDUP 函数将 1/3 的结果（0.333 33）向远离零值的方向舍入，故为 1。顺带一提，有 UP 就会有 DOWN，ROUNDDOWN 函数用于将数字以朝向零值的方向进行向下舍入，所以 ROUNDDOWN（1/3，0）=0。下面再以负数来举下例子，ROUND（−1/3，0）是我们常说的四舍五入，所以结果为零值；ROUNDUP（−1/3，0）向远离零值的方向舍入，故为 −1；ROUNDDOWN（−1/3，0）向朝向零值的方向舍入，故为 0。

Q1 单元格的公式主要使用 MOD 函数除以 3 的余数，来产生一个循环序列{1；2；0；1；2；0；…；1；2；0；}，其中被 3 除余 1 的行数全部显示表头信息，如图 4-35 所示；被 3 除余 2 的行数用来显示每位员工的薪酬信息；而被 3 整除的行数保持为空，使得裁切时可在该空行操作。

| 序号 | 姓名 | 部门 | 职务 | 工资（含津贴） | 全勤工资 | 病事假/旷工扣款 | 加班工资 | 通信费 | 应发工资 | 养老保险 | 医疗保险 | 失业保险 | 公积金 | 个人所得税 | 实发工资 |
|---|---|---|---|---|---|---|---|---|---|---|---|---|---|---|---|

图 4-35　表头行

接着，用 IF 函数来加以判定，“=IF(MOD(ROW(A1),3)>0,OFFSET 函数,"")”，若该行号除以 3 的余数大于零值，则执行 OFFSET 函数；若该行号刚好是 3 的倍数，则返回空白单元格。也就是说，构建该 IF 函数后，所有零值所对应的行均显示为空行。

进一步来看 OFFSET 函数，再次用 MOD 函数除以 3 的余数，来产生一个循环序列，只是被 3 除余 1 也好，被 3 除余 2 也好，在运用 IF 函数进行判定时，数字 1 和数字 2 都会被认为是条件成真，所以无法将这两行数据进行拆分。于是，我们考虑将行号数减 1 后的值除 3 取余来构建一个{0；1；2；0；1；2；…；0；1；2；}的序列。当且仅当 IF 函数判定条件为零时，返回零值，OFFSET 函数不需要发生任何偏移，仍为$A$1 单元格所在的固定行，也就是表头行（如图 4-35 所示）。

而当 IF 函数判定值不为零时，又将返回 ROUNDUP 构建的一个行号除 3 的余数所产生固定三行的自然序列{1；1；1；2；2；2；3；3；3；…}，分别表示 OFFSET 函数偏移一行、偏移两行、偏移三行，如图 4-36 所示。

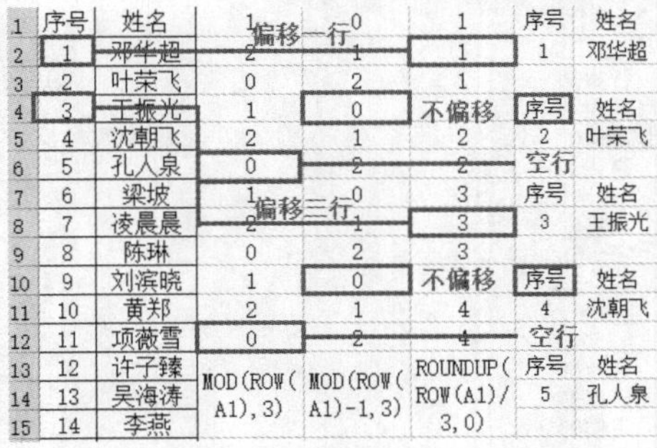


图 4-36 OFFSET 函数实现工资条打印之原理分析图

此处构建的三个带分号的花括号序列在 Excel 中可以显示为三个一维纵向数组，且为逐层嵌套的关系。同时与原始的部分数据构建于图 4-34 中，可见，外层循环序列{1; 2; 0; 1; 2; 0; …; 1; 2; 0; }用于将 3 的倍数行设置成空行；中层循环序列{0; 1; 2; 0; 1; 2; …; 0; 1; 2; }用于将除 3 余 1 的行设置成图 4-33 的表头数据（因为零值为不偏移）；固定三行的循环序列{1; 1; 1; 2; 2; 2; 3; 3; 3; …}用于设置工资条的偏移，将员工数据设置在除 3 余 2 的行数内。

**小提示**

如果想保留“职工当月工资汇总表”里的内容不变，可以新建工作表，并在新表的 A1 单元格中输入“=IF(MOD(ROW(A1),3)>0,OFFSET(职工当月工资汇总表!$A$1,IF(MOD(ROW(A1)−1,3), ROUNDUP(ROW(A1)/3,0),0),COLUMN(A1)−1),"")”即可。与前述的区别在于，因为引用的数据源是“职工当月工资汇总表”，所以只需在 OFFSET 的第一个参数前增加工作表名称即可。

### 2. 利用排序功能制作全员工资条

为防止数据篡改，新建“全员工资条”工作表，并将“职工当月工资汇总表”中所有的信息，粘贴至创建的空工作表中。需要注意的是，为保证数据的正确性，粘贴时请选择粘贴“值”。

接着，选择 A2 单元格，修改内容为数字 2，单击“开始”功能区“编辑”组中的“填充”按钮，选择“序列”，并在弹出的对话框中，将“序列产生在”改为“列”，“步长值”设为“2”，“终止值”设为“30”。这样，包含薪资信息的行序列就变成了以 2 为初始值的偶数序列，如图 4-37 所示。

将 A1 单元格“序号”改为“1”，并复制该行数据粘贴至第 17 行，利用填充柄拖动至第 30 行（因为图 4-37 中最后一位员工的序号为 30，要保证每位员工的工资数据对应其表头，故此处拖动至第 30 行即可实现一一对应）。同理，将新增的第 17～30 行 A 列数据改成“初始值”为 3、“步长值”为 2、“终止值”为 30 的奇数序列，如图 4-38 所示。

选择第一行，执行“数据”选项卡中的“筛选”，单击 A 列后方的下拉按钮，在弹出的页面窗口中单击“升序”。再选择第一行，单击“数据”选项卡中的“筛选”，或按<Ctrl+Shift+L>组合键，便可退出筛选状态，最终得到员工的工资数据与其工资明细项目一一对应的工资条，如图 4-39 所示。当然，如果不喜欢也可以删除 A 列数字。

| | A | B | C |
|---|---|---|---|
| 1 | 序号 | 姓名 | 部门 |
| 2 | 2 | 邓华超 | 行政部 |
| 3 | 4 | 叶荣飞 | 研发部 |
| 4 | 6 | 王振光 | 销售部 |
| 5 | 8 | 沈朝飞 | 财务部 |
| 6 | 10 | 孔人泉 | 生产车间 |
| 7 | 12 | 梁坡 | 销售部 |
| 8 | 14 | 凌晨晨 | 生产车间 |
| 9 | 16 | 陈琳 | 财务部 |
| 10 | 18 | 刘滨晓 | 生产车间 |
| 11 | 20 | 黄郑 | 生产车间 |
| 12 | 22 | 项薇雪 | 行政部 |
| 13 | 24 | 许子臻 | 研发部 |
| 14 | 26 | 吴海涛 | 采购部 |
| 15 | 28 | 李燕 | 财务部 |
| 16 | 30 | 章明晖 | 研发部 |

图 4-37　修改薪资序号为偶数序列

| | A | B | C |
|---|---|---|---|
| 15 | 28 | 李燕 | 财务部 |
| 16 | 30 | 章明晖 | 研发部 |
| 17 | 3 | 姓名 | 部门 |
| 18 | 5 | 姓名 | 部门 |
| 19 | 7 | 姓名 | 部门 |
| 20 | 9 | 姓名 | 部门 |
| 21 | 11 | 姓名 | 部门 |
| 22 | 13 | 姓名 | 部门 |
| 23 | 15 | 姓名 | 部门 |
| 24 | 17 | 姓名 | 部门 |
| 25 | 19 | 姓名 | 部门 |
| 26 | 21 | 姓名 | 部门 |
| 27 | 23 | 姓名 | 部门 |
| 28 | 25 | 姓名 | 部门 |
| 29 | 27 | 姓名 | 部门 |
| 30 | 29 | 姓名 | 部门 |

图 4-38　修改表头序号为奇数序列

| 姓名 | 部门 | 职务 | 工资（含津贴） | 全勤工资 | 病事假/旷工扣款 | 加班工资 | 通信费 | 应发工资 | 养老保险 | 医疗保险 | 失业保险 | 公积金 | 个人所得税 | 实发工资 |
|---|---|---|---|---|---|---|---|---|---|---|---|---|---|---|
| 邓华超 | 行政部 | 总经理 | 12000 | 200 | 0 | 300 | 500 | 13000 | 1000 | 250 | 62.5 | 1250 | 283.75 | 10153.75 |
| 姓名 | 部门 | 职务 | 工资（含津贴） | 全勤工资 | 病事假/旷工扣款 | 加班工资 | 通信费 | 应发工资 | 养老保险 | 医疗保险 | 失业保险 | 公积金 | 个人所得税 | 实发工资 |
| 叶荣飞 | 研发部 | 部门经理 | 9000 | 0 | 150 | 0 | 300 | 9150 | 708 | 177 | 44.25 | 885 | 61.07 | 7274.68 |
| 姓名 | 部门 | 职务 | 工资（含津贴） | 全勤工资 | 病事假/旷工扣款 | 加班工资 | 通信费 | 应发工资 | 养老保险 | 医疗保险 | 失业保险 | 公积金 | 个人所得税 | 实发工资 |
| 王振光 | 销售部 | 部门经理 | 9000 | 200 | 0 | 200 | 300 | 9700 | 752 | 188 | 47 | 940 | 74.19 | 7698.81 |
| 姓名 | 部门 | 职务 | 工资（含津贴） | 全勤工资 | 病事假/旷工扣款 | 加班工资 | 通信费 | 应发工资 | 养老保险 | 医疗保险 | 失业保险 | 公积金 | 个人所得税 | 实发工资 |
| 沈朝飞 | 财务部 | 部门经理 | 9000 | 200 | 0 | 0 | 300 | 9500 | 736 | 184 | 46 | 920 | 69.42 | 7544.58 |
| 姓名 | 部门 | 职务 | 工资（含津贴） | 全勤工资 | 病事假/旷工扣款 | 加班工资 | 通信费 | 应发工资 | 养老保险 | 医疗保险 | 失业保险 | 公积金 | 个人所得税 | 实发工资 |
| 孔人泉 | 生产车间 | 基本生产人员 | 6000 | 0 | 120 | 0 | 150 | 6030 | 470.4 | 117.6 | 29.4 | 588 | 0 | 4824.6 |
| 姓名 | 部门 | 职务 | 工资（含津贴） | 全勤工资 | 病事假/旷工扣款 | 加班工资 | 通信费 | 应发工资 | 养老保险 | 医疗保险 | 失业保险 | 公积金 | 个人所得税 | 实发工资 |
| 梁坡 | 销售部 | 销售人员 | 6000 | 200 | 0 | 0 | 150 | 6350 | 496 | 124 | 31 | 620 | 0 | 5079 |
| 姓名 | 部门 | 职务 | 工资（含津贴） | 全勤工资 | 病事假/旷工扣款 | 加班工资 | 通信费 | 应发工资 | 养老保险 | 医疗保险 | 失业保险 | 公积金 | 个人所得税 | 实发工资 |
| 凌晨晨 | 生产车间 | 基本生产人员 | 6000 | 200 | 0 | 0 | 150 | 6350 | 496 | 124 | 31 | 620 | 0 | 5079 |
| 姓名 | 部门 | 职务 | 工资（含津贴） | 全勤工资 | 病事假/旷工扣款 | 加班工资 | 通信费 | 应发工资 | 养老保险 | 医疗保险 | 失业保险 | 公积金 | 个人所得税 | 实发工资 |
| 陈琳 | 财务部 | 财务人员 | 6000 | 0 | 100 | 0 | 150 | 6050 | 472 | 118 | 29.5 | 590 | 0 | 4840.5 |
| 姓名 | 部门 | 职务 | 工资（含津贴） | 全勤工资 | 病事假/旷工扣款 | 加班工资 | 通信费 | 应发工资 | 养老保险 | 医疗保险 | 失业保险 | 公积金 | 个人所得税 | 实发工资 |
| 刘滨晓 | 生产车间 | 部门经理 | 9000 | 200 | 0 | 300 | 300 | 9800 | 760 | 190 | 47.5 | 950 | 76.58 | 7775.92 |
| 姓名 | 部门 | 职务 | 工资（含津贴） | 全勤工资 | 病事假/旷工扣款 | 加班工资 | 通信费 | 应发工资 | 养老保险 | 医疗保险 | 失业保险 | 公积金 | 个人所得税 | 实发工资 |
| 黄郑 | 生产车间 | 基本生产人员 | 6000 | 200 | 0 | 0 | 150 | 6350 | 496 | 124 | 31 | 620 | 0 | 5079 |
| 姓名 | 部门 | 职务 | 工资（含津贴） | 全勤工资 | 病事假/旷工扣款 | 加班工资 | 通信费 | 应发工资 | 养老保险 | 医疗保险 | 失业保险 | 公积金 | 个人所得税 | 实发工资 |
| 项薇雪 | 行政部 | 财务人员 | 9000 | 0 | 30 | 0 | 300 | 9270 | 717.6 | 179.4 | 44.85 | 897 | 63.93 | 7367.22 |
| 姓名 | 部门 | 职务 | 工资（含津贴） | 全勤工资 | 病事假/旷工扣款 | 加班工资 | 通信费 | 应发工资 | 养老保险 | 医疗保险 | 失业保险 | 公积金 | 个人所得税 | 实发工资 |
| 许子臻 | 研发部 | 研发人员 | 6000 | 200 | 0 | 0 | 150 | 6350 | 496 | 124 | 31 | 620 | 0 | 5079 |
| 姓名 | 部门 | 职务 | 工资（含津贴） | 全勤工资 | 病事假/旷工扣款 | 加班工资 | 通信费 | 应发工资 | 养老保险 | 医疗保险 | 失业保险 | 公积金 | 个人所得税 | 实发工资 |
| 吴海涛 | 采购部 | 采购人员 | 6000 | 200 | 0 | 0 | 150 | 6350 | 496 | 124 | 31 | 620 | 0 | 5079 |
| 姓名 | 部门 | 职务 | 工资（含津贴） | 全勤工资 | 病事假/旷工扣款 | 加班工资 | 通信费 | 应发工资 | 养老保险 | 医疗保险 | 失业保险 | 公积金 | 个人所得税 | 实发工资 |
| 李燕 | 财务部 | 财务人员 | 6000 | 200 | 0 | 200 | 150 | 6550 | 512 | 128 | 32 | 640 | 0 | 5238 |
| 姓名 | 部门 | 职务 | 工资（含津贴） | 全勤工资 | 病事假/旷工扣款 | 加班工资 | 通信费 | 应发工资 | 养老保险 | 医疗保险 | 失业保险 | 公积金 | 个人所得税 | 实发工资 |
| 章明晖 | 研发部 | 研发人员 | 6000 | 0 | 200 | 0 | 150 | 5950 | 464 | 116 | 29 | 580 | 0 | 4761 |

图 4-39　利用排序功能制作全员工资条

**小提示**

细心的同学会发现此处产生的工资条没有空行，显得比较紧凑；若担心会出现切割差错，也可将薪资数据改为“初始值”为2、“步长值”为3、“终止值”为45的等差序列；将填充柄拖动复制表头时，设置成“初始值”为4、“步长值”为3、“终止值”为45的等差序列；再将A31:A44单元格填充为“初始值”是3、“步长值”为3、“终止值”为45的等差序列。然后同样执行“排序”操作，对首行进行“筛选”，对“A列”执行“升序”，再退出筛选状态，即可得到每位员工工资条中空行的数据表（如图4-34所示）。

本例中，为了方便，直接修改了“序号”所在的A列，若想保留“序号”列，可增加辅助行用于排序。此外，有兴趣的同学还可思考一下如何利用函数实现图4-37的效果（即员工工资信息间不存在空行）。

### 3. 利用定位功能制作全员工资条

要实现每一行员工工资数据对应一行工资明细项目，还可通过定位空行轻松插入工资明细项目行，以便打印员工工资条。

为防止影响“职工当月工资汇总表”工作表的源数据，同前文排序制作全员工资条的方法一样，复制“职工当月工资汇总表”中所有的信息到新的工作表中，也可通过“移动或复制”工作表的方法复制一个“职工当月工资汇总表（2）”，同样，为防止数据在操作中产生错误，建议全选该工作表内容，再“选择性粘贴”成“数值”。

在生成的工作表中，单击工资明细项目右侧两列单元格，交叉输入任意数字（它是为了后面的“空值”定位，所以可以输入任意数字），如图4-40所示；然后选择交叉的四个单元格，使用拖动填充柄的方法填充至工资明细表的结束行，如图4-41所示。

| O | P | Q | R |
|---|---|---|---|
| 个人所得税 | 实发工资 | | |
| 283.75 | 10153.75 | | |
| 61.07 | 7274.68 | 1 | |
| 74.19 | 7698.81 | | 1 |
| 69.42 | 7544.58 | | |
| 0 | 4824.6 | | |
| 0 | 5079 | | |
| 0 | 5079 | | |
| 0 | 4840.5 | | |
| 76.58 | 7775.92 | | |
| 0 | 5079 | | |
| 63.93 | 7367.22 | | |
| 0 | 5079 | | |
| 0 | 5079 | | |
| 0 | 5238 | | |
| 0 | 4761 | | |

图4-40 交叉输入任意数字

| O | P | Q | R |
|---|---|---|---|
| 个人所得税 | 实发工资 | | |
| 283.75 | 10153.75 | | |
| 61.07 | 7274.68 | 1 | |
| 74.19 | 7698.81 | | 1 |
| 69.42 | 7544.58 | 1 | |
| 0 | 4824.6 | | 1 |
| 0 | 5079 | 1 | |
| 0 | 5079 | | 1 |
| 0 | 4840.5 | 1 | |
| 76.58 | 7775.92 | | 1 |
| 0 | 5079 | 1 | |
| 63.93 | 7367.22 | | 1 |
| 0 | 5079 | 1 | |
| 0 | 5079 | | 1 |
| 0 | 5238 | 1 | |
| 0 | 4761 | | 1 |

图4-41 拖动填充柄至结束行

单击“开始”功能区“编辑”组中的“查找和选择”按钮，选择“定位条件”（如图4-42所示）；也可使用键盘上的快捷键〈F5〉，在弹出的“定位”对话框中单击左下角的“定位条件”按钮。在弹出的新对话框中选择“空值”，单击“确定”按钮（如图4-43所示）。

接着，单击“开始”功能区“单元格”组中“插入”按钮，选择“插入工作表行”，这时，从第三行起每一行的前面都插入了一个空行，如图4-44所示。

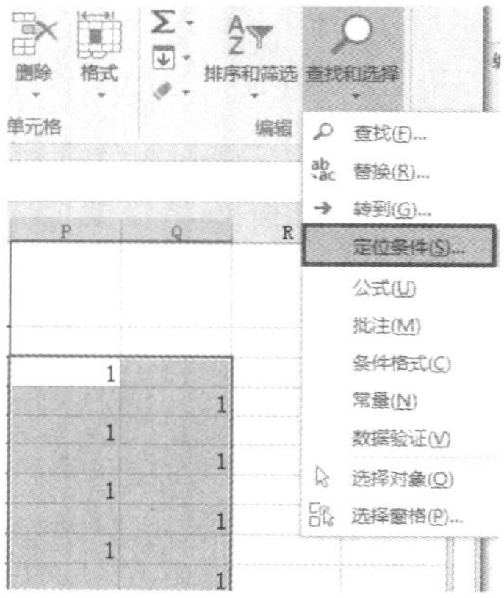


图 4-42　执行“定位条件”命令

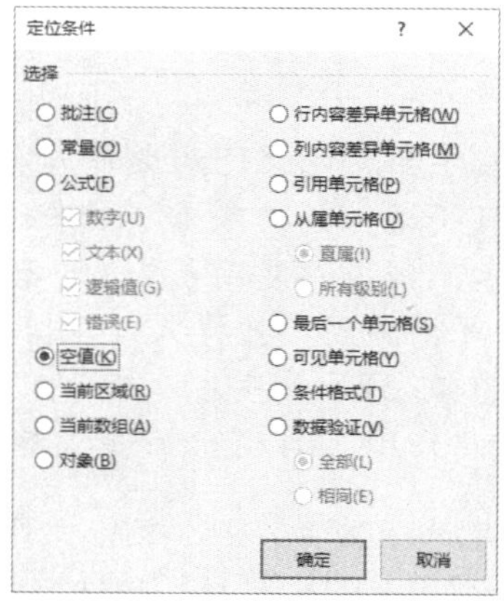


图 4-43　定位条件“空值”

| 序号 | 姓名 | 部门 | 职务 | 工资（含津贴） | 全勤工资 | 病事假/旷工扣款 | 加班工资 | 通信费 | 应发工资 | 养老保险 | 医疗保险 | 失业保险 | 公积金 | 个人所得税 | 实发工资 | | |
|---|---|---|---|---|---|---|---|---|---|---|---|---|---|---|---|---|---|
| 1 | 邓华超 | 行政部 | 总经理 | 12000 | 200 | 0 | 300 | 500 | 13000 | 1000 | 250 | 62.5 | 1250 | 283.75 | 10153.75 | | |
| | | | | | | | | | | | | | | | | | |
| 2 | 叶荣飞 | 研发部 | 部门经理 | 9000 | 0 | 150 | 0 | 300 | 9150 | 708 | 177 | 44.25 | 885 | 61.07 | 7274.68 | 1 | |
| | | | | | | | | | | | | | | | | | |
| 3 | 王振光 | 销售部 | 部门经理 | 9000 | 200 | 0 | 200 | 300 | 9700 | 752 | 188 | 47 | 940 | 74.19 | 7698.81 | | 1 |
| | | | | | | | | | | | | | | | | | |
| 4 | 沈朝飞 | 财务部 | 部门经理 | 9000 | 200 | 0 | 0 | 300 | 9500 | 736 | 184 | 46 | 920 | 69.42 | 7544.58 | 1 | |
| | | | | | | | | | | | | | | | | | |
| 5 | 孔人泉 | 生产车间 | 基本生产人员 | 6000 | 0 | 120 | 0 | 150 | 6030 | 470.4 | 117.6 | 29.4 | 588 | 0 | 4824.6 | | 1 |
| | | | | | | | | | | | | | | | | | |
| 6 | 梁坡 | 销售部 | 销售人员 | 6000 | 200 | 0 | 0 | 150 | 6350 | 496 | 124 | 31 | 620 | 0 | 5079 | 1 | |
| | | | | | | | | | | | | | | | | | |
| 7 | 凌晨晨 | 生产车间 | 基本生产人员 | 6000 | 200 | 0 | 0 | 150 | 6350 | 496 | 124 | 31 | 620 | 0 | 5079 | | 1 |
| | | | | | | | | | | | | | | | | | |
| 8 | 陈琳 | 财务部 | 财务人员 | 6000 | 0 | 100 | 0 | 150 | 6050 | 472 | 118 | 29.5 | 590 | 0 | 4840.5 | 1 | |
| | | | | | | | | | | | | | | | | | |
| 9 | 刘滨晓 | 生产车间 | 部门经理 | 9000 | 200 | 0 | 300 | 300 | 9800 | 760 | 190 | 47.5 | 950 | 76.58 | 7775.92 | | 1 |
| | | | | | | | | | | | | | | | | | |
| 10 | 黄郑 | 生产车间 | 基本生产人员 | 6000 | 200 | 0 | 0 | 150 | 6350 | 496 | 124 | 31 | 620 | 0 | 5079 | 1 | |
| | | | | | | | | | | | | | | | | | |
| 11 | 项薇雪 | 行政部 | 财务人员 | 9000 | 0 | 30 | 0 | 300 | 9270 | 717.6 | 179.4 | 44.85 | 897 | 63.93 | 7367.22 | | 1 |
| | | | | | | | | | | | | | | | | | |
| 12 | 许子臻 | 研发部 | 研发人员 | 6000 | 200 | 0 | 0 | 150 | 6350 | 496 | 124 | 31 | 620 | 0 | 5079 | 1 | |
| | | | | | | | | | | | | | | | | | |
| 13 | 吴海涛 | 采购部 | 采购人员 | 6000 | 200 | 0 | 0 | 150 | 6350 | 496 | 124 | 31 | 620 | 0 | 5079 | | 1 |
| | | | | | | | | | | | | | | | | | |
| 14 | 李燕 | 财务部 | 财务人员 | 6000 | 200 | 0 | 200 | 150 | 6550 | 512 | 128 | 32 | 640 | 0 | 5238 | 1 | |
| | | | | | | | | | | | | | | | | | |
| 15 | 章明晖 | 研发部 | 研发人员 | 6000 | 0 | 200 | 0 | 150 | 5950 | 464 | 116 | 29 | 580 | 0 | 4761 | | 1 |

图 4-44　通过“定位条件”插入空行

复制表头的明细数据（A1:P1）后，选择 A1:A30 区域单元格，再次单击“开始”功能区“编辑”组中“查找和选择”按钮（如图 4-42 所示），在弹出的“定位条件”对话框中选择“空值”（如图 4-43 所示），单击“确定”按钮，然后右击选择“粘贴”命令或按<Ctrl+V>组合键后，表头（图 4-35）工资明细项就被复制到了刚才新建的空行中了。

**小提示**

此处通过“定位条件”的方法实现的工资条打印是没有空行的，最终效果如图 4-39 所示；若想实现图 4-34 的效果，只需再执行一次定位，在所有的薪资信息下插入一个空行就可以了，有兴趣的同学不妨一试。

# 实 训 四

## 一、实训目的

1．学会使用 Excel 设计工资核算系统。

2．学会运用筛选及数据分析工具进行工资数据的汇总和查询。

## 二、实训资料

ZY 公司是一家小型工业企业，主要有三个部门——厂部、车间 1、车间 2，职工人数不多，主要有三种职务类别——管理人员、辅助管理人员、工人。每个职工的工资项目有基本工资、岗位工资、福利费、餐补、奖金、事假扣款、病假扣款，除基本工资因人而异外，其他工资项目将根据职工职务类别和部门来决定，而且随时间的变化而变化。

2020 年 1 月公司职工基本工资情况与出勤情况见表 4-9。

**表 4-9 ZY 公司职工基本工资情况与出勤情况**

| 职工代码 | 职工姓名 | 部门 | 性别 | 职工类别 | 年龄 | 基本工资/元 | 事假天数 | 病假天数 |
|---|---|---|---|---|---|---|---|---|
| 0001 | 陈若谷 | 厂部 | 男 | 管理人员 | 36 | 10500 | 2 | |
| 0002 | 韩佳人 | 厂部 | 女 | 管理人员 | 41 | 10000 | | 2 |
| 0003 | 吴彦祖 | 厂部 | 男 | 管理人员 | 34 | 9800 | | |
| 0004 | 孙艺珍 | 车间 1 | 女 | 工人 | 33 | 6700 | | |
| 0005 | 陈柏霖 | 车间 1 | 男 | 工人 | 29 | 5800 | | |
| 0006 | 新垣结衣 | 车间 1 | 女 | 辅助管理人员 | 34 | 8000 | | 6 |
| 0007 | 上野树里 | 车间 2 | 女 | 工人 | 31 | 5900 | 16 | |
| 0008 | 瑛太 | 车间 2 | 男 | 工人 | 40 | 6000 | | |
| 0009 | 朴宝剑 | 车间 2 | 男 | 工人 | 36 | 5200 | | 17 |
| 0010 | 李钟硕 | 车间 2 | 男 | 辅助管理人员 | 26 | 7900 | 5 | |

其他工资项目的发放情况及有关规定如下：

(1) 岗位工资：根据职工类别不同进行发放，工人为 500 元，辅助管理人员为 800 元，管理人员为 1000 元。

（2）福利费：厂部职工的福利费为基本工资的 18%，车间 1 的工人福利费为基本工资的 20%，车间 2 的福利费为基本工资的 25%，辅助管理人员福利费为基本工资的 28%。

（3）副食补贴：基本工资大于或等于 8000 元的职工没有副食补贴，基本工资小于 8000 元的职工副食补贴为基本工资的 5%。

（4）奖金：奖金根据部门的效益决定。本月厂部的奖金为 500 元，车间 1 的奖金为 300 元，车间 2 的奖金为 700 元。

（5）事假扣款规定：如果事假小于或等于 15 天，将基本工资平均分到每天（每月按 22 天计算），按天扣钱；如果事假大于 15 天，工人基本工资全部扣除，非工人扣除基本工资的 80%。

（6）病假扣款规定：如果病假小于或等于 15 天，工人每天扣款 100 元，非工人每天扣款 150 元；如果病假大于 15 天，工人每天扣款 150 元，非工人每天扣款 200 元。

（7）该公司员工均无专项扣除，个人所得税计算见表 4-10。

表 4-10 个人所得税计算

| 应发工资/元 | 个人所得税/元 |
| --- | --- |
| （应发工资-5000）<=0 | 0.00 |
| 0<（应发工资-5000）<=36000 | （应发工资-5000）×3% |
| 36000<（应发工资-5000）<=144000 | （应发工资-5000）×10%-2520 |
| 144000<（应发工资-5000）<=300000 | （应发工资-5000）×20%-16920 |
| 300000<（应发工资-5000）<=420000 | （应发工资-5000）×25%-31920 |
| 420000<（应发工资-5000）<=660000 | （应发工资-5000）×30%-52920 |
| 660000<（应发工资-5000）<=960000 | （应发工资-5000）×35%-85920 |
| （应发工资-5000）>960000 | （应发工资-5000）×45%-181920 |

## 三、实训要求

为了满足企业的管理要求，请利用 Excel 对工资情况进行如下汇总分析：

（1）计算每一个部门每位职工的应发工资数。

（2）计算每一个部门每种职工类别应发工资汇总数。

（3）计算每一个部门每种职工类别应发工资平均数。

（4）计算每一个部门应发工资数占总工资数的百分比。

（5）计算每一个职工类别应发工资数占总工资数的百分比。

（6）按性别统计应发工资数占总工资数的百分比。

（7）按年龄段统计人数（间隔为 10 岁，如 21～30 岁）。

（8）按基本工资段统计人数（间隔为 1000 元，如 8001～9000 元）。

（9）制作工资查询系统（用 VLOOKUP 或 OFFSET 实现）。

（10）制作该公司每位职工的工资条。

# 项目五

5

## Excel 在固定资产管理中的应用

【知识目标】

- 掌握固定资产管理系统的业务处理流程。
- 掌握固定资产折旧的计算方法。

【能力目标】

- 学会使用 Excel 设计固定资产核算系统。
- 学会运用筛选及数据分析工具进行固定资产数据的汇总和查询。

### 学习情境

李燕的 Excel 技能得到了领导们的一致认可，她决定一鼓作气，用 Excel 设计万隆灯具有限公司的固定资产核算系统。

万隆灯具有限公司固定资产分为四类，编号及相关折旧年限、净残值率分别为：①房屋建筑物，FW，20 年，5%；②生产设备，SC，10 年，5%；③运输设备，YS，4 年，4%；④电子设备，GL，3 年，3%。公司主要部门包括行政部、生产车间、财务部、销售部、研发部、采购部六个部门，固定资产的所属部门使用固定资产并负责其日常维护。固定资产的集中管理在财务部，每个固定资产都有一张自己的卡片，记录着其增加方式、减少方式、购置日期、规格型号、所属部门、原值、累计折旧、净值、折旧方法等信息。

对于固定资产的管理大致是这样的流程：①资产购入后，先由各相关部门验收，出具意见书；②凭此单填写固定资产入库单，送交财务部一份；③财务部对购入固定资产进行编号，填写固定资产卡片，贴上资产封条；④使用人办理资产使用手续。公司日常固定资产管理业务有：固定资产增加、减少，部门间调拨，每月计提等。

使用 Excel 设计固定资产核算系统主要包括两大块内容：一是制作固定资产卡片或台账，作用是登记购入固定资产的名称、原值、折旧年限等，同时还要记录因报废或出售后固定资产的减少，以及部门间固定资产的调拨情况；二是需要记录每个会计期间各项资产应计提的折旧额、累计折旧额和账面净值。这两块内容如果用手工进行核算，不仅工作量大，而且也很烦琐；使用 Excel 则可以大大减轻工作量，增加核算的准确程度。具体来看，利用 Excel 进行固定资产核算的基本过程可分为：固定资产台账的编制→固定资产的折旧计提→固定资产卡片的编制→固定资产的调整管理→固定资产分析。

# 任务一　固定资产台账的编制

各类固定资产的实物管理需要统一编号、建立台账，财务部应负责对各类固定资产的数据、金额的总账及明细账进行统一管理，并按月负责计提折旧，以便主管部门定期或不定期地对资产进行清查，清楚固定资产的使用、变动、报废、处理情况。

## 一、建立“基础信息表”工作表

为了方便对固定资产进行日常处理，一般要根据公司固定资产的实际情况设置一些初始化的项目，如固定资产类别编号、使用部门、增加方式、减少方式、使用状况、折旧方法及折旧费用类别等，以便进行固定资产日常处理，提高处理的效率和准确性。

首先，新建一个空白工作簿，将其命名为“固定资产管理”，在工作簿中新建一个空白工作表 Sheet1，并将其重命名为“基础信息表”。输入相关基本信息如图 5-1 所示。

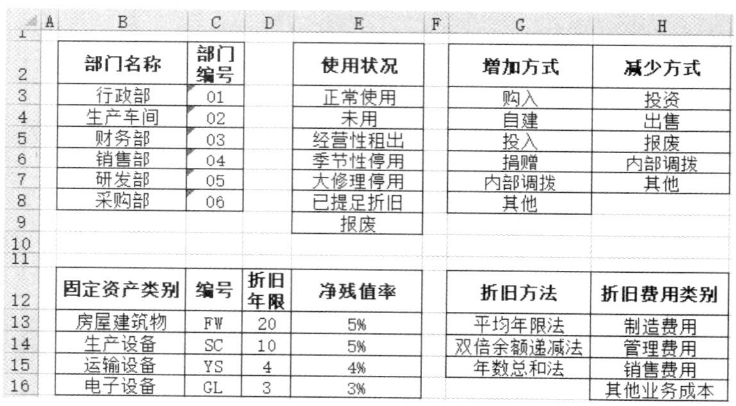

| 部门名称 | 部门编号 |
|---|---|
| 行政部 | 01 |
| 生产车间 | 02 |
| 财务部 | 03 |
| 销售部 | 04 |
| 研发部 | 05 |
| 采购部 | 06 |

| 使用状况 |
|---|
| 正常使用 |
| 未用 |
| 经营性租出 |
| 季节性停用 |
| 大修理停用 |
| 已提足折旧 |
| 报废 |

| 增加方式 | 减少方式 |
|---|---|
| 购入 | 投资 |
| 自建 | 出售 |
| 投入 | 报废 |
| 捐赠 | 内部调拨 |
| 内部调拨 | 其他 |
| 其他 | |

| 固定资产类别 | 编号 | 折旧年限 | 净残值率 |
|---|---|---|---|
| 房屋建筑物 | FW | 20 | 5% |
| 生产设备 | SC | 10 | 5% |
| 运输设备 | YS | 4 | 4% |
| 电子设备 | GL | 3 | 3% |

| 折旧方法 | 折旧费用类别 |
|---|---|
| 平均年限法 | 制造费用 |
| 双倍余额递减法 | 管理费用 |
| 年数总和法 | 销售费用 |
| | 其他业务成本 |

图 5-1　基础信息表内容

## 二、建立“固定资产台账表”工作表

### 1. 设置“固定资产台账表”初始数据库

在“固定资产管理”工作簿中再新建一个空白工作表，并将其重命名为“固定资产台账表”。设置工作表的标题为“固定资产台账表”，列标题字段包括资产编号（A 列）、资产名称（B 列）、规格型号（C 列）、计量单位（D 列）、资产类别（E 列）、使用部门（F 列）、增加方式（G 列）、减少方式（H 列）、使用状况（I 列）、购置日期（J 列）、折旧年限（K 列）、到期日期（L 列）、资产原值（M 列）、残值（N 列）、折旧方法（O 列）、已计提月份（P 列）、已计提折旧金额（Q 列）、本月应提折旧（R 列）、累计折旧（S 列）、账面净值（T 列）、折旧费用类别（U 列），并设置表格正文部分的对齐方式与边框格式，添加“日期”以及“单位：人民币元”。建立后效果如图5-2所示。

| 固定资产台账表 | | | | | | | | | | | | | | | | | | | | |
|---|---|---|---|---|---|---|---|---|---|---|---|---|---|---|---|---|---|---|---|---|
| 日期 | | | | | | | | | | | | | | | | | | | 单位：人民币元 | |
| 资产编号 | 资产名称 | 规格型号 | 计量单位 | 资产类别 | 使用部门 | 增加方式 | 减少方式 | 使用状况 | 购置日期 | 折旧年限 | 到期日期 | 资产原值 | 残值 | 折旧方法 | 已计提月份 | 已计提折旧金额 | 本月应提折旧 | 累计折旧 | 账面净值 | 折旧费用类别 |

图5-2 “固定资产台账表”初始数据库

选择“日期”单元格B2，右击执行“设置单元格格式”命令，在“数字”选项卡中，选择相应的日期形式，如图5-3所示；在编辑栏中输入计算公式“=TODAY()”，按<Enter>键即可返回当前日期值，默认日期格式如图5-4所示。

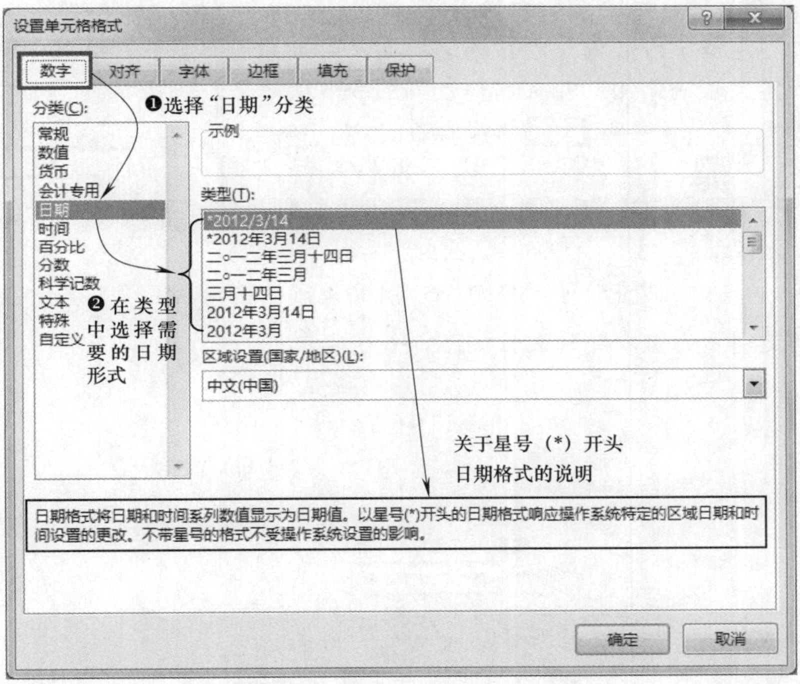


图5-3 设置日期格式

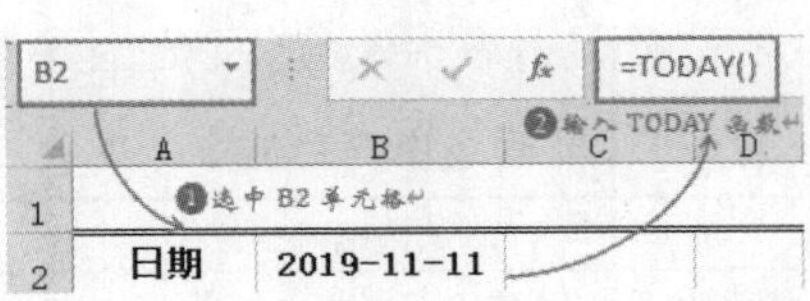


图5-4 利用TODAY函数返回当前日期值

**小提示**

**关于TODAY函数的几点说明**

（1）TODAY函数不需设置参数，输入“=TODAY()”，即可以根据电脑系统设定的日期返回当前的日期；此外，还有一个NOW函数也不需要设置参数，即可以根据电脑系统设定的时间返回当前的日期加上时刻。

所以，同学们在练习本例时，可能会出现返回时间和图 5-4 不一致的情况，进而使得练习结果和后续的固定资产折旧相关数据有所偏差。若想做成一样的效果，同学们可以将日期手动输入为 2019 年 11 月 11 日；当然，同学们也可根据电脑系统返回的日期，自行验算后续结果是否计算正确。

（2）在输入日期函数相关公式时，部分同学可能会得到“43780”的一个数值，其实这是单元格格式的问题，因为 Excel 默认的起始日期为 1900 年 1 月 1 日，从这天开始到 2019 年 11 月 11 日已经过了 43780 天；所以，只需在“设置单元格格式”中选择日期格式就会返回正确的结果了。

### 2. 定义“固定资产台账表”名称

为方便“固定资产台账表”内数据的调用，可以通过“公式”选项卡中的“定义名称”功能事先定义较为常用的相关名称，如图 5-5 所示。

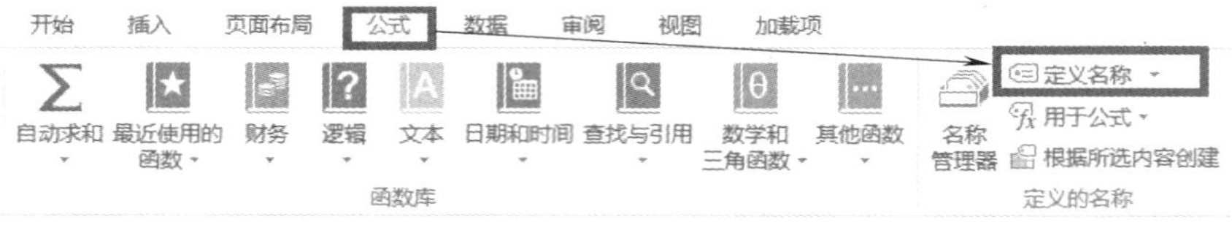


图 5-5 在“公式”选项卡中选择“定义名称”

以“资产类别”为例，新建名称如图 5-6 所示。

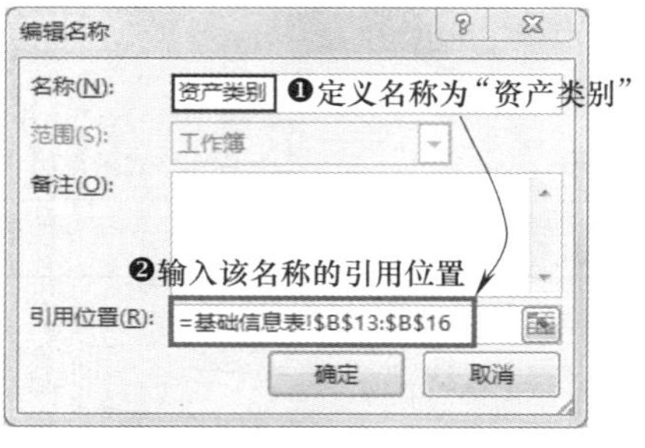


图 5-6 定义“资产类别”名称

此外，还可定义“使用部门”“使用状况”“增加方式”“减少方式”“折旧方法”“折旧费用类别”“基础信息”的名称，具体引用位置及范围参见表 5-1。

表 5-1 “固定资产台账表”名称

| 名　称 | 引用位置 | 范　围 |
|---|---|---|
| 资产类别 | =基础信息表!$B$13:$B$16 | 工作簿 |
| 使用部门 | =基础信息表!$B$3:$B$8 | 工作簿 |
| 使用状况 | =基础信息表!$E$3:$E$9 | 工作簿 |
| 增加方式 | =基础信息表!$G$3:$G$8 | 工作簿 |
| 减少方式 | =基础信息表!$H$3:$H$7 | 工作簿 |
| 折旧方法 | =基础信息表!$G$13:$G$15 | 工作簿 |
| 折旧费用类别 | =基础信息表!$H$13:$H$16 | 工作簿 |
| 基础信息 | =基础信息表!$B$13:$E$16 | 工作簿 |

### 3. 限制输入类别

限制输入类别，可通过“数据”功能区“数据工具”组中的“数据验证”功能来实现，路径如图 5-7 所示。

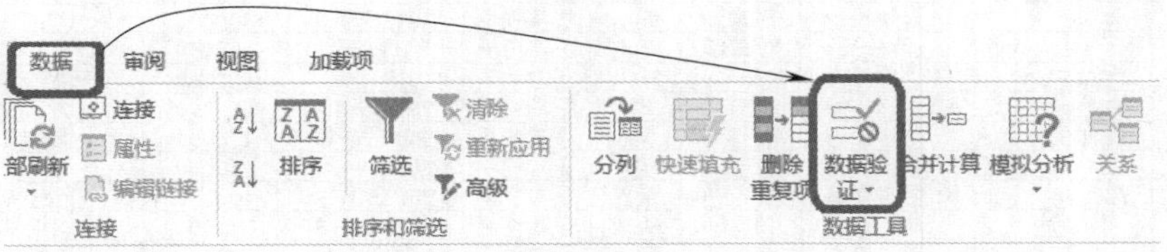

图 5-7　数据验证功能

以 E 列“资产类别”为例，选中该列单元格，执行“数据验证”命令，在“允许”下拉列表中选择“序列”选项；同时，在“来源”中可以直接引用定义的名称，输入“=资产类别”，如图 5-8 所示。参考前面章节的相关信息，还可在“数据验证”的“输入信息”和“出错警告”选项卡中录入相关提醒信息。

运用同样的方法，分别限制“使用部门（F 列）”“增加方式（G 列）”“减少方式（H 列）”“使用状况（I 列）”“折旧方法（O 列）”“折旧费用类别（U 列）”的输入类别。

当然，如果该序列未定义过名称，可以输入相关单元格区域的索引。例如，在弹出的“数据验证”对话框中“设置”选项卡的“来源”处输入“=基础信息表!$G$3:$G$8”可以限制“增加方式”的输入类别。此外，也可以直接输入包含所有后备选项的序列，同样以“增加方式”为例，在“来源”处输入“购入，自建，投入，捐赠，内部调拨，其他”，可达到同样的效果；但需要注意的是，自行输入中文文本后，要及时切换逗号为英文模式下的半角状态，如图 5-9 所示。如果不想运用该“数据验证”的效果，可以单击左下角的“全部清除”按钮。

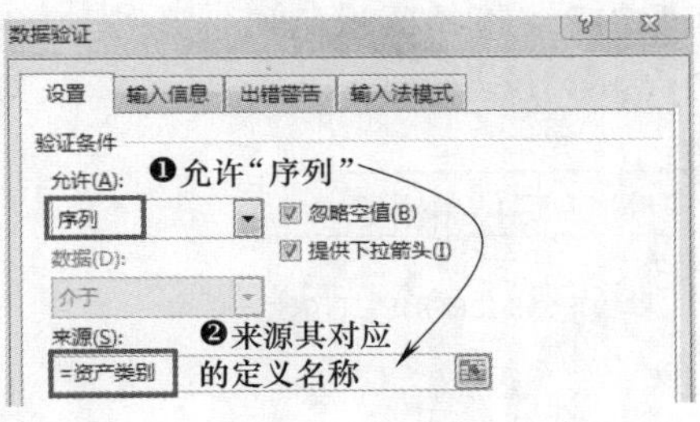


图 5-8　限制“资产类别”输入类别

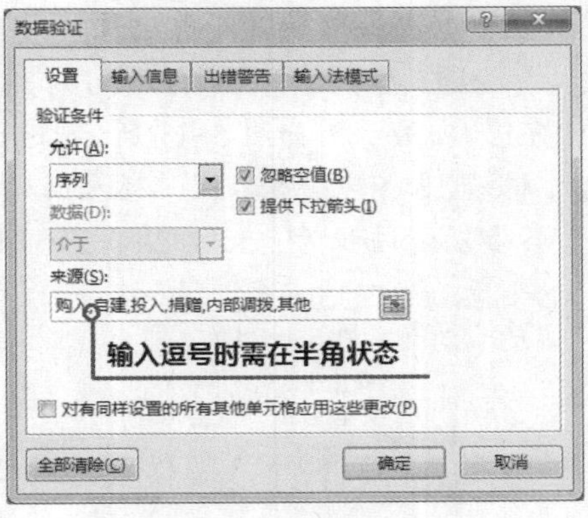


图 5-9　限制“增加方式”输入类别

## 4. 输入相关固定资产初始数据信息（如图 5-10 所示）

| | B | C | D | E | F | G | I | J | M | O | U |
|---|---|---|---|---|---|---|---|---|---|---|---|
| 3 | 资产名称 | 规格型号 | 计量单位 | 资产类别 | 使用部门 | 增加方式 | 使用状况 | 购置日期 | 资产原值 | 折旧方法 | 折旧费用类别 |
| 4 | 办公楼 | 10万平米 | 栋 | 房屋建筑物 | 行政部 | 自建 | 正常使用 | 2014-5-1 | 3600000 | 平均年限法 | 管理费用 |
| 5 | 厂房 | 100万平米 | 栋 | 房屋建筑物 | 生产车间 | 自建 | 正常使用 | 2014-6-18 | 1150000 | 平均年限法 | 制造费用 |
| 6 | 仓库 | 60万平米 | 栋 | 房屋建筑物 | 生产车间 | 自建 | 正常使用 | 2015-3-26 | 800000 | 平均年限法 | 制造费用 |
| 7 | 货车 | 10吨 | 辆 | 运输设备 | 采购部 | 购入 | 正常使用 | 2016-10-8 | 300000 | 平均年限法 | 销售费用 |
| 8 | 公务车 | 别克 | 辆 | 运输设备 | 行政部 | 购入 | 正常使用 | 2017-3-1 | 160000 | 平均年限法 | 管理费用 |
| 9 | 压铸机 | 900T | 台 | 生产设备 | 生产车间 | 购入 | 正常使用 | 2016-10-8 | 400000 | 双倍余额递减法 | 制造费用 |
| 10 | 机床 | TBY-60 | 台 | 生产设备 | 生产车间 | 购入 | 正常使用 | 2014-9-27 | 650000 | 平均年限法 | 制造费用 |
| 11 | 机床 | YBM132 | 台 | 生产设备 | 生产车间 | 购入 | 正常使用 | 2015-3-6 | 456000 | 平均年限法 | 制造费用 |
| 12 | 机床 | TBY-60 | 台 | 生产设备 | 生产车间 | 购入 | 正常使用 | 2015-9-27 | 660000 | 平均年限法 | 制造费用 |
| 13 | 数控液压机 | ZY316 | 台 | 生产设备 | 生产车间 | 购入 | 正常使用 | 2016-10-8 | 400000 | 年数总和法 | 制造费用 |
| 14 | 复印机 | 佳能 | 台 | 电子设备 | 销售部 | 购入 | 正常使用 | 2017-6-15 | 3000 | 平均年限法 | 销售费用 |
| 15 | 传真机 | 惠普 | 台 | 电子设备 | 行政部 | 购入 | 正常使用 | 2016-12-19 | 6000 | 平均年限法 | 管理费用 |
| 16 | 打印机 | 佳能 | 台 | 电子设备 | 财务部 | 购入 | 正常使用 | 2016-3-21 | 6000 | 平均年限法 | 管理费用 |
| 17 | 空调 | 三菱 | 台 | 电子设备 | 行政部 | 购入 | 正常使用 | 2016-7-1 | 6000 | 平均年限法 | 管理费用 |
| 18 | 笔记本电脑 | 联想 | 台 | 电子设备 | 销售部 | 购入 | 正常使用 | 2017-3-21 | 9900 | 平均年限法 | 销售费用 |
| 19 | 笔记本电脑 | 联想 | 台 | 电子设备 | 采购部 | 购入 | 正常使用 | 2017-3-21 | 9900 | 平均年限法 | 销售费用 |
| 20 | 台式电脑 | 联想 | 台 | 电子设备 | 行政部 | 购入 | 正常使用 | 2016-3-21 | 8800 | 平均年限法 | 管理费用 |
| 21 | 台式电脑 | 联想 | 台 | 电子设备 | 财务部 | 购入 | 正常使用 | 2017-3-21 | 8800 | 平均年限法 | 管理费用 |

图 5-10　固定资产初始数据信息

## 5. 设置“资产编号”取数公式

初始数据以及下拉数据填充完毕后，选择 A4 单元格，输入取数公式“=VLOOKUP($E4,基础信息,2,0)&VLOOKUP($F4,基础信息表!$B$3:$C$8,2,0)&TEXT(SUMPRODUCT(($F$4:F4= F4)*1),"00")”，并将其复制到该列的以下单元格中。

### 小技巧 5-1　SUMPRODUCT 函数

从字面上可以看出，SUMPRODUCT 是由两个英文单词组成的，SUM 是求和，PRODUCT 是乘积，合起来就是乘积之和的意思。

语法格式为：SUMPRODUCT(array1,[array2],[array3],...)

其中，array 为数组。

SUMPRODUCT

**1. 基础用法**

该函数可以在给定的几个数组中，将数组间对应的元素相乘，并返回乘积之和。需要说明的是，数组参数必须具有相同的维数，否则 SUMPRODUCT 函数将返回错误值“#VALUE!”。应用示例如图 5-11 所示，选择 A5 单元格，输入公式“=SUMPRODUCT(A2:B4,C2:D4)”，或如图 5-12 所示在“插入函数”对话框中通过选择区域范围，最终均可得到结果 106，具体求解过程为：1×3+2×4+2×6+4×5+3×9+6×6=106。

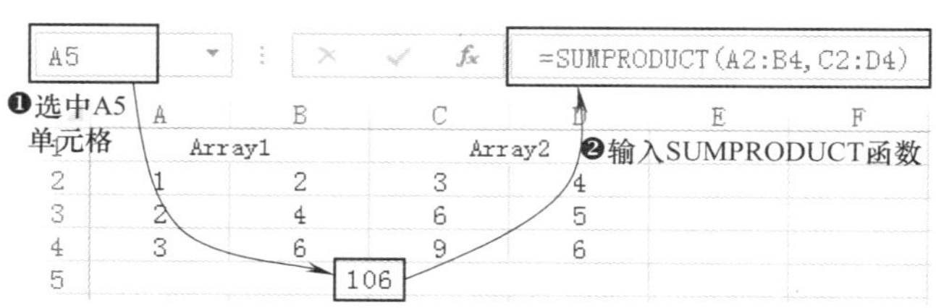


图 5-11　用 SUMPRODUCT 函数返回乘积之和示例

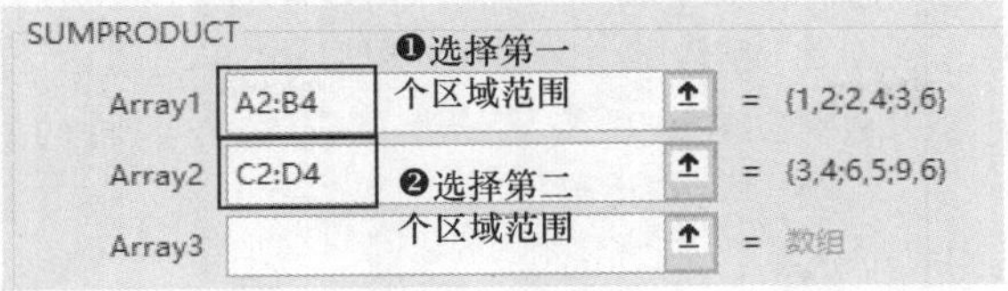


图 5-12　通过插入函数求乘积

2．**扩展应用**

使用 SUMPRODUCT 函数可以进行多条件计数或者求和。

相较于 SUMPRODUCT 函数基础用法，多条件计数中最关键的是确定计数的判断条件。

图 5-13 截取了项目四“职工工资汇总表”中的部分数据，若要求解“该月部门经理有几人加班时”，需在单元格中输入“=SUMPRODUCT((D2:D16="部门经理")*(H2:H16<>0))”，因为这两个是判定条件，所以无法像图 5-12 那样在“插入函数”对话框中输入，只能手动输入，具体计算过程可执行“公式”→“公式审核”→“公式求值”→“求值”，逐步计算相关结果。

而多条件的求和则是在计数公式的基础上，增加一个求和的区域，同样利用图 5-13 的资料数据，求解“该月加班的部门经理们应发工资总和数”时，只需在“部门经理”“加班工资不为零”两个判定条件后面增加一个求和区域 J2:J16 即可，即“=SUMPRODUCT((D2:D16="部门经理")*(H2:H16<>0)*(J2:J16))”。

| | A | B | C | D | E | F | G | H | I | J |
|---|---|---|---|---|---|---|---|---|---|---|
| 1 | 序号 | 姓名 | 部门 | 职务 | 工资（含津贴） | 全勤工资 | 病事假/旷工扣款 | 加班工资 | 通信费 | 应发工资 |
| 2 | 1 | 邓华超 | 行政部 | 总经理 | 12000 | 200 | 0 | 300 | 500 | 13000 |
| 3 | 2 | 叶荣飞 | 研发部 | 部门经理 | 9000 | 0 | 150 | 0 | 300 | 9150 |
| 4 | 3 | 王振光 | 销售部 | 部门经理 | 9000 | 200 | 0 | 200 | 300 | 9700 |
| 5 | 4 | 沈朝飞 | 财务部 | 部门经理 | 9000 | 200 | 0 | 0 | 300 | 9500 |
| 6 | 5 | 孔人泉 | 生产车间 | 基本生产人员 | 6000 | 0 | 120 | 0 | 150 | 6030 |
| 7 | 6 | 梁坡 | 销售部 | 销售人员 | 6000 | 200 | 0 | 0 | 150 | 6350 |
| 8 | 7 | 凌晨晨 | 生产车间 | 基本生产人员 | 6000 | 200 | 0 | 0 | 150 | 6350 |
| 9 | 8 | 陈琳 | 财务部 | 财务人员 | 6000 | 0 | 100 | 0 | 150 | 6050 |
| 10 | 9 | 刘滨晓 | 生产车间 | 部门经理 | 9000 | 200 | 0 | 300 | 300 | 9800 |
| 11 | 10 | 黄郑 | 生产车间 | 基本生产人员 | 6000 | 200 | 0 | 0 | 150 | 6350 |
| 12 | 11 | 项薇雪 | 行政部 | 财务人员 | 9000 | 0 | 30 | 0 | 300 | 9270 |
| 13 | 12 | 许子臻 | 研发部 | 研发人员 | 6000 | 200 | 0 | 0 | 150 | 6350 |
| 14 | 13 | 吴海涛 | 采购部 | 采购人员 | 6000 | 200 | 0 | 0 | 150 | 6350 |
| 15 | 14 | 李燕 | 财务部 | 财务人员 | 6000 | 200 | 0 | 200 | 150 | 6550 |
| 16 | 15 | 章明晖 | 研发部 | 研发人员 | 6000 | 0 | 200 | 0 | 150 | 5950 |

图 5-13　使用 SUMPRODUCT 函数进行多条件计数或者求和

SUMPRODUCT 函数还可以跨表使用，通过在数据区域前面标明工作表的名称实现。但是，SUMPRODUCT 函数无法实现包含通配符的计数。例如，若想要求解“该月经理级别有几人加班时”，在项目四中我们是通过查找“*经理”实现的，但若执行“=SUMPRODUCT((D2:D16="*经理")*(H2:H16<>0))”，单元格会返回零值，这个零值不是代表零人符合条件，而是 SUMPRODUCT 函数无法实现通配符的计算。所以，通常包含通配符的计数主要用到的还是项目三中的 COUNTIF(S) 函数，如此处执行

“=COUNTIFS(D2:D16,"*经理",H2:H16,"<>0")”，会返回 3。顺带一提，COUNTIFS 函数实现计数，可以在“插入函数”对话框中输入实现，但其通过执行“公式”→“公式审核”→“公式求值”和 SUMPRODUCT 函数的步骤是完全不同的。

**小提示**

**对于 SUMPRODUCT 使用过程中“*1”的解释说明**

SUMPRODUCT 函数语法格式中(array1,[array2],[array3],…)逗号分隔的各个参数必须为数字型数据，如果判断的结果是逻辑值（TRUE 和 FALSE），就要乘 1 转换为数字。如果不用逗号，直接用“*”号连接两个以上条件或求和时，则相当于乘法运算，就不必添加“*1”。

图 5-13 求解“该月部门经理有几人加班时”时，两个判定条件间用“*”号连接就相当于乘法运算，最终返回结果为 2。如果用逗号连接，则公式应更改为“=SUMPRODUCT((D2:D16="部门经理")*1,(H2:H16<>0)*1)”，即将每个参数先转换成数字型数据，再求它们的乘积；此时执行“公式”→“公式审核”→“公式求值”的计算步骤就和直接用“*”号连接不同了。同样，在求解“该月加班的部门经理们应发工资总和数”时，公式还可更改为“=SUMPRODUCT((D2:D16="部门经理")*(H2:H16<>0),(J2:J16))”，即在判定条件为真的情况下返回求和值。

本例中（参见图 5-12），A10 单元格“=SUMPRODUCT(($F$4:F10=F10)*1)”，在具体执行时，计算步骤为：SUMPRODUCT(({"行政部";"生产车间";"生产车间";"采购部";"行政部";"生产车间";"生产车间"}="生产车间")*1)=SUMPRODUCT(({FALSE;TRUE;TRUE;FALSE;FALSE;TRUE;TRUE})*1)= SUMPRODUCT({0;1;1;0;0;1;1})=4。

## 小技巧 5-2 单元格内容合并

（1）使用与号（“&”）可以在不使用函数的情况下，将两个单元格的值连接起来，也可以实现让特定字符串与单元格值连接起来，功能类似于项目二中的 CONCATENATE 函数。本例中在 VLOOKUP 函数和 TEXT 函数中加入连接符“&”，可将其计算出的结果连接起来，以 A4 单元格为例，计算结果为："FW"&"01"&"01"=FW0101。

（2）CONCATENATE 函数虽然可以连接包括文本、数字、表达式、单元格引用、逻辑值等多种形式，但不支持区域和数组，即“=CONCATENATE({1,2,3})”的结果是 1，而非 123。顺带一提，在 Excel 2016、Excel Mobile 和 Excel Online 中，CONCATENATE 函数已替换为 CONCAT 函数，新函数同样可实现将多个区域或字符串的文本组合起来的功能。

（3）PHONETIC 函数可用于提取引用对象的拼音（专用于日文拼音），当没有拼音时则引用汉字本身。所以，合并一个区域中的汉字时，可以考虑采用 PHONETIC 函数。

语法格式为：PHONETIC(reference)

该函参数只有一个，且必须为单元格引用，如 PHONETIC(A1:B3)；如果 reference 为不相邻单元格的区域，将返回错误值#N/A。

**小提示**

**TEXT 函数可保证结构美观**

TEXT 函数用于将数值转换成指定格式的文本，在项目二中就已经提过，它最简单的表现形式为“=TEXT(Value you want to format, "Format code you want to apply")。

因为 SUMPRODUCT 前 9 项计数结果只有个位，从第 10 项起递增为两位，所以为保证结构美观，TEXT(SUMPRODUCT(($F$4:F4=F4)*1),"00")就是将前 9 项结果也转换成两位的形式；注意，这里控制两位数形式的“00”外面需要加英文半角模式下的双引号。当然，随着企业的不断壮大，可能部门固定资产会增加到 3 位，即 TEXT(SUMPRODUCT(($F$4:F4=F4)*1),"000")。

6. 完成“固定资产台账表”的信息录入工作（如图 5-14 所示）

| | A | B | C | D | E | F | G | H | I | J |
|---|---|---|---|---|---|---|---|---|---|---|
| 3 | 资产编号 | 资产名称 | 规格型号 | 计量单位 | 资产类别 | 使用部门 | 增加方式 | 减少方式 | 使用状况 | 购置日期 |
| 4 | FW0101 | 办公楼 | 10万平米 | 栋 | 房屋建筑物 | 行政部 | 自建 | | 正常使用 | 2014-5-1 |
| 5 | FW0201 | 厂房 | 100万平米 | 栋 | 房屋建筑物 | 生产车间 | 自建 | | 正常使用 | 2014-6-18 |
| 6 | FW0202 | 仓库 | 60万平米 | 栋 | 房屋建筑物 | 生产车间 | 自建 | | 正常使用 | 2015-3-26 |
| 7 | YS0601 | 货车 | 10吨 | 辆 | 运输设备 | 采购部 | 购入 | | 正常使用 | 2016-10-8 |
| 8 | YS0102 | 公务车 | 别克 | 辆 | 运输设备 | 行政部 | 购入 | | 正常使用 | 2017-3-1 |
| 9 | SC0203 | 压铸机 | 900T | 台 | 生产设备 | 生产车间 | 购入 | | 正常使用 | 2016-10-8 |
| 10 | SC0204 | 机床 | TBY-60 | 台 | 生产设备 | 生产车间 | 购入 | | 正常使用 | 2014-9-27 |
| 11 | SC0205 | 机床 | YBM132 | 台 | 生产设备 | 生产车间 | 购入 | | 正常使用 | 2015-3-6 |
| 12 | SC0206 | 机床 | TBY-60 | 台 | 生产设备 | 生产车间 | 购入 | | 正常使用 | 2015-9-27 |
| 13 | SC0207 | 数控液压机 | ZY316 | 台 | 生产设备 | 生产车间 | 购入 | | 正常使用 | 2016-10-8 |
| 14 | GL0401 | 复印机 | 佳能 | 台 | 电子设备 | 销售部 | 购入 | | 正常使用 | 2017-6-15 |
| 15 | GL0103 | 传真机 | 惠普 | 台 | 电子设备 | 行政部 | 购入 | | 正常使用 | 2016-12-19 |
| 16 | GL0301 | 打印机 | 佳能 | 台 | 电子设备 | 财务部 | 购入 | | 正常使用 | 2016-3-21 |
| 17 | GL0104 | 空调 | 三菱 | 台 | 电子设备 | 行政部 | 购入 | | 正常使用 | 2016-7-1 |
| 18 | GL0402 | 笔记本电脑 | 联想 | 台 | 电子设备 | 销售部 | 购入 | | 正常使用 | 2017-3-21 |
| 19 | GL0602 | 笔记本电脑 | 联想 | 台 | 电子设备 | 采购部 | 购入 | | 正常使用 | 2017-3-21 |
| 20 | GL0105 | 台式电脑 | 联想 | 台 | 电子设备 | 行政部 | 购入 | | 正常使用 | 2016-3-21 |
| 21 | GL0302 | 台式电脑 | 联想 | 台 | 电子设备 | 财务部 | 购入 | | 正常使用 | 2017-3-21 |

图 5-14 完成“固定资产台账表”的信息录入工作

# 任务二 固定资产的折旧计提

企业计提固定资产折旧的方法包括两大类：一是“直线法”，包括年限平均法、工作量法；二是“加速折旧法”，常用的有双倍余额递减法和年数总和法。企业应根据固定资产所含经济利益预期实现方式选择不同的方法。

## 一、设置“折旧年限”公式

选择 K4 单元格，输入公式“=VLOOKUP($E4,基础信息,3,0)”，表示从基础信息表$B$13:$E$16 的绝对区域中的第 3 列精确查找并返回 E 列“资产类别”对应的“折旧年限”，并将公式复制到 K 列以下的单元格中。

## 二、计算固定资产“残值”

残值=固定资产原值×残值率，所以，选择 N4 单元格，输入公式“=VLOOKUP($E4,基础信息,4,0)*M4”，并将公式复制到 N 列以下的单元格中。

## 三、计算固定资产计提折旧的“到期日期”

选择 L4 单元格，输入公式“=EDATE(J4,K4*12)”，并将其复制到 L 列以下的单元格中。

**小技巧 5-3　EDATE 函数**

EDATE 函数可用于返回指定日期之前或之后几个月的具体日期。

语法格式为：EDATE(start_date, months)

其中，start_date 表示起始日的日期；months 为正数时表示 start_date 之后的月份数，负数则表示之前的月份数。所以，如果输入“=EDATE("2019-10-31",1)”，返回结果应为“2019-11-30”；如果输入“=EDATE("2019-10-31",–1)”，返回结果应为“2019-9-30”。

## 四、计算“已计提月份”

选择 P4 单元格，输入公式“=IF(AND(MONTH($B$2)=MONTH($J4),YEAR($B$2)=YEAR($J4)),0,IF($B$2<L4,DATEDIF(EOMONTH(J4,0)+1,EOMONTH($B$2,0),"M"),K4*12))”，即返回截至上个月已计提折旧的月份数，并将该公式复制到 P 列以下的单元格内。其中，“AND(MONTH($B$2)=MONTH($J4),YEAR($B$2)=YEAR($J4)”用于判定该固定资产是否为当年的当月购进，因为当月新增的固定资产不计提折旧，所以该 IF 函数若为真，则返回 0 值；第二个 IF 函数用于判断折旧是否已经超过年限，如果超过了折旧年限，返回年限值转化成月份数。此处，转化月份数时又嵌套了一个 IF 函数，主要是用来判断 TODAY 函数返回的日期（$B$2 单元格的绝对引用）是否小于某项固定资产的到期日期，如果小于，就用 DATEDIF 计算已计提月份数；反之，如果超过了到期日期，直接用折旧年限乘以一年 12 个月即可。

**小技巧 5-4　单参数的日期函数及扩展**

（1）YEAR 函数，返回某个日期的年份，语法格式为 YEAR(serial_number)；所以，“=YEAR("2019-11-11")”返回的结果为年份 2019。

（2）MONTH 函数，返回某个日期的月份，语法格式为 MONTH(serial_number)；所以，“=MONTH("2019-11-11")”返回的结果为月份 11。

（3）DAY 函数，用于返回某个日期的天数，语法格式为 DAY(serial_number)；所以，“=DAY("2019-11-11")”返回的结果为日期 11。

（4）WEEKDAY 函数，用于返回对应于某个日期是一周中的第几天，语法格式为

WEEKDAY(serial_number,[return_type])。当 return_type 为 1 或省略时，天数是 1（星期日）～7（星期六）范围内的整数。例如，“=WEEKDAY("2019-11-11")”，返回的结果为 2；但其实我们有时无法准确获知数字 2 到底是星期几，于是调整“设置单元格格式”→“数字”→“日期”中的类型为“星期×”即可。此外，我们还可考虑结合 TEXT 函数实现，如输入“=TEXT(WEEKDAY("2019-11-11"),"aaaa")”同样会返回“星期一”。

**小技巧 5-5　EOMONTH 函数**

EOMONTH 函数可以计算某一特定月份中最后一天的日期。

语法格式为 EOMONTH(start_date,months)，参数说明同 EDATE 函数。所以，执行“=EOMONTH("2019-11-11",–1)”，返回“2019-10-31”；若执行“=EOMONTH("2019-11-11",0)”，返回结果是“2019-11-30”；若执行“=EOMONTH("2019-11-11",1)”，返回结果是“2019-12-31”。

**小提示**

**关于“已计提月份”的几点说明**

（1）从固定资产计提折旧的规定可知，当月增加的固定资产当月不提折旧，所以用 EOMONTH 函数计算出的本月最后一天加一天后，就变成了次月的第一天。再用 DATEDIF 计算起始月份间的差额数。

（2）当然，我们也可以不用隐藏函数 DATEDIF，用单纯的加减法计算已计提折旧的月份数，如将第二个 IF 函数替换成“IF($B$2<L4,(YEAR($B$2)−YEAR($J4))*12+MONTH($B$2)−MONTH($J4)−1,K4*12)”。

## 五、选择“折旧方法”“折旧费用类别”，并计算相关折旧额

分别从下拉选项中选择固定资产计提的“折旧方法”（O 列）以及“折旧费用类别”（U 列），数据来源于图 5-10。

### 1. 计算“已计提折旧金额”

选择 Q4 单元格，输入公式“=IF(O4="年限平均法",SLN(M4,N4,K4)/12*P4,(IF(O4="年数总和法",SYD(M4,N4,K4,K4)*(2*K4–INT(P4/12)+1)*INT(P4/12)/2+SYD(M4,N4,K4,INT(P4/12)+1)/12*MOD(P4,12),IF(O4="双倍余额递减法",IF(P4<=(K4–2)*12,VDB(M4,N4,K4,0,INT(P4/12))+DDB(M4,N4,K4,INT(P4/12)+1)/12*MOD(P4,12),VDB(M4,N4,K4,0,K4–2,2,TRUE)+(M4–VDB(M4,N4,K4,0,K4–2,2,TRUE)–N4)/2/12*(P4–(K4–2)*12)),"请选择折旧方法")))))”，并将其复制到 Q 列以下的单元格中。

**小技巧 5-6　资产折旧类函数**

（1）SLN 函数，是 Straight-line 的缩写，也就是我们常说的直线法，用于返回一个期间内，资产按直线法计提的折旧额。

语法格式为：SLN(cost,salvage,life)

其中：cost 为固定资产原值；salvage 为固定资产残值；life 为固定资产预计可使用年限。

计算公式为：SLN=(cost–salvage)/life

工作量法在 Excel 中也使用 SLN 函数，其中 life 表示预计总工作量。因为工作量法需要预计总工作量，所以本案例中暂不涉及。

以资产编号 YS0601 为例，提取其相关数据信息，构建该固定资产年限平均法下计提每年折旧额的表格（如图 5-15 所示）。

选择 C6 单元格，插入函数 SLN，因为“年折旧额”每年必相等，所以年限平均法下的原值、残值和预计可使用年限都是绝对引用。在弹出的对话框中输入如图 5-16 所示的内容后，拖动该公式至 C9 单元格。

| | A | B | C | D | E |
|---|---|---|---|---|---|
| 2 | | 资产编号 | YS0601 | 折旧方法 | 年限平均法 |
| 3 | | 资产原值 | 300000 | 购置日期 | 2016-10-8 |
| 4 | | 残值 | 12000 | 折旧年限 | 4 |
| 5 | | 年份 | 年折旧额 | 累计折旧 | 账面净值 |
| 6 | | 1 | | | |
| 7 | | 2 | | | |
| 8 | | 3 | | | |
| 9 | | 4 | | | |

图 5-15　年限平均法计提每年折旧额表格

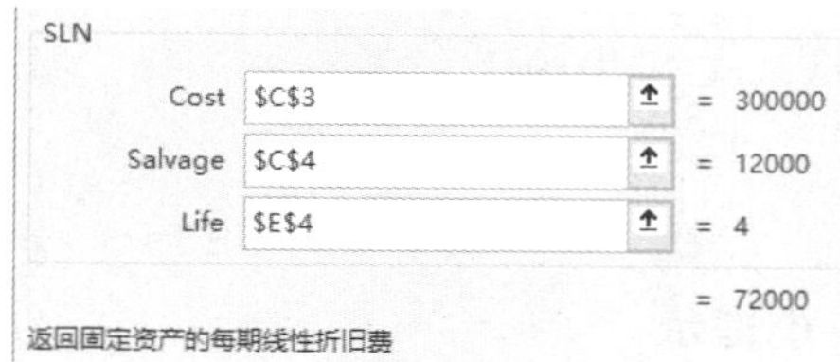


图 5-16　年限平均法 SLN 函数

“累计折旧”方面，除第一年 D6 单元格输入“=C6”外，D7 单元格输入“=C7+D6”，并拖动公式至 D9 单元格。“账面净值”方面，E6 单元格输入“=$C$3–D6”，并拖动至 E9 单元格。最终结果如图 5-17 所示。在计算“累计折旧”和“账面净值”时，因为涉及拖动，所以要注意绝对引用和相对引用的区别。

| | A | B | C | D | E |
|---|---|---|---|---|---|
| 2 | | 资产编号 | YS0601 | 折旧方法 | 年限平均法 |
| 3 | | 资产原值 | 300000 | 购置日期 | 2016-10-8 |
| 4 | | 残值 | 12000 | 折旧年限 | 4 |
| 5 | | 年份 | 年折旧额 | 累计折旧 | 账面净值 |
| 6 | | 1 | ¥72,000.00 | ¥72,000.00 | ¥228,000.00 |
| 7 | | 2 | ¥72,000.00 | ¥144,000.00 | ¥156,000.00 |
| 8 | | 3 | ¥72,000.00 | ¥216,000.00 | ¥84,000.00 |
| 9 | | 4 | ¥72,000.00 | ¥288,000.00 | ¥12,000.00 |

图 5-17　年限平均法每年折旧计提数

需要说明的是，本例中，SLN(M4,N4,K4)求出的是每年折旧，如果要按月计提，还需要除以 12 个月，再乘以已计提的折旧月份数。

（2）SYD 函数，用于返回在指定期间内资产按年数总和法计算的折旧，即将固定资产原值减去残值后的净额，乘以逐年递减的分数，计算出折旧金额。

SYD

语法格式为：SYD(cost,salvage,life,period)

其中，原值、残值、预计可使用年限意义同 SLN 函数中的参数，参数 period 是需要计提折旧值的期间，且 period 必须使用与 life 相同的单位。

计算公式为：$\text{SYD}=\dfrac{(\text{cost}-\text{salvage})\times(\text{life}-\text{per}+1)\times 2}{\text{life}\times(\text{life}+1)}$

本例中 SC0207 用的就是年数总和法，同样，我们以此数据构建该固定资产计提每年折旧额的表格（如图 5-18 所示）。

| | A | B | C | D | E |
|---|---|---|---|---|---|
| 10 | | | | | |
| 11 | | 资产编号 | SC0207 | 折旧方法 | 年数总和法 |
| 12 | | 资产原值 | 400000 | 购置日期 | 2016-10-8 |
| 13 | | 残值 | 20000 | 折旧年限 | 10 |
| 14 | | 年份 | 年折旧额 | 累计折旧 | 账面净值 |
| 15 | | 1 | | | |
| 16 | | 2 | | | |
| 17 | | 3 | | | |
| 18 | | 4 | | | |
| 19 | | 5 | | | |
| 20 | | 6 | | | |
| 21 | | 7 | | | |
| 22 | | 8 | | | |
| 23 | | 9 | | | |
| 24 | | 10 | | | |

图 5-18 年数总和法计提每年折旧额表格

选择 C15 单元格，插入函数 SYD，并在弹出的对话框中输入原值、残值和预计可使用年限，且均为绝对引用；而需要计提折旧值的期间 period 每期的数据不同，因此为相对引用，录入结果如图 5-19 所示。拖动该公式至 C24 单元格。

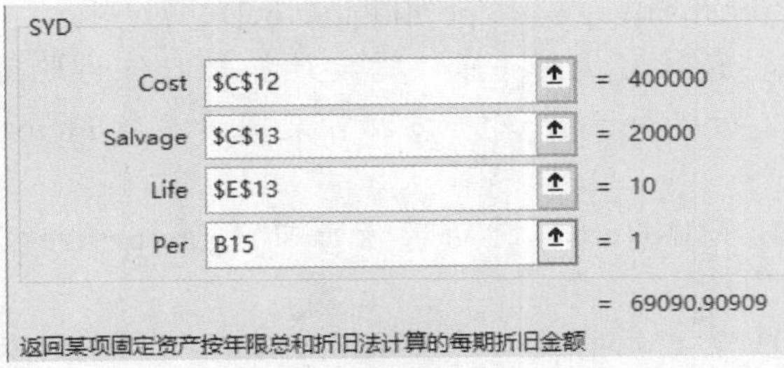


图 5-19 年数总和法 SYD 函数

“累计折旧”方面同前，除第一年 D15 单元格输入“=C15”外，D16 单元格输入“=C16+D15”，并拖动公式至 D24 单元格。“账面净值”列计算公式同前，E15 单元格输入“=$C$12–D15”，并拖动至 E24 单元格。最终结果如图 5-20 所示。

| | A | B | C | D | E |
|---|---|---|---|---|---|
| 10 | | | | | |
| 11 | | 资产编号 | SC0207 | 折旧方法 | 年数总和法 |
| 12 | | 资产原值 | 400000 | 购置日期 | 2016-10-8 |
| 13 | | 残值 | 20000 | 折旧年限 | 10 |
| 14 | | 年份 | 年折旧额 | 累计折旧 | 账面净值 |
| 15 | | 1 | ¥69,090.91 | ¥69,090.91 | ¥330,909.09 |
| 16 | | 2 | ¥62,181.82 | ¥131,272.73 | ¥268,727.27 |
| 17 | | 3 | ¥55,272.73 | ¥186,545.45 | ¥213,454.55 |
| 18 | | 4 | ¥48,363.64 | ¥234,909.09 | ¥165,090.91 |
| 19 | | 5 | ¥41,454.55 | ¥276,363.64 | ¥123,636.36 |
| 20 | | 6 | ¥34,545.45 | ¥310,909.09 | ¥89,090.91 |
| 21 | | 7 | ¥27,636.36 | ¥338,545.45 | ¥61,454.55 |
| 22 | | 8 | ¥20,727.27 | ¥359,272.73 | ¥40,727.27 |
| 23 | | 9 | ¥13,818.18 | ¥373,090.91 | ¥26,909.09 |
| 24 | | 10 | ¥6,909.09 | ¥380,000.00 | ¥20,000.00 |

图 5-20 年数总和法每年折旧计提数

需要说明的是，因为年数总和法计算的折旧年度是从开始计提折旧月的连续 12 个月，而会计年度一般是指 1 月 1 日至当年 12 月 31 日；所以案例中 Q4 单元格中的长公式用 Excel 计算时，需将折旧对应的不同年份 INT(P4/12)和月份 MOD(P4,12)分拆开来。对于整数年的累计折旧运用“SYD(M4,N4,K4,K4)*(2*K4–INT(P4/12)+1)*INT(P4/12)/2”

计算，也就是“(首项+末项)×项数/2”公式的转化，该例中，首项=K4，末项=K4–INT(P4/12)+1，项数=INT(P4/12)；对于月份数的折旧运用“SYD(M4,N4,K4,INT(P4/12)+1)/12*MOD(P4,12)”进行计算。

用编号 SC0207 的固定资产进行试算，该资产已计提折旧 36 个月，对应 INT(36/12)年 MOD(36, 12)个月，刚好是 3 年，所以已计提折旧金额=D17 单元格的值=SYD(原值,残值,预计可使用年限,预计可使用年限)*(2*预计可使用年限–INT(24/12)+1)*INT(24/12)/2=186545.45，即“固定资产台账表”中 Q13 单元格的值。但如果到了下个月，该固定资产已计提折旧就变成了 37 个月，对应 INT(37/12)年 MOD(37, 12)个月，即 3 年 1 个月，所以此时已计提折旧金额=D17 单元格的值+C18 单元格的值/12*MOD(37, 12)= 186545.45（上文已介绍如何计算，此处公式省略）+SYD(原值,残值,预计可使用年限,INT(37/12)+1)/12*MOD(37,12)=186545.45+48363.64/12×1=190575.75，也就是我们看到的“固定资产台账表”中 S13 单元格的值（此处小数点因为计算精度显示问题存在误差）。

（3）DDB 函数，用双倍余额递减法返回指定期间内某项固定资产的折旧值。

语法格式为：DDB(cost,salvage,life,period,[factor])

其中，原值、残值、预计可使用年限、需要计提折旧值的期间参数意义同前。参数 factor 是余额递减速率（折旧因子），外加方括号是因为参数 factor 可以被省略，若省略则默认为 2。

计算公式为：DDB=MIN((cost–前期累计折旧)*(factor/life),(cost–salvage–前期累计折旧))

本例中编号 SC0203 资产用的是双倍余额递减法，所以我们以此数据构建该固定资产计提每年折旧额的表格（如图 5-21 所示）。

| | A | B | C | D | E |
|---|---|---|---|---|---|
| 25 | | | | | |
| 26 | | 资产编号 | SC0203 | 折旧方法 | 双倍余额递减法DDB |
| 27 | | 资产原值 | 400000 | 购置日期 | 2016-10-8 |
| 28 | | 残值 | 20000 | 折旧年限 | 10 |
| 29 | | 年份 | 年折旧额 | 累计折旧 | 账面净值 |
| 30 | | 1 | | | |
| 31 | | 2 | | | |
| 32 | | 3 | | | |
| 33 | | 4 | | | |
| 34 | | 5 | | | |
| 35 | | 6 | | | |
| 36 | | 7 | | | |
| 37 | | 8 | | | |
| 38 | | 9 | | | |
| 39 | | 10 | | | |

图 5-21　DDB 函数计提每年折旧额表格

选择 C30 单元格，插入 DDB 函数，原值、残值和预计可使用年限，均为绝对引用；而需要计提折旧值的期间 period 每期的数据不同，因此为相对引用，在弹出的对话框中输入如图 5-22 所示内容，拖动该公式至 C39 单元格。

“累计折旧”方面同前，除第一年 D30 单元格输入“=C30”外，D31 单元格输入“=C31+D30”，并拖动公式至 D39 单元格。“账面净值”列计算公式同前，E30 单元格输入“=$C$27–D30”，并拖动至“E39 单元格”。最终结果如图 5-23 所示。

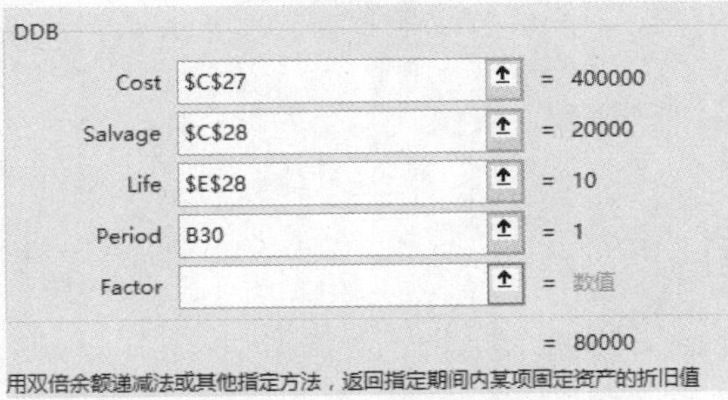


图 5-22 用 DDB 函数计算双倍余额递减法

| | A | B | C | D | E |
|---|---|---|---|---|---|
| 25 | | | | | |
| 26 | | 资产编号 | SC0203 | 折旧方法 | 双倍余额递减法DDB |
| 27 | | 资产原值 | 400000 | 购置日期 | 2016-10-8 |
| 28 | | 残值 | 20000 | 折旧年限 | 10 |
| 29 | | 年份 | 年折旧额 | 累计折旧 | 账面净值 |
| 30 | | 1 | ¥80,000.00 | ¥80,000.00 | ¥320,000.00 |
| 31 | | 2 | ¥64,000.00 | ¥144,000.00 | ¥256,000.00 |
| 32 | | 3 | ¥51,200.00 | ¥195,200.00 | ¥204,800.00 |
| 33 | | 4 | ¥40,960.00 | ¥236,160.00 | ¥163,840.00 |
| 34 | | 5 | ¥32,768.00 | ¥268,928.00 | ¥131,072.00 |
| 35 | | 6 | ¥26,214.40 | ¥295,142.40 | ¥104,857.60 |
| 36 | | 7 | ¥20,971.52 | ¥316,113.92 | ¥83,886.08 |
| 37 | | 8 | ¥16,777.22 | ¥332,891.14 | ¥67,108.86 |
| 38 | | 9 | ¥13,421.77 | ¥346,312.91 | ¥53,687.09 |
| 39 | | 10 | ¥10,737.42 | ¥357,050.33 | ¥42,949.67 |

图 5-23 DDB 函数每年折旧计提数

需要说明的是，按照我国会计准则对双倍余额递减法的定义可知，在固定资产使用年限最后两年的前面各年，用年限平均法折旧率的两倍作为固定的折旧率，以其乘以逐年递减的固定资产期初净值，得出各年应提折旧额；而在固定资产使用年限的最后两年，改用年限平均法，将倒数第二年年初的固定资产账面净值扣除预计净残值后的余额在这两年平均分摊。虽然 DDB 函数能实现双倍余额递减法，但根据 Excel 设定的公式，无法实现最后两年折旧金额采用年限平均法计算（参见图 5-23 中 C38 单元格和 C39 单元格）。

（4）VDB 函数，使用双倍余额递减法或其他指定方法，返回给定期间内的折旧值；通常 VDB 用于代表可变余额递减法。

语法格式为：VDB(cost,salvage,life,start_period,end_period,[factor],[no_switch])

相较于前面的函数，新增参数 start_period 用于计算折旧的起始时期；end_period 用于计算折旧的终止时期，且不管是 start_period 还是 end_period，都必须使用与 life 相同的单位。同样，可选参数 factor 若省略则默认为 2。此外，还增加了一个可选参数 no_switch，用于指定折旧值大于余额递减计算值时，是否转用直线折旧法。若 no_switch 为 TRUE，即使折旧值大于余额递减计算值，也不转用直线折旧法；若为 FALSE 或被忽略，则将转用直线折旧法。

沿用编号 SC0203 资产的数据新建该固定资产运用 VDB 函数计算每年折旧额的表格（如图 5-24 所示），用于和 DDB 函数计算的结果进行数据对比。

| | F | G | H | I | J |
|---|---|---|---|---|---|
| 25 | | | | | |
| 26 | | 资产编号 | SC0203 | 折旧方法 | 双倍余额递减法VDB |
| 27 | | 资产原值 | 400000 | 购置日期 | 2016-10-8 |
| 28 | | 残值 | 20000 | 折旧年限 | 10 |
| 29 | | 年份 | 年折旧额 | 累计折旧 | 账面净值 |
| 30 | | 1 | | | |
| 31 | | 2 | | | |
| 32 | | 3 | | | |
| 33 | | 4 | | | |
| 34 | | 5 | | | |
| 35 | | 6 | | | |
| 36 | | 7 | | | |
| 37 | | 8 | | | |
| 38 | | 9 | | | |
| 39 | | 10 | | | |

图 5-24 VDB 函数计提每年折旧额表格

选择 H30 单元格，插入 VDB 函数，同 DDB 参数设置的思路一样，原值、残值和预计可使用年限，均为绝对引用；第一个年度的“start_period”为 0，“end_period”为 1，输入结果如图 5-25 所示。

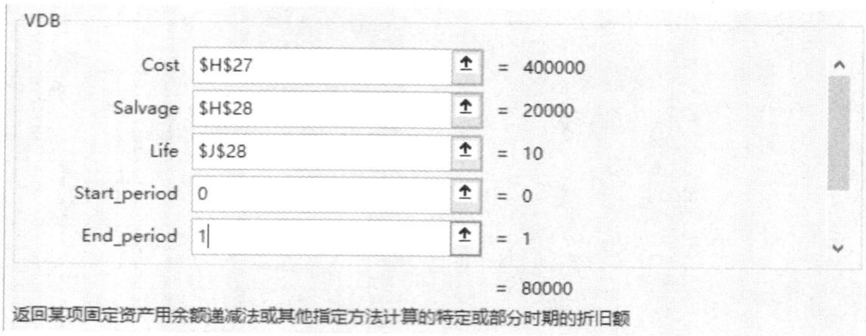


图 5-25　用 VDB 函数计算双倍余额递减法

但是，这样的公式拖动会使得后面的每期数据都是从第 0 个年度开始，结束于第 1 个年度。所以，选择 H31 单元格，同样插入 VDB 函数，原值、残值、使用年限的值不变，但“start_period”的值录入为 G30 单元格，“end_period”的值录入为 G31 单元格，且均为相对引用，拖动该公式至 H39 单元格。

“累计折旧”方面，除了可以按照前面的方法进行计算，还能用 VDB 函数实现。选择 I30 单元格，插入 VDB 函数，原值、残值、使用年限不变，“start_period”的值录入为 0，“end_period”的值录入为 G30 单元格，即表示返回至 G30 单元格年度为止的累计折旧值；并拖动公式至 I39 单元格。“账面净值”列计算公式同前，J30 单元格输入“=$H$27–I30”，并拖动至 J39 单元格。最终结果如图 5-26 所示。

| | F | G | H | I | J |
|---|---|---|---|---|---|
| 25 | | | | | |
| 26 | | 资产编号 | SC0203 | 折旧方法 | 双倍余额递减法VDB |
| 27 | | 资产原值 | 400000 | 购置日期 | 2016-10-8 |
| 28 | | 残值 | 20000 | 折旧年限 | 10 |
| 29 | | 年份 | 年折旧额 | 累计折旧 | 账面净值 |
| 30 | | 1 | ¥80,000.00 | ¥80,000.00 | ¥320,000.00 |
| 31 | | 2 | ¥64,000.00 | ¥144,000.00 | ¥256,000.00 |
| 32 | | 3 | ¥51,200.00 | ¥195,200.00 | ¥204,800.00 |
| 33 | | 4 | ¥40,960.00 | ¥236,160.00 | ¥163,840.00 |
| 34 | | 5 | ¥32,768.00 | ¥268,928.00 | ¥131,072.00 |
| 35 | | 6 | ¥26,214.40 | ¥295,142.40 | ¥104,857.60 |
| 36 | | 7 | ¥21,214.40 | ¥316,356.80 | ¥83,643.20 |
| 37 | | 8 | ¥21,214.40 | ¥337,571.20 | ¥62,428.80 |
| 38 | | 9 | ¥21,214.40 | ¥358,785.60 | ¥41,214.40 |
| 39 | | 10 | ¥21,214.40 | ¥380,000.00 | ¥20,000.00 |

图 5-26　VDB 函数每年折旧计提数

在图 5-26 中，我们发现最后 4 年的折旧金额相等，均为 21214.40。这是因为当用直线法计算剩余年限的折旧额大于加速折旧法计算的折旧额时，VDB 函数将其转换成了直线法进行运算。由图 5-23 和图 5-26 的数据可知，变化拐点就在第 7 个年度。我们来试着计算一下，首先来看第 6 个年度，按照 DDB 函数（图 5-23 中 C35 单元格的值）和 VDB 函数（图 5-26 中 H35 单元格的值）计算的双倍余额递减值均为 26214.4，而按年限平均法计算的折旧额=（400000–20000–前期累计折旧 268928）/预计剩余 5 年=22214.4；此时，双倍余额递减值还大于年限平均法计算的值。但是，到了第 7 个年度，按照 DDB 函数计算的双倍余额递减值为 20971.52（图 5-23 中 C36 单元格的值），而按年限平均法计算的余额递减=（400000–20000–前期累计折旧 295142.4）/预计剩余 4 年=21214.4（图 5-26 中 H36 单元格的值）。可见，从第 7 个年度起，双倍余额递减值小于年限平均法计算的值，所以从加速折旧的角度考虑，应采用折旧额较大的值，于是第 7 个年度出现了拐点，VDB 函数开始采用直线法进行折旧计算。

如果想要用 VDB 函数实现和图 5-23 一样的效果，只需修改公式中的相关参数。选择 H31 单元格，插入 VDB 函数，下拉弹出的 VDB 函数右侧滚动条，将 no_switch 参数设置成 1（如图 5-27 所示），并重新拖动该公式至 H39 单元格即可。

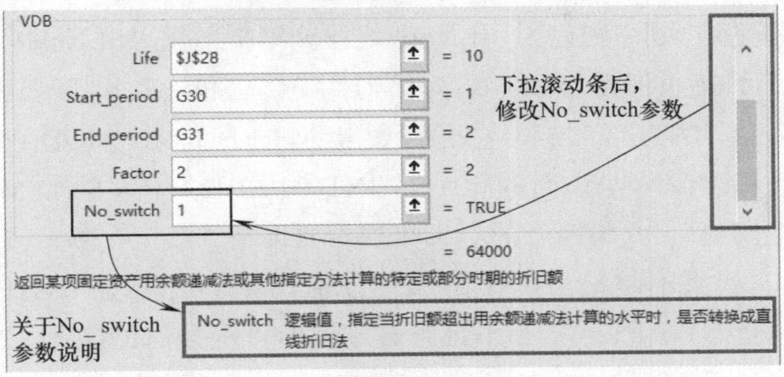


图 5-27 VDB 函数不转为直线法参数设置

同样，因为双倍余额递减法计算的折旧年度不同于会计年度，是从开始计提折旧月的连续 12 个月；所以，Q4 单元格中的长公式需要将已计提折旧月份分成可取整年份数 INT(P4/12)和不可取整的月份数 MOD(P4,12)分别计算折旧额，其中“VDB(M4,N4,K4,0,INT(P4/12))”用于计算截止到 INT(P4/12)年的累计折旧，“DDB(M4,N4,K4,INT(P4/12)+1)/12*MOD(P4,12)”用于计算“INT(P4/12)+1”年对应的月份折旧数。

本案例中，编号 SC0203 的资产已计提折旧 36 个月，对应 INT(36/12)年 MOD(36, 12)个月，刚好是 3 年，所以，已计提折旧金额=I32 单元格的值=VDB(原值,残值,预计可使用年限,0,INT(36/12))=195200，即“固定资产台账表”中 Q9 单元格的值。但如果到了下个月，该固定资产已计提折旧就变成了 37 个月，对应 INT(37/12)年 MOD(37, 12)个月，即 3 年 1 个月，所以此时已计提折旧金额=I32 单元格的值+H33 单元格的值/12*MOD(37, 12)=195200（前文已展开，此处省略公式）+DDB(原值,残值,预计可使用年限,INT(25/12)+1)/12*MOD(25,12)=195200+40960/12×1=198613.33，也就是我们看到的“固定资产台账表”中 S9 单元格的值。

**小提示**

**关于“双倍余额递减法”的说明**

Excel 中预设的 DDB 函数和 VDB 函数计算的双倍余额递减法折旧额与我国的会计准则并不完全匹配，按照我国会计准则对双倍余额递减法的定义可知，固定资产使用的最后两年，应改用年限平均法，即将倒数第二年初的固定资产账面净值扣除预计净残值后的余额在这两年内平均摊销。所以，用双倍余额递减法计提固定资产折旧时，需用 IF 函数判定是否为最后两年，若为最后两年则应采用直线法计提折旧。

已知该编号为 SC0203 的固定资产折旧年限为 10 年，现假定已计提折旧月份数为 100 个月，那么此时就应先计算出截止到倒数第二年的累计折旧，即“VDB(原值,残值,预计可使用年限,0,预计可使用年限-2,2,TRUE)”；然后，已计提折旧金额=截止到倒数第二年的累计折旧+(原值–截止到倒数第二年的累计折旧–残值)/2 年/12 月×(已计提折旧月份数–(预计可使用年限–2)×12)=332891.14+（400000–332891.14–20000）/2/12×(100–(10–2)×12)=332891.14+7851.48=340742.62。

再来看 Q4 单元格那串很长的公式，该公式分解步骤如图 5–28 所示。

如果为“年限平均法”，则运用 SLN 函数计算年折旧额“SLN(M4,N4,K4)”，再除以 12 个月，并乘以已计提折旧月份数 P4。如果为“年数总和法”，则需要将已计提折旧月份数分拆成整数年度 INT(P4/12)和不足整数年度的月份数 MOD(P4,12)，分别计算“SYD(M4,N4,K4,K4)*(2*K4–INT(P4/12)+1)*INT(P4/12)/2”和“SYD(M4,N4,K4,INT(P4/12)+1)/12*MOD(P4,12)”，并将两者的结果相加。如果是“双倍余额递减法”，首先要判断是否为最后两年，如果不是最后两年，那就分别计算整数年度 INT(P4/12)的累计折旧“VDB(M4,N4,K4,0,INT(P4/12))”和不足整数年度的月份数 MOD(P4,12)对应的折旧金额“DDB(M4,N4,K4,INT(P4 /12)+1)/12*MOD(P4,12)”,并将两者相加；如果是最后两年，则应将其截止到倒数第二年的累计折旧值“VDB(M4,N4,K4,0,K4–2,2,TRUE)”计算出来，再据此计算最后两年直线法下每月折旧额“(M4–VDB(M4,N4,K4,0,K4–2,2,TRUE)–N4)/2/12”，并乘以对应的月份数“(P4–(K4–2)*12)”，最后将两者结果相加。

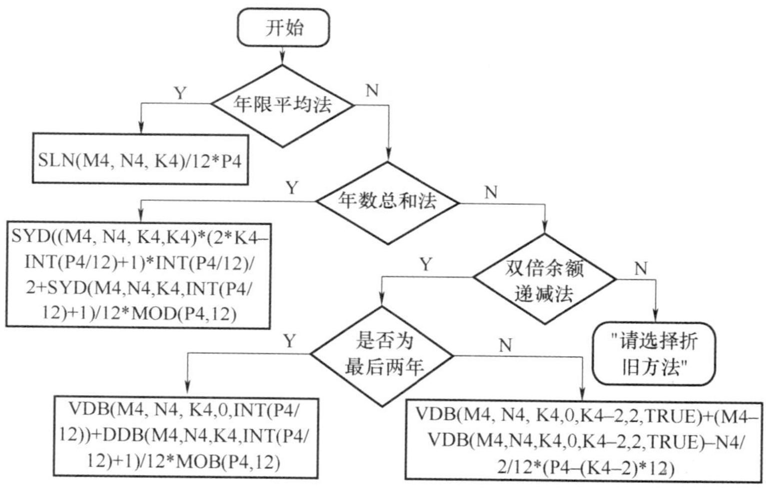


图 5–28 “已计提折旧金额”公式分解流程图

### 2. 计算“本月应提折旧”

选择 R4 单元格，输入公式“=IF(OR(P4=K4*12,AND(MONTH($B$2)=MONTH($J4),YEAR($B$2)=YEAR($J4))),0,IF(O4="年限平均法",SLN(M4,N4,K4)/12,(IF(O4="年数总和法",SYD(M4,N4,K4,INT(P4/12)+1)/12,IF(O4="双倍余额递减法",(IF(P4<(K4–2)*12,DDB(M4,N4,K4,INT(P4/12)+1)/12,(M4–VDB(M4,N4,K4,0,K4–2,2,TRUE)–N4)/2/12)),"请选择折旧方法")))))”。同样，公式长是因为 IF 函数不同情况下返回不同值，分解步骤如图 5–29 所示。

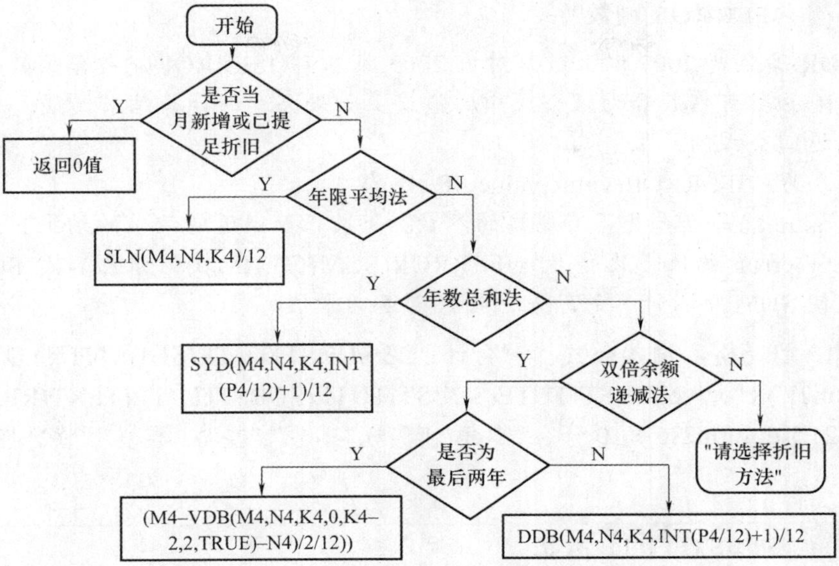


图 5-29　“本月应提折旧金额”公式分解流程图

### 3. 生成固定资产计提折旧的记账凭证

新建“记账凭证”工作表，设置相关格式后，录入总账科目“管理费用”“销售费用”“制造费用”“累计折旧”（随着企业日后租赁业务的展开，可在“累计折旧”上增设“其他业务成本”），如图 5-30 所示。

| | A | B | C | D | E | F | G | H | I | J |
|---|---|---|---|---|---|---|---|---|---|---|
| 1 | | | | | 记账凭证 | | | | | |
| 2 | | | | | | 日期： | | | | |
| 3 | 凭证号： | | | | | | | 附件： | | 张 |
| 4 | 摘要 | | 会计科目 | | | | 借方金额 | | 贷方金额 | |
| 5 | | | 总账科目 | | 明细科目 | | | | | |
| 6 | 计提本月折旧 | | 管理费用 | | | | | | | |
| 7 | | | 销售费用 | | | | | | | |
| 8 | | | 制造费用 | | | | | | | |
| 9 | | | 累计折旧 | | | | | | | |
| 10 | | | | | | | | | | |
| 11 | | | | | | | | | | |
| 12 | | | | | | | | | | |
| 13 | | | | | | | | | | |
| 14 | 会计主管： | | | 记账： | | 复核： | | 制单： | | |

图 5-30　记账凭证格式设置

选择 G6 单元格，输入公式“=SUMIF(固定资产台账表!$U:$U,C6,固定资产台账表!$R:$R)”，并将此公式复制到“销售费用”和“制造费用”的借方金额中；选择 G12 单元格，完成借方金额的汇总计算，输入公式“=IFERROR(SUM(G6:H8),0)”。

选择 I9 单元格，计算本月“累计折旧”，输入公式“=SUM(固定资产台账表!R:R)”，也就是返回固定资产台账表中本月应提折旧总金额。选择 I12 单元格，输入公式“=IFERROR(I9,0)”，并检查该值是否与 G12 单元格相等。

### 小技巧 5-7　IFERROR 函数

IFERROR 函数是 2007 以上版本对原 2003 版本 IF(ISERROR())嵌套函数的优化。使用 IFERROR 函数可捕获和处理公式中的错误：如果公式的计算结果错误，则返回指定的值；否则返回公式的结果。

语法格式为：IFERROR(value,value_if_error)

其中：value 就是检查是否有错误的参数，如果正确则返回该值的结果；如果错误则返回 value_if_error 的值。此处，“=IFERROR(SUM(G6:H8),0)”如果参数 SUM(G6:H8)正确，即返回 SUM 函数计算的结果，错误则返回零值。

选择 B12 单元格，输入公式“="合计："&SUBSTITUTE(SUBSTITUTE(TEXT(INT(I12),"[dbnum2]")&"元"&SUBSTITUTE(SUBSTITUTE(SUBSTITUTE(TEXT(RIGHT(TEXT(I12,".00"),2),"[dbnum2]0 角 0 分"),"零角","零"),"零分","整"),"零整","整"),"零元零",),"零元",)”。

### 小技巧 5-8　SUBSTITUTE 函数

SUBSTITUTE 函数用于将文本字符串中的旧文本替换成新文本。

语法格式为：SUBSTITUTE(text,old_text,new_text,[instance_num])

其中：text 为需要替换其中字符的文本或对含有文本的单元格的引用；instance_num 为一数值，用来指定以 new_text 替换第几次出现的 old_text，如果缺省则将用 new_text 替换 text 中出现的所有 old_text。

截取本例中的一段公式“SUBSTITUTE(TEXT(RIGHT(TEXT(I12,".00"),2),"[dbnum2]0 角 0 分"),"零角","零")”，按从内往外的执行顺序，首先将 I12 单元格的内容通过 TEXT 函数将数字调整为两位小数；再用 RIGHT 函数从右往左取两位，也就是取这两位小数；再用 TEXT 函数将其转换成中文“几角几分”的格式；最后用 SUBSTITUTE 函数将所有的“零角”替换成更符合会计读数方法的“零”，即当“角”位数值为零值时，可省略单位“角”。这串公式看起来很长，其实就是将所有不同读法下的位数读法修正成更符合中文的读数法。按照同样的思路，请试着读下其余的几段 SUBSTITUTE 函数。

### 小技巧 5-9　[dbnum2]格式函数

[dbnum2]是格式函数，表示将数字转换成中文大写的格式。同样，[dbnum1]也是格式函数，表示将数字转换成中文小写的格式；[dbnum3]表示转换成全角数字。

此外，将阿拉伯数字转换成中文大写金额也可以不用 SUBSTITUTE 替换函数。例如，输入公式“="合计："&TEXT(INT(I12),"[dbnum2]G/通用格式元;;;")&IF(AND((INT(I12)<>0),(RIGHT(INT(I12*10),1)="0"),(RIGHT(INT(I12*100),1)<>"0")),"零",)&TEXT(RIGHT(INT(I12*10),1),"[dbnum2]#角;;;")&TEXT(RIGHT(INT(ROUND(I12,2)*100),1),"[dbnum2]#分;;整;")”，可以实现一样的功能。

需要说明的是，“G/通用格式”后的三个分号“;;;”其实是“正数；负数；零；”的格式说明，如果均为空白，则表示不加任何修改。此处，“TEXT(INT(I12),"[dbnum2]G/

通用格式元;;;")”是指将 I12 单元格的内容取整，且当该数为正数时，将其转换成中文大写形式，并在后方增加“元”字，而当该值为负数或零值时不需做任何修改。

三个连接符“&”分别连接元角分的会计读法，又因为折旧的记账凭证金额不会出现负数，所以第二个分号（负数）前面的格式定义均为空；连接的最后一段 TEXT 函数中可能存在零值需要加“整”字的读法。

有兴趣的同学也可以试着写其他的公式。该月的累计折旧记账凭证完成结果如图 5-31 所示，其他部分请自行补充。

| | A | B | C | D | E | F | G | H | I | J |
|---|---|---|---|---|---|---|---|---|---|---|
| 1 | 记账凭证 | | | | | | | | | |
| 2 | 日期： | | | | | | | | | |
| 3 | 凭证号： | | | | | | | 附件： | | 张 |
| 4 | 摘要 | | 会计科目 | | | | 借方金额 | | 贷方金额 | |
| 5 | | | 总账科目 | | 明细科目 | | | | | |
| 6 | 计提本月折旧 | | 管理费用 | | | | 17848.78 | | | |
| 7 | | | 销售费用 | | | | 6614.33 | | | |
| 8 | | | 制造费用 | | | | 29143.22 | | | |
| 9 | | | 累计折旧 | | | | | | 53606.33 | |
| 10 | | | | | | | | | | |
| 11 | | | | | | | | | | |
| 12 | | 合计：伍万叁仟陆佰零陆元叁角叁分 | | | | | 53606.33 | | 53606.33 | |
| 13 | | | | | | | | | | |
| 14 | 会计主管： | | | 记账： | | 复核： | | 制单： | | |

图 5-31　生成当月固定资产计提折旧的记账凭证

## 4. 计算“累计折旧”和“账面净值”

在“固定资产台账表”工作表中，选择 S4 单元格，输入公式“=Q4+R4”，并将公式复制到 S 列以下的单元格中，得到累计折旧的总金额；选择 T4 单元格，输入公式“=IF(AND(R4=0,S4<>0),"残值"&(M4-S4),M4-S4)”，即如果本月应提折旧为零且累计折旧金额不为零，则表示该固定资产已提足折旧，账面净值为残值；将公式复制到 T 列以下的单元格中。完成后台账的折旧部分如图 5-32 所示。

| | K | L | M | N | O | P | Q | R | S | T | U |
|---|---|---|---|---|---|---|---|---|---|---|---|
| 3 | 折旧年限 | 到期日期 | 资产原值 | 残值 | 折旧方法 | 已计提月份 | 已计提折旧金额 | 本月应提折旧 | 累计折旧 | 账面净值 | 折旧费用类别 |
| 4 | 20 | 2034-5-1 | 3600000 | 180000.00 | 平均年限法 | 65 | 926250.00 | 14250.00 | 940500.00 | 2659500.00 | 管理费用 |
| 5 | 20 | 2034-6-18 | 1150000 | 57500.00 | 平均年限法 | 64 | 291333.33 | 4552.08 | 295885.42 | 854114.58 | 制造费用 |
| 6 | 20 | 2035-3-26 | 800000 | 40000.00 | 平均年限法 | 55 | 174166.67 | 3166.67 | 177333.33 | 622666.67 | 制造费用 |
| 7 | 4 | 2020-10-8 | 300000 | 12000.00 | 平均年限法 | 36 | 216000.00 | 6000.00 | 222000.00 | 78000.00 | 销售费用 |
| 8 | 4 | 2021-3-1 | 160000 | 6400.00 | 平均年限法 | 31 | 99200.00 | 3200.00 | 102400.00 | 57600.00 | 管理费用 |
| 9 | 10 | 2026-10-8 | 400000 | 20000.00 | 双倍余额递减法 | 36 | 195200.00 | 3413.33 | 198613.33 | 201386.67 | 制造费用 |
| 10 | 10 | 2024-9-27 | 650000 | 32500.00 | 平均年限法 | 61 | 313895.83 | 5145.83 | 319041.67 | 330958.33 | 制造费用 |
| 11 | 10 | 2025-3-6 | 456000 | 22800.00 | 平均年限法 | 55 | 198550.00 | 3610.00 | 202160.00 | 253840.00 | 制造费用 |
| 12 | 10 | 2025-9-27 | 660000 | 33000.00 | 平均年限法 | 49 | 256025.00 | 5225.00 | 261250.00 | 398750.00 | 制造费用 |
| 13 | 10 | 2026-10-8 | 400000 | 20000.00 | 年数总和法 | 36 | 186545.45 | 4030.30 | 190575.76 | 209424.24 | 制造费用 |
| 14 | 3 | 2020-6-15 | 3000 | 90.00 | 平均年限法 | 28 | 2263.33 | 80.83 | 2344.17 | 655.83 | 销售费用 |
| 15 | 3 | 2019-12-19 | 6000 | 180.00 | 平均年限法 | 34 | 5496.67 | 161.67 | 5658.33 | 341.67 | 管理费用 |
| 16 | 3 | 2019-3-21 | 6000 | 180.00 | 平均年限法 | 36 | 5820.00 | 0.00 | 5820.00 | 残值180 | 管理费用 |
| 17 | 3 | 2019-7-1 | 6000 | 180.00 | 平均年限法 | 36 | 5820.00 | 0.00 | 5820.00 | 残值180 | 管理费用 |
| 18 | 3 | 2020-3-21 | 9900 | 297.00 | 平均年限法 | 31 | 8269.25 | 266.75 | 8536.00 | 1364.00 | 销售费用 |
| 19 | 3 | 2020-3-21 | 9900 | 297.00 | 平均年限法 | 31 | 8269.25 | 266.75 | 8536.00 | 1364.00 | 销售费用 |
| 20 | 3 | 2019-3-21 | 8800 | 264.00 | 平均年限法 | 36 | 8536.00 | 0.00 | 8536.00 | 残值264 | 管理费用 |
| 21 | 3 | 2020-3-21 | 8800 | 264.00 | 平均年限法 | 31 | 7350.44 | 237.11 | 7587.56 | 1212.44 | 管理费用 |

图 5-32　完成折旧计提后的固定资产台账表

对于账面净值显示有“残值”的固定资产，将其使用状况调整为“已提足折旧”。显然，第 16 行“GL0301”的固定资产、第 17 行“GL0104”的固定资产、第 20 行“GL0105”的固定资产使用状况应调整为“已提足折旧”（此处由于篇幅原因未截图，请自行修改）。

**小提示**

**保护此工作表！**

为防止有关数据项目及不需要直接输入数据的单元格公式被改动，防止产生不必要的错误，要记得为工作表添加保护！选择允许直接输入数据的单元格区域，把单元格“锁定”属性取消，然后保护工作表。

# 任务三　固定资产卡片的编制

固定资产卡片是按照每一独立的固定资产项目设置的，对于新增每一项固定资产，企业都应根据有关凭证为其建立一张卡片，详细列明固定资产名称、规格型号、原值、残值等情况，在固定资产使用过程中所发生的改扩建或技术改造以及内部转移、停止使用等情况都应在固定资产卡片中做相应的记录，固定资产投资转出、出售或报废清理时，应根据有关凭证将卡片注销，另行保管。

## 一、设置固定资产卡片样式

打开“固定资产管理”工作簿，新建 Sheet 并将其命名为“固定资产卡片”。根据“固定资产台账表”中的各项基本信息设置固定资产卡片内容，效果如图 5-33 所示。

| | A | B | C | D | E | F |
|---|---|---|---|---|---|---|
| 1 | 固定资产管理卡片 | | | | | |
| 2 | 卡片编号 | | | | 登记日期 | |
| 3 | 资产编号 | | 资产名称 | | 规格型号 | |
| 4 | 计量单位 | | 资产类别 | | 使用部门 | |
| 5 | 增加方式 | | 使用状况 | | 折旧费用类别 | |
| 6 | 购置日期 | | 折旧年限 | | 到期日期 | |
| 7 | 资产原值 | | 残值 | | 折旧方法 | |

图 5-33　固定资产卡片样式

## 二、设置固定资产卡片取数公式

选择 D3 单元格，输入公式“=INDEX(固定资产台账表!$B:$B,MATCH($B$3,固定资产台账表!$A:$A,0))”，完成通过“资产编号”查找并返回对应“资产名称”的功能；并根据“固定资产台账表”中的相关列信息完善该卡片。

**小技巧 5-10　INDEX 函数**

INDEX 函数可以返回表格或区域中的值或值的引用，具体又可分为两种形式：

1．数组形式

语法格式为：INDEX(array,row_num,[column_num])

其中：array 表示单元格区域或数组常量；row_num 表示选择数组中的某行，函数从该行返回数值；column_num 表示选择数组中的某列，函数从该列返回数值。如果省略 row_num，则必须有 column_num；如果同时使用参数 row_num 和 column_num，函数返回两者交叉处的单元格中的值；如果将 row_num 或 column_num 设置为零，函数则分别返回整个列或行的数组数值。

2．引用形式

语法格式为：INDEX(reference,row_num,[column_num],[area_num])

其中：reference 是对一个或多个单元格区域的引用；如果引用一个不连续的区域，必须将其用括号括起来。row_num 表示引用中某行的行号，函数从该行返回一个引用；column_num 表示引用中某列的列标，函数从该列返回一个引用；area_num 用于选择引用中的一个区域，从中返回 row_num 和 column_num 的交叉区域。

了解函数的意思后，我们可以看出“INDEX(固定资产台账表!$B:$B,MATCH($B$3,固定资产台账表!$A:$A,0))”中，INDEX 函数是在“固定资产台账表”的 B 列中查找 MATCH 函数返回的值。而 MATCH 函数匹配的是“固定资产卡片”工作表中，“资产编号”（B3 单元格绝对引用的值）输入的值在“固定资产台账表”A 列中对应的行号。据此，INDEX 函数即可返回“固定资产台账表”B 列中该行对应的值。因为，MATCH 函数可以根据 B3 单元格录入值的变动自动返回其对应的行号，所以在编制固定资产卡片时，只需修改每项固定资产的列信息即可。例如，“规格型号”信息在“固定资产台账表”中对应的是 C 列，那么 F3 单元格的公式为“=INDEX(固定资产台账表!$C:$C,MATCH($B$3,固定资产台账表!$A:$A,0))”。

此外，若用之前学过的 VLOOKUP 查找函数也能实现同样的功能。例如，对于单元格 D3 来说，输入公式“=VLOOKUP($B3,固定资产台账表!$A:$U,2,0)”即可。对于其他数据公式而言，VLOOKUP 要查找的值 lookup_value 都是“$B3”；查找的范围 table_array 都是“固定资产台账表!$A:$U”；查找方式 range_lookup 都是精确匹配（零值或 FALSE）。唯一不同的是 col_index_num，即每项要返回的信息在“固定资产台账表”中，相对于 A 列“资产编号”的匹配列序号不同。例如，“规格型号”信息在“固定资产台账表”中对应的是 C 列，是从 A 列算起的第 3 列，所以 col_index_num 列数为 3；“计量单位”信息在固定资产台账表中对应的是 D 列，是从 A 列算起的第 4 列，所以 col_index_num 列数为 4；以此类推。

具体来看下该例中已知数据的取数公式对比，见表 5-2。

**表 5-2　固定资产卡片取数公式对比表**

| 单元格 | INDEX+MATCH 取数公式 | VLOOKUP 取数公式 |
|---|---|---|
| D3 | =INDEX(固定资产台账表!$B:$B,MATCH($B$3,固定资产台账表!$A:$A,0)) | =VLOOKUP($B$3,固定资产台账表!$A:$U,2,0) |
| F3 | =INDEX(固定资产台账表!$C:$C,MATCH($B$3,固定资产台账表!$A:$A,0)) | =VLOOKUP($B$3,固定资产台账表!$A:$U,3,0) |
| B4 | =INDEX(固定资产台账表!$D:$D,MATCH($B$3,固定资产台账表!$A:$A,0)) | =VLOOKUP($B$3,固定资产台账表!$A:$U,4,0) |

（续）

| 单　元　格 | INDEX+MATCH 取数公式 | VLOOKUP 取数公式 |
|---|---|---|
| D4 | =INDEX(固定资产台账表!$E:$E,MATCH($B$3,固定资产台账表!$A:$A,0)) | =VLOOKUP($B$3,固定资产台账表!$A:$U,5,0) |
| F4 | =INDEX(固定资产台账表!$F:$F,MATCH($B$3,固定资产台账表!$A:$A,0)) | =VLOOKUP($B$3,固定资产台账表!$A:$U,6,0) |
| B5 | =INDEX(固定资产台账表!$G:$G,MATCH($B$3,固定资产台账表!$A:$A,0)) | =VLOOKUP($B$3,固定资产台账表!$A:$U,7,0) |
| D5 | =INDEX(固定资产台账表!$I:$I,MATCH($B$3,固定资产台账表!$A:$A,0)) | =VLOOKUP($B$3,固定资产台账表!$A:$U,9,0) |
| F5 | =INDEX(固定资产台账表!$U:$U,MATCH($B$3,固定资产台账表!$A:$A,0)) | =VLOOKUP($B$3,固定资产台账表!$A:$U,21,0) |
| B6 | =INDEX(固定资产台账表!$J:$J,MATCH($B$3,固定资产台账表!$A:$A,0)) | =VLOOKUP($B$3,固定资产台账表!$A:$U,10,0) |
| D6 | =INDEX(固定资产台账表!$K:$K,MATCH($B$3,固定资产台账表!$A:$A,0)) | =VLOOKUP($B$3,固定资产台账表!$A:$U,11,0) |
| F6 | =INDEX(固定资产台账表!$L:$L,MATCH($B$3,固定资产台账表!$A:$A,0)) | =VLOOKUP($B$3,固定资产台账表!$A:$U,12,0) |
| B7 | =INDEX(固定资产台账表!$M:$M,MATCH($B$3,固定资产台账表!$A:$A,0)) | =VLOOKUP($B$3,固定资产台账表!$A:$U,13,0) |
| D7 | =INDEX(固定资产台账表!$N:$N,MATCH($B$3,固定资产台账表!$A:$A,0)) | =VLOOKUP($B$3,固定资产台账表!$A:$U,14,0) |
| F7 | =INDEX(固定资产台账表!$O:$O,MATCH($B$3,固定资产台账表!$A:$A,0)) | =VLOOKUP($B$3,固定资产台账表!$A:$U,15,0) |

**小提示**

**OFFSET+MATCH 取数**

在该例中，运用 INDEX+MATCH 函数或 VLOOKUP 函数实现查找功能，都需要修改对应的参数。若觉得每项数据均需要手工匹配列数并修改相关参数的做法过于复杂，便可考虑运用项目二中学过 OFFSET+MATCH 函数的取数方法。

选择 D3 单元格，输入公式“=OFFSET(固定资产台账表!$A$3,MATCH($B$3,固定资产台账表!$A:$A,0)-3,MATCH(C3,固定资产台账表!$3:$3,0)-1)”；并复制该公式到所有需要填列的单元格中，即 B4:B7、D4:D7、F3:F7。

# 三、输入固定资产卡片数据

当 B3 单元格输入固定资产编号“FW0101”后，固定资产卡片相关信息如图 5-34。当然，随着实际情况的变化，也可调整固定资产卡片信息以及取数公式的相关参数。

|  | A | B | C | D | E | F |
|---|---|---|---|---|---|---|
| 1 | 固定资产管理卡片 | | | | | |
| 2 | 卡片编号 | | | | 登记日期 | |
| 3 | 资产编号 | FW0101 | 资产名称 | 办公楼 | 规格型号 | 10万平米 |
| 4 | 计量单位 | 栋 | 资产类别 | 房屋建筑物 | 使用部门 | 行政部 |
| 5 | 增加方式 | 自建 | 使用状况 | 正常使用 | 折旧费用类别 | 管理费用 |
| 6 | 购置日期 | 2014-5-1 | 折旧年限 | 20 | 到期日期 | 2034-5-1 |
| 7 | 资产原值 | 3600000 | 残值 | 180000 | 折旧方法 | 平均年限法 |

图 5-34　固定资产卡片数据读取结果

# 任务四 固定资产的调整管理

企业在实际运作中，通常会根据市场形势与企业发展，调整固定资产的状态（如新增、减少、调拨等），从而提高企业的经营利润。

## 一、固定资产新增

固定资产新增是指企业通过自建、新增投资、接受捐赠、直接购买或部门调拨等途径增加固定资产存量。对于新增加的固定资产，可以直接输入到“固定资产台账表”中，当然也可通过“记录单”进行录入。例如：万隆灯具有限公司2019年11月8日为财务部购入了一台价值9000元的联想笔记本电脑，采用直线法计提折旧。

### 1. 添加“记录单”命令按钮

执行“文件”→“选项”命令，会弹出的“Excel选项”对话框，在弹出的对话框左边选择“快速访问工具栏”；或者也可以直接从顶部的快速访问工具栏 的下拉菜单中选择“其他命令”，同样也会显示如图5-35所示的对话框。

图5-35 添加“记录单”的步骤

接着，在“从下列位置选择命令”的下拉列表框中选择“不在功能区中的命令”选项，按拼音顺序找到“记录单”选项，单击中间的“添加”按钮，“记录单”将会被添加到右侧的列表框中，单击“确定”按钮后，“记录单”就被添加到了顶部的快速访问工具栏中，如图 5-36 所示。

图 5-36 “记录单”添加到快速访问栏后的效果

## 2. 新增固定资产

在“固定资产台账表”中选中 A3:U21 区域单元格，单击顶部快速访问工具栏中新增的“记录单”按钮，在弹出的“记录单”对话框中，单击“新建”按钮，如图 5-37 所示；依次输入相关已知信息，单击“关闭”按钮后便可完成固定资产的新增业务，如图 5-38 所示；固定资产台账表中新增的信息内容如图 5-39 所示。

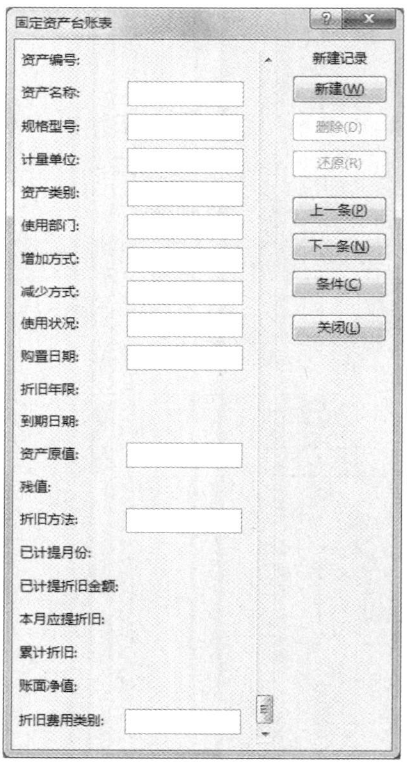


图 5-37 新建记录单

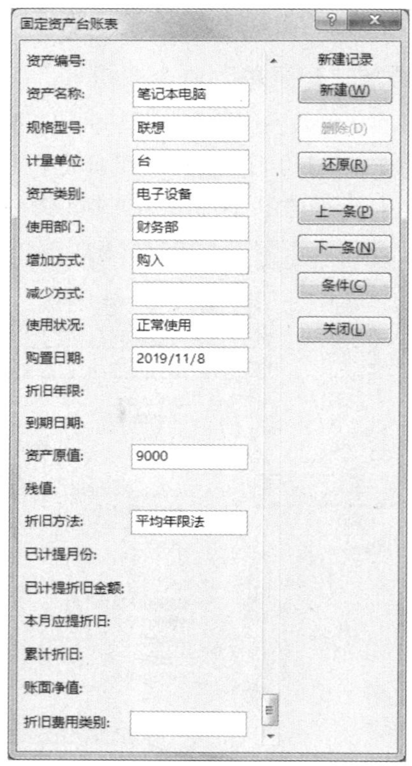


图 5-38 增加笔记本电脑相关信息

| | A | B | C | D | E | F | G | H | I | J | K | L | M | N | O | P | Q | R | S | T | U |
|---|---|---|---|---|---|---|---|---|---|---|---|---|---|---|---|---|---|---|---|---|---|
| 3 | 资产编号 | 资产名称 | 规格型 | 计量单 | 资产类别 | 使用部门 | 增加方 | 减少方 | 使用状况 | 购置日期 | 折旧年 | 到期日期 | 资产原值 | 残值 | 折旧方法 | 已计提月份 | 已计提折旧金额 | 本月应提折IF | 累计折旧 | 账面净值 | 折旧费用类别 |
| 22 | GL0303 | 笔记本电脑 | 联想 | 台 | 电子设备 | 财务部 | 购入 | | 正常使用 | 2019-11-8 | 3 | 2022-11-8 | 9000 | 270.00 | 平均年限法 | 0 | 0.00 | 0.00 | 0.00 | 9000.00 | 管理费用 |

图 5-39 “固定资产台账表”中新增信息图

## 二、固定资产的减少

在企业的运作过程中，当某项固定资产因非正常使用原因而导致提前报废或出售等情况时，需要变更其“使用状态”信息，并制定固定资产减损单。例如：公司为财务部购置新电脑的原因是该部门2019年11月1日一台编号为GL0302的台式电脑因主板烧毁而无法使用了，公司于当月将其作为二手电脑出售清理。

### 1．通过筛选查找特定的固定资产

打开“固定资产台账表”，选择第三行表头数据，执行“数据”→“排序和筛选”→“筛选”命令；单击“资产编号”下拉按钮，在搜索处直接录入要减少的固定资产编号，如图5-40所示；也可通过单击“文本筛选”→“自定义筛选”进行多重命令的查找，如图5-41所示。

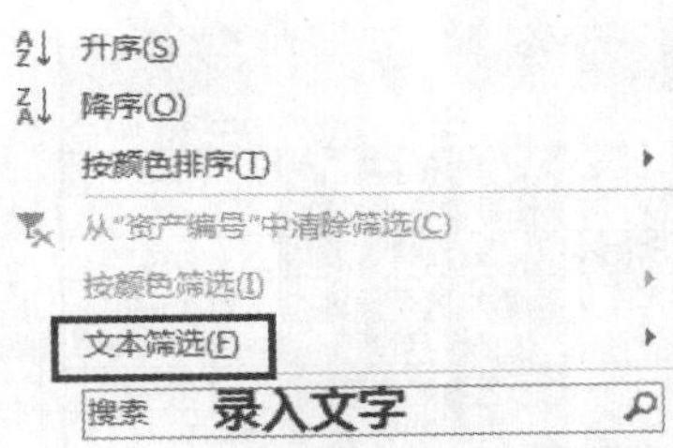


图5-40 搜索特定固定资产

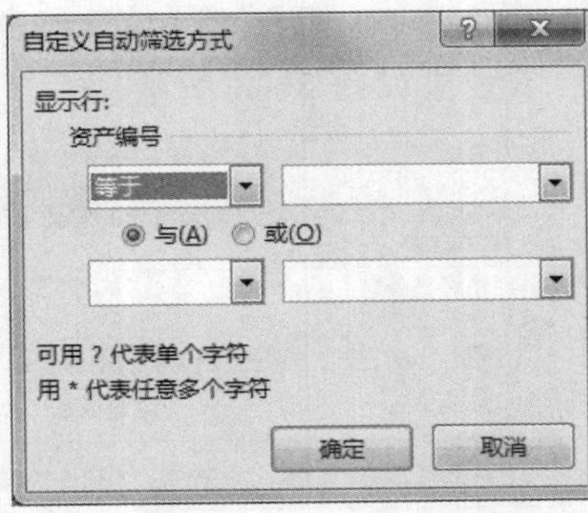


图5-41 自定义自动筛选方式

因为固定资产折旧当月减少，当月仍要折旧；所以，查找到固定资产后，变更其“减少方式”和“使用状况”即可，如图5-42所示。

| | A | B | C | D | E | F | G | H | I | J | K | L | M | N | O | P | Q | R | S | T | U |
|---|---|---|---|---|---|---|---|---|---|---|---|---|---|---|---|---|---|---|---|---|---|
| 3 | 资产编号 | 资产名称 | 规格型号 | 计量单位 | 资产类别 | 使用部门 | 增加方式 | 减少方式 | 使用状况 | 购置日期 | 折旧年限 | 到期日期 | 资产原值 | 残值 | 折旧方法 | 已计提月份 | 已计提折旧金额 | 本月应提折旧 | 累计折旧 | 账面净值 | 折旧费用类别 |
| 21 | GL0302 | 台式电脑 | 联想 | 台 | 电子设备 | 财务部 | 购入 | 出售 | 报废 | 2017-3-21 | 3 | 2020-3-21 | 8800 | 264.00 | 平均年限法 | 31 | 7350.44 | 237.11 | 7587.56 | 1212.44 | 管理费用 |

图5-42 减少固定资产GL0302

### 2．编制“固定资产减损单”

新建工作表，并将其重命名为“固定资产减损单”，设置样式如图5-43所示。

选择B2单元格，输入报废固定资产的编号“GL0302”，采用“固定资产卡片”查找“固定资产台账表”的方式返回相关信息。例如，“资产名称”对应的B3单元格可以输入公式“=INDEX(固定资产台账表!$B:$B,MATCH($B$2,固定资产台账表!$A:$A,0))”，当然也可采用VLOOKUP函数或OFFSET+MATCH函数返回相应的查找结果。同理完成B4:B5、D3:D5、F3:F5、F10。

| | A | B | C | D | E | F |
|---|---|---|---|---|---|---|
| 1 | 固定资产减损单 | | | | | |
| 2 | 资产编号： | | | | 日期： | |
| 3 | 资产名称 | | 购置日期 | | 使用年限 | |
| 4 | 规格型号 | | 数　量 | | 计提折旧月份数 | |
| 5 | 购入价格 | | 已提取折旧金额 | | 账面残值 | |
| 6 | 减损原因 | | | | 估计废品价值 | |
| 7 | | | | | 处理费用 | |
| 8 | 处理办法 | | | | 其他应收款 | |
| 9 | | | | | 实际损失额 | |
| 10 | 总经理 | | 财务核准 | | 设备管理部 | |
| 11 | 财务部负责人 | | 使用部门负责人 | | 设备使用人 | |

图 5-43　固定资产减损单

此外，“估计废品价值”“处理费用”“其他应收款”应根据实际情况输入；而“实际损失额”是固定资产清理科目结转而来的，此处默认正数为净损失，即“营业外支出”，所以红字时表示“营业外收入”。F9 单元格相关计算公式为“=B5-D5+F7-F6-F8”。返回部分信息后的效果如图 5-44 所示。

| | A | B | C | D | E | F |
|---|---|---|---|---|---|---|
| 1 | 固定资产减损单 | | | | | |
| 2 | 资产编号： | GL0302 | | | 日期： | 2019年11月1日 |
| 3 | 资产名称 | 台式电脑 | 购置日期 | 2017-3-21 | 使用年限 | 3 |
| 4 | 规格型号 | 联想 | 数　量 | 1 | 计提折旧月份数 | 31 |
| 5 | 购入价格 | ¥ 8,800.00 | 累计折旧 | ¥ 7,587.56 | 账面残值 | 264 |
| 6 | 减损原因 | 主板烧毁，报废 | | | 估计废品价值 | ¥100.00 |
| 7 | | | | | 处理费用 | ¥10.00 |
| 8 | 处理办法 | 出售，减损该项固定资产 | | | 其他应收款 | ¥0.00 |
| 9 | | | | | 实际损失额 | ¥1,122.44 |
| 10 | 总经理 | | 财务核准 | | 设备管理部 | 财务部 |
| 11 | 财务部负责人 | | 使用部门负责人 | | 设备使用人 | |

图 5-44　报废笔记本电脑的固定资产减损单

需要说明的是，次月月初需按上月固定资产减损单删除“固定资产台账表”中的原值、折旧等相关信息。

## 三、固定资产的变动

企业发展、内部调动都可能造成固定资产的变动，因此这一过程也是固定资产管理中很重要的一个方面。而且，该过程至少涉及两个部门，财务记录上会有一定的复杂性，所以为方便管理可制作固定资产变动单以作备查。例如：公司决定自 2019 年 11 月 8 日起，将资产编号 YS0102 的公务车从行政部调拨给销售部使用。

### 1. 通过筛选查找特定的固定资产

打开“固定资产台账表”，通过“筛选”方式查找到资产编号为 YS0102 的固定资产，在 2019 年 11 月的固定资产记录中，将该固定资产的“减少方式”改为“内部调拨”，如图 5-45 所示。

| | A | B | C | D | E | F | G | H | I | J | K | L | M | N | O | P |
|---|---|---|---|---|---|---|---|---|---|---|---|---|---|---|---|---|
| 3 | 资产编号 | 资产名 | 规格型号 | 计量单 | 资产类 | 使用部 | 增加方 | 减少方 | 使用状况 | 购置日期 | 折旧年 | 到期日期 | 资产原值 | 残值 | 折旧方法 | 已计提月份 |
| 8 | YS0102 | 公务车 | 别克 | 辆 | 运输设备 | 行政部 | 购入 | 内部调拨 | 正常使用 | 2017-3-1 | 4 | 2021-3-1 | 160000 | 6400.00 | 平均年限法 | 31 |

图 5-45　内部调拨减少固定资产

而在 2019 年 12 月时，复制该行固定资产数据，粘贴成新固定资产，并将“使用部门”调整成“销售部”，此时，“资产编号”自动变更成“YS0403”，如图 5-46 所示。并将该新增的固定资产的“增加方式”设为“内部调拨”，删除“减少方式”，调整“折旧费用类别”为“销售费用”。此外，因该固定资产 12 月时已调离原部门，所以“减少方式”后面的数据内容全部删除。

| | A | B | C | D | E | F | G | H | I | J | K | L | M | N | O | P | Q | R | S | T | U |
|---|---|---|---|---|---|---|---|---|---|---|---|---|---|---|---|---|---|---|---|---|---|
| 1 | 固定资产台账表 | | | | | | | | | | | | | | | | | | | | |
| 2 | 日期 | 2019-12-1 | | | | ❶12 月台账 | | | | | | | | | | | | | | | 单位：人民币元 |
| 3 | 资产编号 | 资产名 | 规格型号 | 计量单 | 资产类 | 使用部 | 增加方 | 减少方 | 使用状况 | 购置日期 | 折旧年 | 到期日期 | 资产原值 | 残值 | 折旧方法 | 已计提月份 | 已计提折旧金额 | 本月应提折旧 | 累计折旧 | 账面净值 | 折旧费用类别 |
| 8 | YS0102 | 公务车 | 别克 | 辆 | 运输设备 | 行政部 | 购入 | 内部调拨 | | | ❷剪切 YS0102 的数据到新部门，并修改相关属性 | | | | | | | | | | |
| 23 | YS0403 | 公务车 | 别克 | 辆 | 运输设备 | 销售部 | 内部调拨 | | 正常使用 | 2017-3-1 | 4 | 2021-3-1 | 160000 | 6400.00 | 平均年限法 | 32 | 102400.00 | 3200.00 | 105600.00 | 54400.00 | 销售费用 |

图 5-46　内部调拨增加固定资产

### 2. 建立“固定资产变动单”工作表

因为固定资产内部调拨通常至少涉及两个部门，而且在处理台账时需要跨月甚至跨年处理，所以为了能更显著地体现该项变动，公司还应考虑制作“固定资产变动单”以备后查。

新增工作表，并将其重命名为“固定资产变动单”，具体样式参见图 5-47；具体数据除手工输入外，查找返回功能可参考“固定资产卡片”以及“固定资产减损单”的 VLOOKUP 函数、INDEX+MATCH 函数或 OFFSET+MATCH 函数进行完善，此处不再赘述。

| | A | B | C | D | E | F | G |
|---|---|---|---|---|---|---|---|
| 1 | 固定资产变动单 | | | | | | |
| 2 | 资产编号： | | | | | 日期： | |
| 3 | 资产名称 | | | 规格型号 | | 资产类别 | |
| 4 | 资产原值 | | | 残　值 | | 折旧方法 | |
| 5 | 购置日期 | | | 已折旧金额 | | 本月应提折旧 | |
| 6 | 使用年限 | | | 已使用月份 | | 尚可使用月份 | |
| 7 | 使用部门 | 移出 | | 备　注 | | | |
| 8 | | 移入 | | | | | |
| 9 | 附属设备 | | | | | | |
| 10 | 备　注 | | | | | | |
| 11 | 移入部门负责人 | | | | 移出部门负责人 | | |
| 12 | 财产管理部负责人 | | | | 使用部门负责人 | | |

图 5-47　固定资产变动单

# 任务五　固定资产分析

通过前面所述的操作处理，万隆灯具有限公司已建立了基本的固定资产数据库，并能按月对固定资产进行折旧处理。然而，对于财务人员李燕来说，除了要按指定条件查找固定资产外，还需要利用图表对各部门固定资产的情况进行分析，以进一步了解各项固定资产的使用情况与折旧费用。

## 一、新建"图表分析"工作表

复制"基础信息表"中相关数据，构建相关汇总表如图5-48所示。

按折旧科目汇总

| 折旧科目 | 本月折旧额 | 本月末账面净值 |
|---|---|---|
| 制造费用 | | |
| 管理费用 | | |
| 销售费用 | | |
| 其他业务成本 | | |

按使用部门汇总

| 使用部门 | 本月折旧额 | 本月末账面净值 |
|---|---|---|
| 行政部 | | |
| 生产车间 | | |
| 财务部 | | |
| 销售部 | | |
| 研发部 | | |
| 采购部 | | |

图5-48　汇总表格样式

## 二、计算折旧数据

选择C3单元格，输入公式"=SUMIF(固定资产台账表!$U:$U,B3,固定资产台账表!$R:$R)"，并将其拖动到C列以下的单元格中；选择D3单元格，输入公式"=SUMIF(固定资产台账表!$U:$U,B3,固定资产台账表!$M:$M)-SUMIF(固定资产台账表!$U:$U,B3,固定资产台账表!$S:$S)"，同样拖动到D列以下的单元格中。

**小提示**

**字符串不参与加减运算！**

C列计算本月末账面净值时，使用了"=原值-累计折旧"的公式。因为前文设置"账面净值"时，已提足折旧的会在账面净值的数值前面显示"残值"两个字，方便了解固定资产的使用状态。若C3单元格使用公式"=SUMIF(固定资产台账表!$U:$U,B3,固定资产台账表!$T:$T)，含有"残值"的单元格因为是包含字符串的数据，并不会参与值的加减计算，所以会得出错误的结果。下文H列的公式原理亦是如此。

选择G3单元格，输入公式"=SUMIF(固定资产台账表!$F:$F,F3,固定资产台账表!$R:$R)"，并将其拖动到G列以下单元格中；选择H3单元格，输入公式"=SUMIF(固定资产台账表!$F:$F,F3,固定资产台账表!$M:$M)-SUMIF(固定资产台账表!$F:$F,F3,固定资产台账表!$S:$S)"，并将其拖动到H列以下单元格中。取数后效果如图5-49所示。

按折旧科目汇总

| 折旧科目 | 本月折旧额 | 本月末账面净值 |
|---|---|---|
| 制造费用 | 29143.22 | 2871140.49 |
| 管理费用 | 17848.78 | 2728278.11 |
| 销售费用 | 6614.33 | 81383.83 |
| 其他业务成本 | 0.00 | 0.00 |

按使用部门汇总

| 使用部门 | 本月折旧额 | 本月末账面净值 |
|---|---|---|
| 行政部 | 17611.67 | 2717885.67 |
| 生产车间 | 29143.22 | 2871140.49 |
| 财务部 | 237.11 | 10392.44 |
| 销售部 | 347.58 | 2019.83 |
| 研发部 | 0.00 | 0.00 |
| 采购部 | 6266.75 | 79364.00 |

图5-49　汇总表格输入数据后效果图

## 三、画图分析数据

### 1. 生成"分析折旧费用"组合图

选择B2:D6区域单元格，执行"插入"→"图表"→"折线图"→"带数据标记的折线图”命令，路径如图 5-50 所示。当然，如果不是太明确想要的图表类型，可以选择“插入”→“图表”→“推荐的图表”，根据右侧的显示效果图以及相关说明选择合适的图表。

修改图表标题为“分析折旧费用”，并将字号加粗；接着，选中图表区内的“图例”和“水平（类别）轴”，调整字号大小为 11 号加粗。选中“垂直（值）轴主要网格线”，将其删除。分别选中红色折线和蓝色折线，右击鼠标执行“添加数据标签”，并调整字号大小、颜色等样式。

画图分析数据

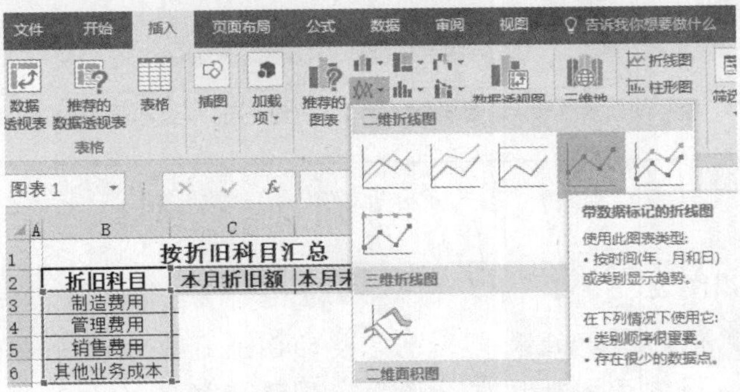

图 5-50　插入带数据标记的折线图

本例中，本月折旧额相较于本月末账面净值数据差别实在太小，以至于蓝色折线几乎与水平坐标轴重合；所以，选中绘图区，执行“设计”→“更改图表类型”→“所有图表”→“组合”，将“本月折旧额”系列的图表类型变更为“簇状柱形图”，并将后方的“次坐标轴”打钩，执行路径如图 5-51 所示。

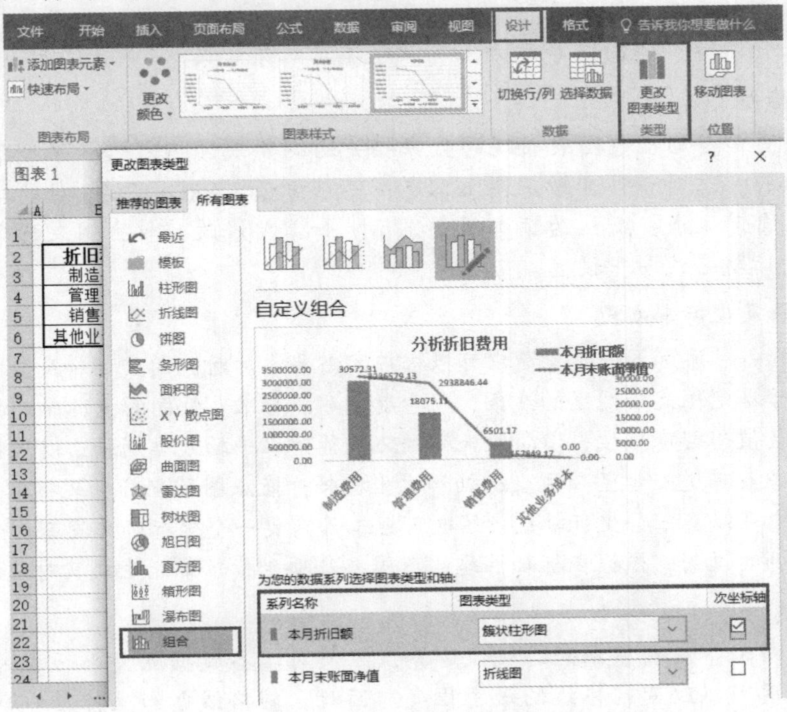

图 5-51　更改图表类型

根据个人偏好调整垂直（值）轴、次坐标轴垂直（值）轴数据后，效果如图 5-52 所示。

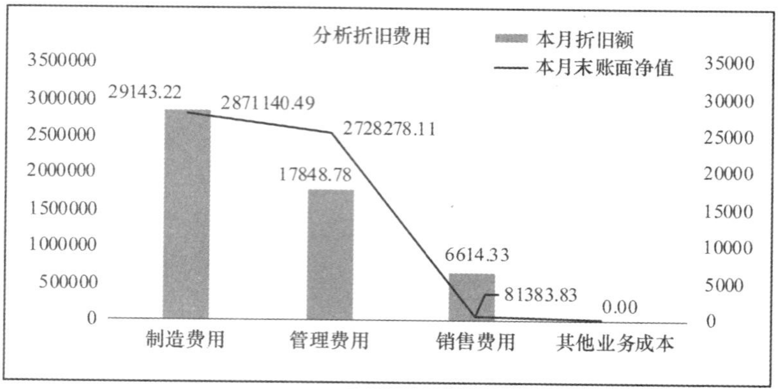


图 5-52 “分析折旧费用”效果图

## 小技巧 5-11 认识图表

图表是数据视觉化的呈现效果。一个完整的图表通常由多个部分组成，这些部分又被称为图表元素，通常由图表区、绘图区、图表标题等几大部分组成，其中绘图区必须和图表区同时存在，并且绘图区中至少包含一个数据系列。各部分图表元素简要说明如下：

**1. 图表区与绘图区**

所有元素都包含在图表区内，没有图表区，就没有图表的存在。

绘图区主要用于存放数据系列、坐标轴、网格线等图表元素。如果是三维图表，还会显示基底、背景墙、侧面墙等元素，有助于显示三维效果。

**2. 图表标题**

图表标题通常是与当前图表表现的数据相关的纲要或说明。Excel 早期版本生成图表时是没有标题的，这对于读者理解图表信息不是很方便，Excel 2013 后的版本“图表标题”会随图表自动生成，默认为顶部居中显示。如需要修改，单击图表标题后，可在右侧“设置图表标题格式”中设置。

**3. 坐标轴及坐标轴标题**

在“设计”→“添加图表元素”中可根据内容需要添加对应的坐标轴及坐标轴标题。其中，坐标轴用于界定图表绘图区的线条，用于度量参照标准。竖向的坐标轴又被称为垂直轴或数值轴，以数值为刻度单位；横向的坐标轴又被称为水平轴或类别轴，以数据类别作为刻度单位。有些图表可进一步区分主坐标轴和次坐标轴；散点图的坐标轴又被称为 X 轴和 Y 轴；三维坐标中可以有三个坐标轴；当然也可视工作需要一个坐标轴都没有。坐标轴标题则用于显示坐标轴的说明，根据坐标轴性质的不同，每项坐标轴都能生成其对应的标题。

**4. 网格线**

网格线是指为界定数据系列的数值边界，方便对比各数据点大小而设的参考线，调整坐标轴的刻度可以改变网格线的疏密程度。因此，网格线也和坐标轴一样，有主次之分，也有横纵之分。其中，饼图和圆环图因为没有坐标轴也就没有网格线。最简单的删除网格线的方法是选中网格线，右击选择“删除”命令或按<Delete>键；需要时可通过“设计”→“添加图表元素”对应添加。

**5．数据系列和数据标签**

数据系列是根据数据表中数据绘制而成的数据点，一个图表可以包含一个或多个数据系列，每个数据系列都有唯一颜色或标记，并能在图例中显示。

数据标签用于显示数据系列的值，每个标签对应一个系列点；当修改数据时，标签会相应变化。

**6．图例**

图例用于补充说明数据系列与该系列所对应的标题间的关系。当图表中包含两个或以上数据系列时，需要显示图例；当只有一个数据系列时，通常可以忽略。

**7．模拟运算表**

在某些图表中，可以对应数据系列显示模拟运算表，从而方便查看。在“设计”→“添加图表元素”中，该元素又被简称为数据表。

**8．特殊选项**

针对不同的图表，可以应用特殊的折线（如“高低点连线”和“趋势线”）、柱线（如“涨/跌柱线”和“误差线”）。同一个图表无法同时显示所有的特殊选项，例如：柱形图无法显示“线条”中的“垂直线”；三维图表中无法显示“涨/跌柱线”和“误差线”等。所以，当某个特殊选项无法被添加时，“设计”→“添加图表元素”中的该选项会显示为灰色。

综上所述，图表的有些元素之间相互冲突，不可能同时出现，为更直观地了解图表元素，我们将图5-52中的元素尽可能多地进行扩充，得到效果图如图5-53所示，实际工作中并不需要按此方式做图。

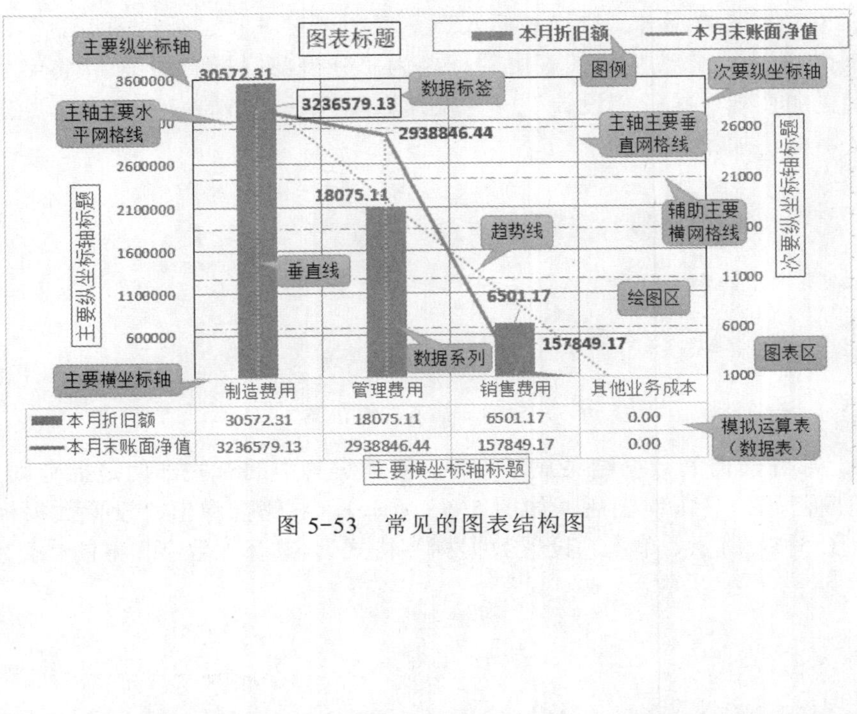


| | 制造费用 | 管理费用 | 销售费用 | 其他业务成本 |
|---|---|---|---|---|
| 本月折旧额 | 30572.31 | 18075.11 | 6501.17 | 0.00 |
| 本月末账面净值 | 3236579.13 | 2938846.44 | 157849.17 | 0.00 |

图5-53 常见的图表结构图

**小提示**

**常见图表类型之柱形图和折线图**

不同的数据组适合不同的图表类型。在“插入”→“图表”中，我们可以看到的图表类型有柱形图、折线图、饼图、条形图、面积图、散点图、股价图、曲面图、雷达图，本例中运用了包含柱形图和折线图的组合型图表。

**1．柱形图**

柱形图用于比较相交于类别轴上的数值大小，一般来说 X 轴代表类别，Y 轴代表数值刻度；可见，当数据较大、类别差距较小时，Y 轴并不一定要从 0 刻度开始。条形图是柱形图的倒置效果，通常在类别轴的描述性文字过长时使用，以方便阅读和比较。

按功能一般可将柱形图分成簇状柱形图、堆积柱形图和百分比堆积柱形图等，各自特点参见表 5-3。此外，还可按维度将柱形图分成二维柱形图和三维柱形图。

**表 5-3　二维柱形图差异比较**

| 簇状柱形图 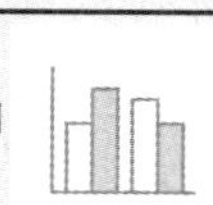 | 堆积柱形图 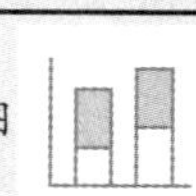 | 百分比堆积柱形图 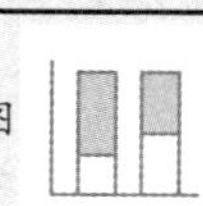 |
|---|---|---|
| 其数据系列由一组或多组不同颜色的柱形图组成，可实现同一组数据的比较或多组数据间单个值的比较 | 将多组数据用重叠的柱形图表现出来，适合比较整体的各个部分或多组同类数据的比较 | 垂直轴总计为 100%，可实现同一点上多值的百分比的比较或多组数据间各值占总计百分比的比较 |

**2．折线图**

折线图用于展示随时间变化的一组或多组数据的趋势。如果比较的数据不存在顺序问题，也可改用柱形图。按功能可将二维折线图分成折线图、堆积折线图、百分比堆积折线图；各功能差异特点类似于柱形图。

## 2．生成“分析部门折旧额”饼图

选择 F2:G8 区域单元格，执行“插入”→“图表”→“二维饼图”命令，执行命令路径如图 5-54 所示；修改生成图表中的标题为“分析部门折旧额”，并将字号加粗。为使数据效果更加直观，执行“设计”→“快速布局”→“布局 1”命令，并选中部门及百分数的文字框，加粗其字体。

图 5-54　插入二维饼图

本例中，部分部门的数据结果显示为零，但其实其中的有些部门是拥有固定资产的，为了解决精度问题，右击饼图后（如图 5-55 所示），右侧会弹出“设置数据标签格式”对话框，如图 5-56 所示，单击“设置数据标签格式”，选择“数字”下的“类别”为“百分比”，“小数位数”为“2”位后，财务部和销售部的数据就更精确化。根据个人偏好修改后的效果如图 5-57 所示。

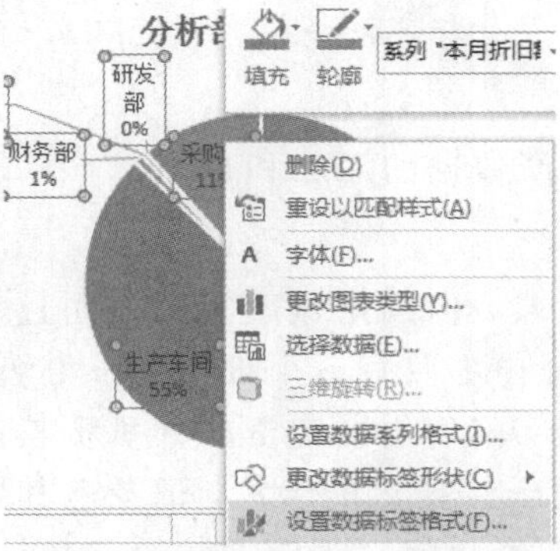


图 5-55　右击执行“设置数据标签格式”

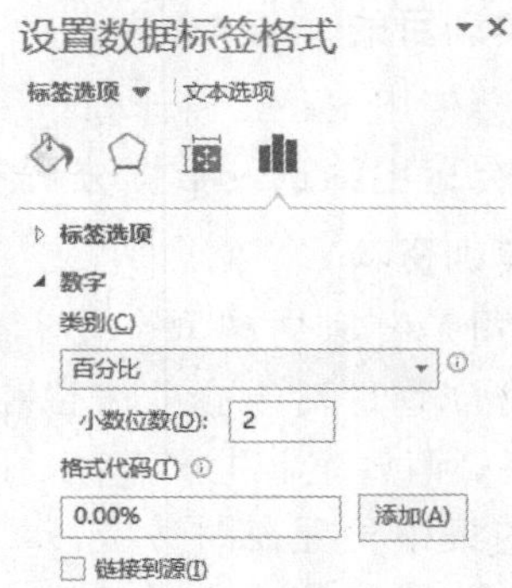


图 5-56　调整数字类别

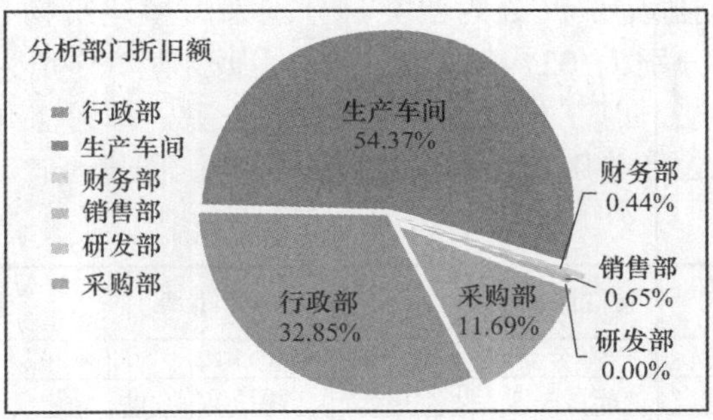


图 5-57　“分析部门折旧额”效果图

**小提示**

**常见图表类型之饼图**

饼图用于比较一组数据中每个值占总量的百分比。按功能一般可将饼图分成饼图（分离形饼图）、复合饼图和复合条饼图；Excel 2013 还将圆环图也归入了饼图的范畴内；各自特点参见表 5-4。此外，饼图还可按维度分成二维饼图和三维饼图。

**表 5-4　二维饼图差异比较**

| 饼图（分离形饼图） | 复合饼图 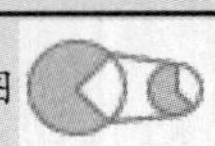 / 复合条饼图  | 圆环图  |
|---|---|---|
| 饼图是用多个不同颜色的扇形来比较数据大小及占总量的百分比；当需要强调某一部分时，只需将该部分拖离圆心，即可得到分离形饼图 | 复合饼图的特点是可以对某个数据添加补充说明，利用一个新的副图详细展示该数据的内部结构<br>复合条饼图与复合饼图的不同仅仅是副图的显示效果不同 | 饼图只能使用单组数据，而圆环图可以比较一组或多组数据中每个值占总数量的比重 |

由此可见，饼图中的所有数据必须是整数；而且饼图中的数据个数不宜太多（通常以小于 10 个为宜），因为数据越多越难准确判断数据占圆形图的比重。

# 实　训　五

## 一、实训目的

1．学会使用 Excel 设计固定资产核算系统。

2．学会运用筛选及数据分析工具进行固定资产数据的汇总和查询。

## 二、实训资料

RY 公司是一家生产型企业，企业规模虽然不大，但固定资产较多，而且价值较高，因此固定资产管理对于企业来说相当重要。RY 公司主要有五个部门——办公室、财务室、采购室、销售室、生产车间。固定资产的所属部门使用固定资产并负责其日常维护。固定资产的集中管理在财务室，每个固定资产都有一张自己的卡片，记录着其增加方式、减少方式、购置日期、所属部门、原值、累计折旧、净值、折旧方法等信息。公司日常固定资产管理业务有固定资产增加、减少、部门间调拨、月折旧额的计提、折旧数据的汇总分析等。RY 公司的固定资产分为四类，分别为房屋建筑物、生产设备、运输工具、电子设备，它们的编码分别为 02、03、05、06，净残值率分别为 5%、5%、4%、3%。货车的折旧采用工作量法，总工作量均为 400000 公里，本月工作量均为 2000 公里。

该公司从 2018 年 12 月起用 Excel 核算固定资产。固定资产详细情况见表 5-5。

表 5-5　固定资产信息

| 固定资产名称 | 资产类别 | 增加方式 | 使用部门 | 使用状态 | 购置日期 | 预计使用年份 | 原值/元 | 折旧方法 |
|---|---|---|---|---|---|---|---|---|
| 办公楼 | 02 | 自建 | 办公室 | 在用 | 2015.12.1 | 20 | 1000000 | 直线法 |
| 生产车间 | 02 | 自建 | 生产车间 | 在用 | 2015.12.1 | 20 | 500000 | 直线法 |
| 仓库 | 02 | 自建 | 生产车间 | 在用 | 2016.12.1 | 20 | 200000 | 直线法 |
| 货车 | 05 | 外购 | 采购室 | 在用 | 2015.12.1 | 10 | 100000 | 工作量法 |
| 货车 | 05 | 外购 | 采购室 | 在用 | 2016.12.1 | 10 | 120000 | 工作量法 |
| 电脑 | 06 | 外购 | 办公室 | 在用 | 2017.6.1 | 5 | 8000 | 直线法 |
| 生产设备 | 03 | 投资者投入 | 生产车间 | 在用 | 2015.12.1 | 10 | 150000 | 双倍余额递减法 |
| 电脑 | 06 | 外购 | 采购室 | 在用 | 2017.6.1 | 5 | 8000 | 直线法 |
| 电脑 | 06 | 外购 | 销售室 | 在用 | 2017.6.1 | 5 | 8000 | 直线法 |
| 打印复印一体机 | 06 | 外购 | 财务室 | 在用 | 2017.11.1 | 5 | 4000 | 直线法 |
| 电脑 | 06 | 外购 | 财务室 | 在用 | 2017.6.1 | 5 | 8000 | 直线法 |

## 三、实训要求

完成下列操作：

（1）制作固定资产台账表，进行固定资产折旧，并划分费用类别的归属。

（2）设计固定资产卡片样式，提取固定资产卡片的相关数据。

（3）练习固定资产增加。假定 2018 年 12 月 16 日购入电脑一台供办公室使用，原值 8000 元，预计可使用 5 年。

（4）练习固定资产减少。假定 2018 年 12 月 1 日办公室报废电脑一台。

（5）练习固定资产部门间调拨。假定 2018 年 12 月 30 日采购室将其中一辆原值 10 万元的货车划拨给销售室使用。

（6）按部门对固定资产折旧数据进行汇总分析。

# 项目六

6

# Excel 在进销存管理中的应用

【知识目标】

- 掌握进销存的业务处理流程。
- 了解进销存管理中数据之间的关系。

【能力目标】

- 学会使用 Excel 设计进销存管理系统。
- 掌握工作表数据之间的操作。

## 学习情境

李燕设计的 Excel 固定资产核算系统深得领导赏识。该系统不仅简化了固定资产的各项管理工作，还能利用 Excel 对不同部门、不同类别的折旧数额进行分析比较，并据此提出具有针对性的建议和措施。

李燕备受鼓舞，打算再用 Excel 设计一套进销存管理系统。由项目三相关业务可知，万隆灯具有限公司主要供应商有佳成材料销售公司、骏腾图文有限公司、海心公司、易达公司；主要客户有龙华公司、华东科技信息公司、华成工程建筑公司。其原材料和库存商品资料见表 6-1、表 6-2。

**表 6-1　原材料资料**

| 明细账户 | | 单　位 | 类　别 | 规格型号 | 数　量 | 金额/元 |
|---|---|---|---|---|---|---|
| 原材料 | 甲材料 | 万支 | 电阻 | 15Ω | 593 | 64898.72 |
| | 乙材料 | 万支 | 电阻 | 25Ω | 505 | 25748.38 |
| | 丙材料 | 件 | 集成块 | Eu616 | 2358 | 47163.77 |

**表 6-2　库存商品资料**

| 明细账户 | 单　位 | 类　别 | 规格型号 | 数　量 | 金额/元 |
|---|---|---|---|---|---|
| A 产品 | 件 | 吸顶式 | IP65 | 6407 | 2562738.05 |
| B 产品 | 件 | 悬挂式 | CIe72 | 2475 | 1473766.43 |

沿用 2019 年 11 月万隆灯具有限公司进销存业务资料。

（1）6日，向易达公司购入甲材料1000千克，每千克买价100元，支付增值税13000元，购入乙材料2000千克，每千克买价50元，支付增值税13000元，购入甲、乙两种材料运杂费为3000元，上述材料成本费用均以银行存款支付，材料尚未到达。假设运杂费按采购材料的重量进行分配。（增值税税率13%，下同）

（2）上述甲、乙两材料已如数验收入库。

（3）7日，从海心公司购入甲材料5000千克，每千克100元，取得海心公司开具增值税专用发票上注明价款500000元，增值税税款65000元，材料还在采购途中尚未入库，款项尚未支付。

（4）上述甲材料到达，验收无误，已办妥入库手续。

（5）8日，根据仓库转来的领料凭证，编制本月材料耗用汇总表见表6-3。

**表6-3　材料耗用汇总表**

| 用　　途 | 甲　材　料 | | 乙　材　料 | | 丙　材　料 | | 金额合计 |
|---|---|---|---|---|---|---|---|
| | 数量 | 金额 | 数量 | 金额 | 数量 | 金额 | |
| A产品耗用 | 1000 | 101000 | 200 | 10200 | | | 111200 |
| B产品耗用 | 2000 | 202000 | 400 | 20400 | | | 222400 |
| 制造车间一般耗用 | | | 400 | 20400 | 200 | 4000 | 24400 |
| 合计 | 3000 | 303000 | 1000 | 51000 | 200 | 4000 | 358000 |

（6）16日，公司销售给华东科技信息公司A产品1000件，每件售价1000元，开出增值税专用发票，货款1000000元，增值税税款130000元。货款及增值税税款已收到并存入银行。公司销售给华成工程建筑公司B产品500件，每件售价1000元，开出增值税专用发票，其中货款500000元，增值税税款65000元。货已发出，货款及增值税税款尚未收到。

（7）本月生产的A产品全部尚未完工，累计发生生产成本总额为199716.34元；B产品全部完工410件，实际生产成本252922.88元，产品成本计算单见表6-4。

**表6-4　产品成本计算单**

2019年11月　　　　完工产品量410件

产品名称：B产品　　　　期末在产品量0件

| 摘　　要 | 成本项目 | | | 合　　计 |
|---|---|---|---|---|
| | 直接材料 | 直接人工 | 制造费用 | |
| 本月生产成本 | 222400 | 13645 | 16877.88 | 252922.88 |
| 完工产品成本 | 222400 | 13645 | 16877.88 | 252922.88 |
| 产品单位成本 | 542.44 | 33.28 | 41.17 | 616.89 |
| 期末在产品成本 | 0 | 0 | 0 | 0 |

（8）结转本月产品的生产成本共计708000元。其中A产品1000件，每件生产成本400元，计400000元；B产品500件，每件生产成本616元，共计308000元。

（9）23日，公司出售多余丙材料10000元给龙华公司，收取增值税税款1300元，材料已发出，货款存入银行。结转丙材料成本5000元。

进销存管理是企业内部管理的重要环节。采购是企业实现价值的开始，采购成本的大小直接影响企业的利润，因此采购管理是企业管理的重点；销售是企业实现价值的主要手段，是企业进销存管理系统的重要组成部分；存货是企业会计核算和管理中的一个重要环节，存货管理的好坏和信息准确与否会直接影响企业的采购、生产和销售业务的进行。

万隆灯具有限公司的进销存业务相对比较简单，其进销存业务流程简单概述如下：

（1）进货流程：采购员接到缺货信息后，分析缺货信息是否合理，再将订单下达给供应商；材料送达后，实物入库，根据入库单登记库存账。

（2）销售流程：接收客户订单，签订销售合同，向客户发货并收款；每笔销售业务发生时都要及时更新库存。

（3）库存管理流程：材料采购入库、产品完工入库、领料退货等均是涉及库存变化的业务，均需在进出时及时记录并处理。

利用 Excel 进行进销存管理可以提高工作效率，具体来看可以分解成以下任务来实现进销存管理：采购与成品入库业务处理→销售与车间领料业务处理→库存管理→存货明细账。

# 任务一　采购与成品入库业务处理

为了保证企业正常生产的顺利进行、实现企业经济利益最大化，企业需要制定科学的采购方案。因此，需要全面掌握企业存货购入与成品入库的相关有效信息，并据此创建数据图表、分析执行情况。

## 一、建立“基础信息表”

为了方便对进销存管理的日常处理，首先需要根据公司往来客户以及存货的相关信息设置一些初始化的项目，如供应商名称、客户名称、原材料明细、库存商品明细等，这样当企业发展壮大时，只需在基础信息表中增减相关信息，就能自动更新进销存管理的其他工作表，大大提高了处理的效率和准确性。

新建一个空白工作簿，将其命名为“进销存管理”，将空白工作表 Sheet1 更名为“基础信息表”。根据相关基础信息完善该表内容，结果如图 6-1 所示。

| | A | B | C | D | E | F | G | H | I | J | K | L |
|---|---|---|---|---|---|---|---|---|---|---|---|---|
| 1 | 供应商名称 | 客户名称 | | 原材料明细 | 单位 | 类别 | 规格型号 | | 库存商品明细 | 单位 | 类别 | 规格型号 |
| 2 | 佳成材料销售公司 | 龙华公司 | | 甲材料 | 万支 | 电阻 | 15Ω | | A产品 | 件 | 吸顶式 | IP65 |
| 3 | 骏腾图文有限公司 | 华东科技信息公司 | | 乙材料 | 万支 | 电阻 | 25Ω | | B产品 | 件 | 悬挂式 | CIe72 |
| 4 | 海心公司 | 华成工程建筑公司 | | 丙材料 | 件 | 集成块 | Eu616 | | | | | |
| 5 | 宏达公司 | | | | | | | | | | | |
| 6 | 易达公司 | | | | | | | | | | | |

图 6-1　基础信息表内容

运用“公式”选项卡中“定义的名称”功能，定义“供应商名称”“客户名称”“原材料明细”“库存商品明细”的名称；也可使用快捷键〈Ctrl+F3〉操作，在“名称管理器”中新建名称，具体引用位置及范围见表 6-5。

表 6-5　固定资产台账表名称

| 名　称 | 引用位置 | 范　围 |
|---|---|---|
| 供应商名称 | =OFFSET(基础信息表!$A$2,0,0,COUNTA(基础信息表!$A:$A)–1) | 工作簿 |
| 客户名称 | =OFFSET(基础信息表!$B$2,0,0,COUNTA(基础信息表!$B:$B)–1) | 工作簿 |
| 原材料 | =OFFSET(基础信息表!$D$2,0,0,COUNTA(基础信息表!$D:$D)–1) | 工作簿 |
| 库存商品 | =OFFSET(基础信息表!$I$2,0,0,COUNTA(基础信息表!$I:$I)–1) | 工作簿 |

**小提示**

本例中，“COUNTA(基础信息表!$A:$A)–1”，统计的是 A 列文本的个数减 1 后的值，因为表头“供应商名称”并不是某一个具体往来单位的名称。

嵌套函数“OFFSET(基础信息表!$A$2,0,0,COUNTA(基础信息表!$A:$A)–1)”，是以 A2 单元格的绝对引用为参照点，向下向右分别偏移 0 行 0 列（参数 2、3 均为 0），返回 COUNTA 函数统计的个数（参数 5 省略，表示宽度不变，即只返回 A 列）。所以，当基础信息表中有新的合作单位或者新的存货输入时，均可动态扩展后续表中的引用，不用费力修改每张表格数据。

## 二、编制“采购业务表”

（1）打开“进销存管理”工作簿，新建空白工作表 Sheet2 并将其更名为“采购业务表”，输入各项目名称：月（A 列）、日（B 列）、凭证号（C 列）、存货名称（D 列）、单位（E 列）、类别（F 列）、规格型号（G 列）、供应商名称（H 列）、进货数量（I 列）、进货单价（J 列）、可计入成本的费用（K 列）、存货成本（L 列）、税额（M 列）、应付总额（N 列）。根据个人喜好设置表格样式，如图 6-2 所示。

| A | B | C | D | E | F | G | H | I | J | K | L | M | N |
|---|---|---|---|---|---|---|---|---|---|---|---|---|---|
| 采购业务明细表 | | | | | | | | | | | | | |
| 年份： | | 2019 | | | | | | | | | | 单位： | 人民币元 |
| 月 | 日 | 凭证号 | 存货名称 | 单位 | 类别 | 规格型号 | 供应商名称 | 进货数量 | 进货单价 | 可计入成本的费用 | 存货成本 | 税额 | 应付总额 |

图 6-2　采购业务明细表

（2）为了方便输入并防止输入错误，可以进行“数据验证”设置。

以“供应商名称”为例，因为供应商名称已经定义，所以“来源”处可以直接输入“=供应商名称”，如图 6-3 所示。此外，虽然万隆灯具有限公司与供应商间的往来业务比较稳定，但考虑到供应商还是会在企业的发展中存在变数，所以在“数据验证”的“出错警告”选项卡中做出相应的说明“名称输入错误；如果供应商有变动，请在基础信息表中修改”，如图 6-4 所示；一旦输入的供应商名称没有被定义或者输入错误，都会弹出警告窗口，如图 6-5 所示。

同理，数据验证“来源”处输入“=原材料”可以设置“存货名称”列有效性，并同样设置相关出错警告。

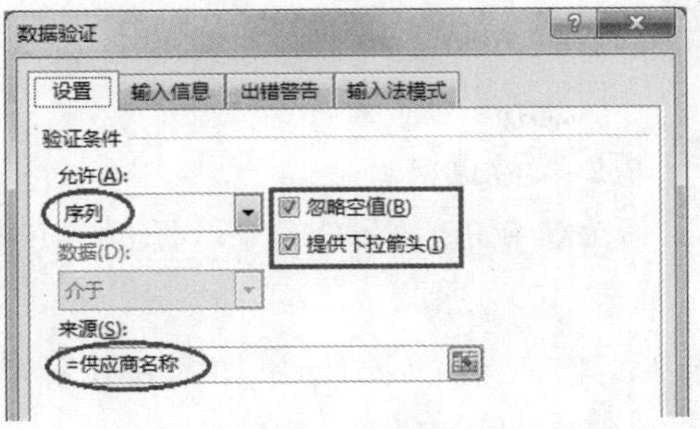


图 6-3　供应商名称来源设置

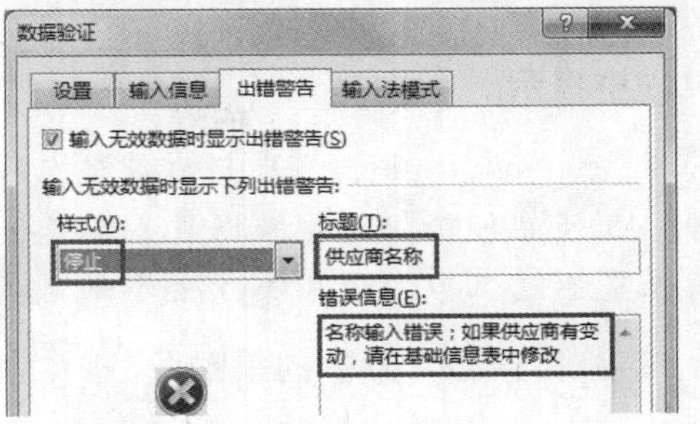


图 6-4　供应商名称输入信息提示

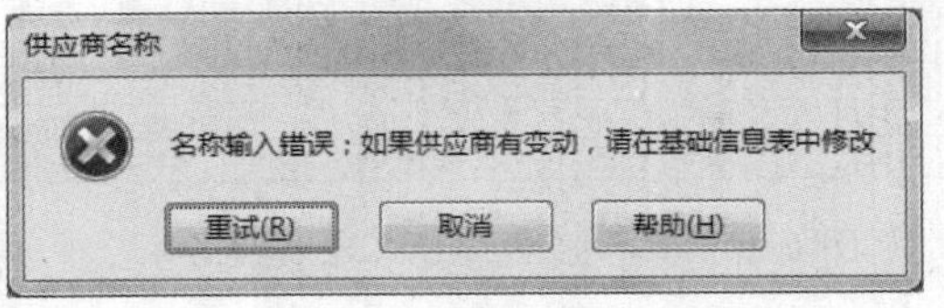


图 6-5　供应商名称输入错误警告

（3）编辑相关单元格公式。

E～G 列的数据均来自于基础信息表中原材料的相关初始数据，因此可用 VLOOKUP 函数实现跨工作表查找。

选择 E4 单元格，输入公式“=VLOOKUP(D4,基础信息表!$D:$G,2,FALSE)”，并将其复制到该列以下的单元格中，则 E 列将返回存货对应的单位。

选择 F4 单元格，输入公式“=VLOOKUP(D4,基础信息表!$D:$G,3,FALSE)”，并将其复制到该列以下的单元格中，则 F 列将返回存货对应的类别。

选择 G4 单元格，输入公式“=VLOOKUP(D4,基础信息表!$D:$G,4,FALSE)”，并将其复制到该列以下的单元格中，则 G 列将返回存货对应的规格型号。

**小提示**

（1）VLOOKUP 函数逻辑值为 FALSE 时，函数将只查找精确匹配值，参见项目三中运用科目代码查找科目名称的例题；若逻辑值为 TRUE 或省略时，函数将进行模糊查找，参见项目四中计算个人所得税的例题。

（2）如果觉得查找列表输入烦琐，可考虑定义名称。例如，此处可定义名称“原材料源数据=基础信息表!$D:$G”。那么选择 E4 单元格时，输入“=VLOOKUP(D4,原材料源数据,2,FALSE)”可达到同样的查找效果。

计算“存货成本”，选择 L4 单元格，输入公式“=I4*J4+K4”，即“存货成本=进货数量×进货单价+可计入成本的费用”，并将其复制到需要计算的该列以下单元格中。

计算“应付总额”，选择 N4 单元格，输入公式“=L4+M4”，即“采购该业务需要支付的总价款=该存货成本+相关税额”，同样将其复制到需要计算的该列以下单元格中。

**小提示**

**关于税额为什么不设置计算公式的说明**

M 列“税额”需要根据业务实际手动录入，因为税额有些情况下可以抵扣，有些情况下不能抵扣，而且还可能存在税率差异。

（4）根据当月发生的采购业务，完成信息录入工作，录入后的结果如图 6-6 所示。

| | A | B | C | D | E | F | G | H | I | J | K | L | M | N |
|---|---|---|---|---|---|---|---|---|---|---|---|---|---|---|
| 1 | 采购业务明细表 | | | | | | | | | | | | | |
| 2 | 年份： | | 2019 | | | | | | | | | | 单位： | 人民币元 |
| 3 | 月 | 日 | 凭证号 | 存货名称 | 单位 | 类别 | 规格型号 | 供应商名称 | 进货数量 | 进货单价 | 可计入成本的费用 | 存货成本 | 税额 | 应付总额 |
| 4 | 11 | 6 | 191106 | 甲材料 | 万支 | 电阻 | 15Ω | 易达公司 | 1000 | 100 | 1000 | 101000 | 13000 | 114000 |
| 5 | 11 | 6 | 191106 | 乙材料 | 万支 | 电阻 | 25Ω | 易达公司 | 2000 | 50 | 2000 | 102000 | 13000 | 115000 |
| 6 | 11 | 7 | 191108 | 甲材料 | 万支 | 电阻 | 15Ω | 海心公司 | 5000 | 100 | 0 | 500000 | 65000 | 565000 |

图 6-6　录入信息后的“采购业务表”

（5）分析采购数据。逐笔输入完采购数据后，为了能详细查看当月每个供货商送货的数量与金额，可对采购数据进行筛选、分类汇总与图表分析。

1）按供货商查看。在实际工作中，采购业务通常是按时间先后顺次发生，若想查看某月特定供货商的交易记录，就会略显麻烦。利用分类汇总功能则可快速将相同的供货商名称归类，并返回汇总值，使所需的数据内容得到更直观的呈现。

选择包含商品信息的所有单元格，执行“数据”的“分级显示”中的“分类汇总”命令，具体路径参见图 6-7 所示。

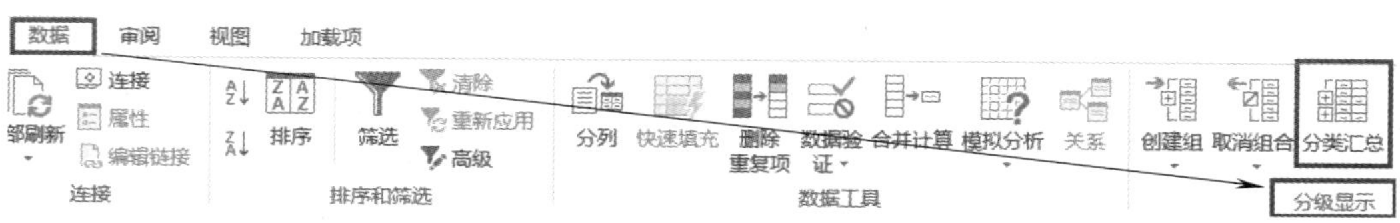


图 6-7　“分类汇总”在数据卡的选择路径

在弹出的“分类汇总”对话框中，将“分类字段”设置为“供货商名称”，将“汇总方式”设置为“求和”，并在“选定汇总项”中勾选“应付总额”，具体参数设置如图 6-8 所示；最后单击“确定”按钮，即可在工作表中显示对应的汇总信息，如图 6-9 所示。

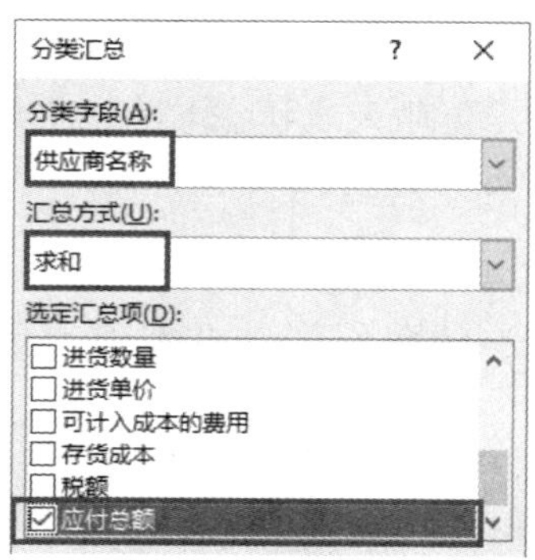


图 6-8　利用分类汇总对供货商进行数据分析

采购业务明细表

年份：2019　　单位：人民币元

| 月 | 日 | 凭证号 | 存货名称 | 单位 | 类别 | 规格型号 | 供应商名称 | 进货数量 | 进货单价 | 可计入成本的费用 | 存货成本 | 税额 | 应付总额 |
|---|---|---|---|---|---|---|---|---|---|---|---|---|---|
| 11 | 6 | 191106 | 甲材料 | 万支 | 电阻 | 15Ω | 易达公司 | 1000 | 100 | 1000 | 101000 | 13000 | 114000 |
| 11 | 6 | 191106 | 乙材料 | 万支 | 电阻 | 25Ω | 易达公司 | 2000 | 50 | 2000 | 102000 | 13000 | 115000 |
| | | | | | | | 易达公司 汇总 | | | | | | 229000 |
| 11 | 7 | 191108 | 甲材料 | 万支 | 电阻 | 15Ω | 海心公司 | 5000 | 100 | 0 | 500000 | 65000 | 565000 |
| | | | | | | | 海心公司 汇总 | | | | | | 565000 |
| | | | | | | | 总计 | | | | | | 794000 |

图 6-9　按供货商名称分类汇总后的数据

## 小技巧 6-1　数据的分类汇总

### 1．显示或隐藏明细数据

一般有两种方法：

（1）运用任务窗格的加减号和级别号。

在图 6-9 中，除了插入了第 6、8、9 行汇总数据外，左上角还多了数字 1、2、3 以及一些直线和减号。其实这是分类汇总的 3 个级别，单击级别数可显示不同级别的汇总结果，其中：级别 3 显示所有明细数据和汇总数据（如图 6-9 所示），级别 2 显示各类别的汇总数据和总汇总数据（如图 6-10 所示），级别 1 仅显示总汇总数据。

分类汇总

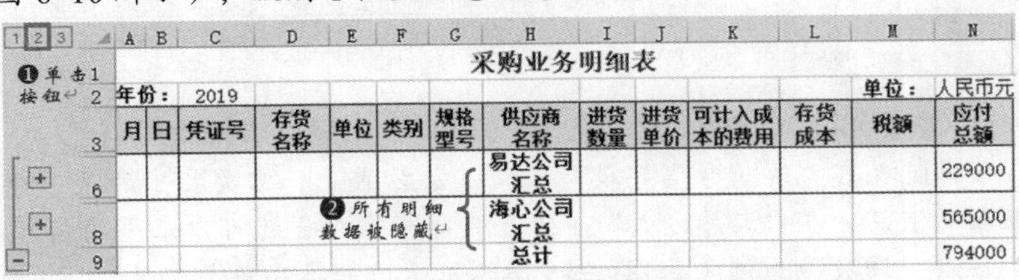


采购业务明细表

年份：2019　　单位：人民币元

| 月 | 日 | 凭证号 | 存货名称 | 单位 | 类别 | 规格型号 | 供应商名称 | 进货数量 | 进货单价 | 可计入成本的费用 | 存货成本 | 税额 | 应付总额 |
|---|---|---|---|---|---|---|---|---|---|---|---|---|---|
| | | | | | | | 易达公司 汇总 | | | | | | 229000 |
| | | | | | | | 海心公司 汇总 | | | | | | 565000 |
| | | | | | | | 总计 | | | | | | 794000 |

图 6-10　通过级别按钮显示或隐藏分类汇总数据

此外，还可运用加减号显示或隐藏明细数据。若单击图 6-9 左侧的减号，可将该层级收起，只显示汇总结果，减号也相应变成了加号，如图 6-11 所示；再次单击加号又能将该层级展开。

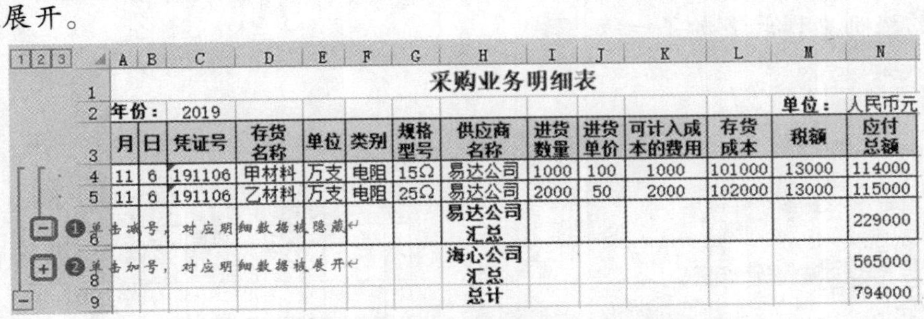


采购业务明细表

年份：2019　　单位：人民币元

| 月 | 日 | 凭证号 | 存货名称 | 单位 | 类别 | 规格型号 | 供应商名称 | 进货数量 | 进货单价 | 可计入成本的费用 | 存货成本 | 税额 | 应付总额 |
|---|---|---|---|---|---|---|---|---|---|---|---|---|---|
| 11 | 6 | 191106 | 甲材料 | 万支 | 电阻 | 15Ω | 易达公司 | 1000 | 100 | 1000 | 101000 | 13000 | 114000 |
| 11 | 6 | 191106 | 乙材料 | 万支 | 电阻 | 25Ω | 易达公司 | 2000 | 50 | 2000 | 102000 | 13000 | 115000 |
| | | | | | | | 易达公司 汇总 | | | | | | 229000 |
| | | | | | | | 海心公司 汇总 | | | | | | 565000 |
| | | | | | | | 总计 | | | | | | 794000 |

图 6-11　通过加减按钮显示或隐藏分类汇总数据

（2）运用功能区选项卡中的按钮。

如图 6-12 所示，在“数据”功能区“分级显示”组中单击“分类汇总”边上的“显示明细数据”或“隐藏明细数据”按钮可实现同样的效果。

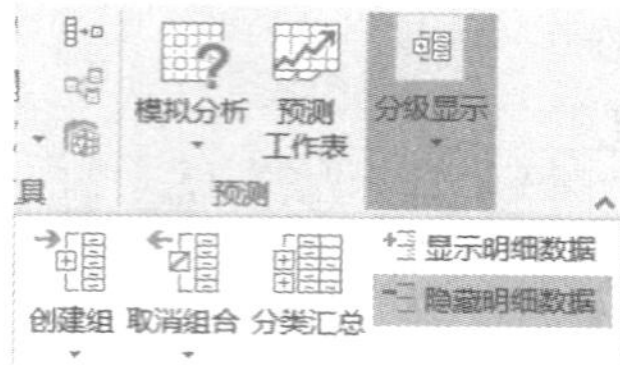


图 6-12　通过功能区选项卡中的按钮显示或隐藏分类汇总数据

**2．编辑或清除分类汇总**

一个分类汇总虽然可以对多列进行计算，但同时只能按一个字段汇总并执行一种计算，如果当前需要的汇总方式不是用户所需要的汇总方式，则可以对分类汇总进行编辑。

例如，选中图 6-9 的数据，单击“分类汇总”，保持“分类字段”和“汇总方式”不变，将“选定汇总项”多选为“进货数量”“存货成本”“税额”和“应付总额”（如图 6-13 所示），会得到新的多列汇总结果，如图 6-14 所示。

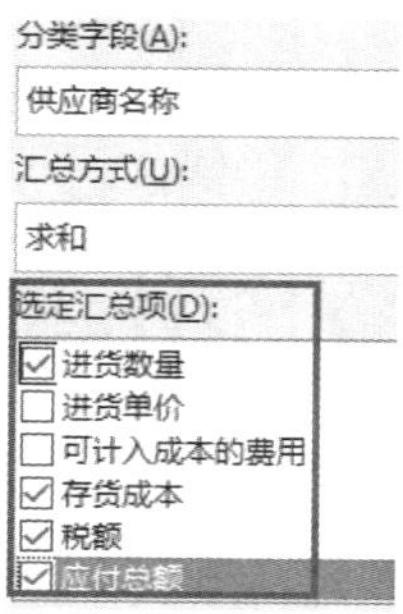


图 6-13　重新选定汇总项

| 供应商名称 | 进货数量 | 进货单价 | 可计入成本的费用 | 存货成本 | 税额 | 应付总额 |
|---|---|---|---|---|---|---|
| 易达公司 | 1000 | 100 | 1000 | 101000 | 13000 | 114000 |
| 易达公司 | 2000 | 50 | 2000 | 102000 | 13000 | 115000 |
| **易达公司汇总** | 3000 | | | 203000 | 26000 | 229000 |
| 海心公司 | 5000 | 100 | 0 | 500000 | 65000 | 565000 |
| **海心公司汇总** | 5000 | | | 500000 | 65000 | 565000 |
| **总计** | 8000 | | | 703000 | 91000 | 794000 |

图 6-14　多列计算的分类汇总

当然，编辑时也可更改“分类字段”或“汇总方式”，需要指出的是，分类汇总并不一定是求和的汇总，在“汇总方式”下除了常规求和外，还可以求平均值、最大/最小值、计数等。以“计数”为例（如图 6-15 所示），“分类字段”仍为“供应商名称”，“选定汇总项”变更为“凭证号”，同时取消勾选下方“替换当前分类汇总”（“汇总结果显示在数据下方”的选项会自动灰显，不再供选择）。这样，图 6-16 中就同时显示了该月万隆灯具有限公司和每个供应商的业务笔数，以及图 6-14 中各项值的“求和”汇总；左侧的级别也因此多加了一级。

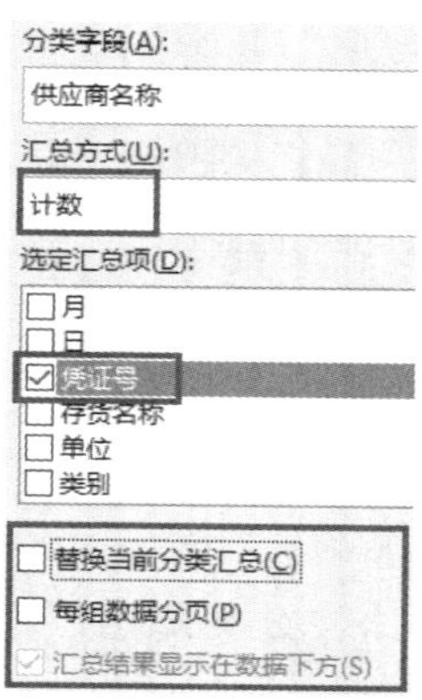


图 6-15　编辑汇总方式

| | A | B | C | D | E | F | G | H | I |
|---|---|---|---|---|---|---|---|---|---|
| 1 | | | | | | | | 采购业务明细 | |
| 2 | 年份： | | 2019 | | | | | | |
| 3 | 月 | 日 | 凭证号 | 存货名称 | 单位 | 类别 | 规格型号 | 供应商名称 | 进货数量 |
| 4 | 11 | 6 | 191106 | 甲材料 | 万支 | 电阻 | 15Ω | 易达公司 | 1000 |
| 5 | 11 | 6 | 191106 | 乙材料 | 万支 | 电阻 | 25Ω | 易达公司 | 2000 |
| 6 | | | 2 | | | | | 易达公司计数 | |
| 7 | | | | | | | | 易达公司汇总 | 3000 |
| 8 | 11 | 7 | 191108 | 甲材料 | 万支 | 电阻 | 15Ω | 海心公司 | 5000 |
| 9 | | | 1 | | | | | 海心公司计数 | |
| 10 | | | | | | | | 海心公司汇总 | 5000 |
| 11 | | | 3 | | | | | 总计数 | |
| 12 | | | | | | | | 总计 | 8000 |

图 6-16　同时实现计数和求和的分类汇总

当然，如果不再需要此分类汇总，可将其删除。同样选中数据区域，在弹出的“分类汇总”对话框中，单击左下角“全部删除”按钮即可，如图6-17所示。需要说明的是，分类汇总一旦执行全部删除，Excel无法执行“撤销键入”操作，也就意味着无法回到分类汇总前的某项操作，实际工作中请注意数据的保存和备份。

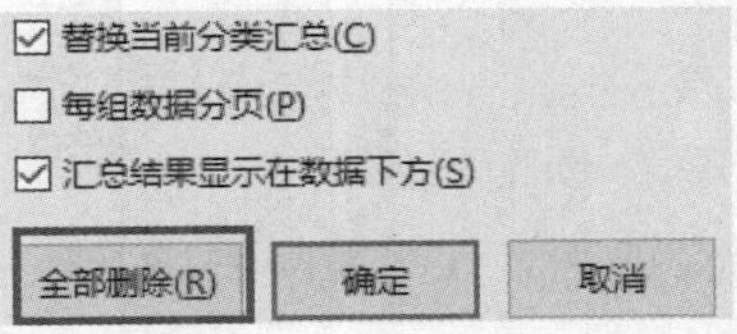


图6-17 删除分类汇总

## 小技巧6-2 SUBTOTAL函数

在图6-9中，当单击N6单元格时，编辑栏中显示“=SUBTOTAL(9,N4:N5)”，可见，SUBTOTAL函数可实现数据列或垂直区域的汇总。

通常，使用“数据”选项卡上的“分类汇总”命令能创建带有分类汇总的列表。创建后的分类汇总列表，可以通过编辑SUBTOTAL函数来对该列表进行修改。当然，也可直接使用SUBTOTAL函数完成相关数据的汇总。

语法格式为：SUBTOTAL(function_num,ref1,[ref2],...])

其中：

function_num：可以指定1～11（包含隐藏值）或101～111（忽略隐藏值）之间的数字，用于指定使用何种函数在列表中进行分类汇总计算。具体数值含义见表6-6。

**表6-6 function_num不同数值含义表**

| function_num（包含隐藏值） | function_num（忽略隐藏值） | 对应函数 |
|---|---|---|
| 1 | 101 | AVERAGE（算数平均值） |
| 2 | 102 | COUNT（计算包含数字的单元格个数） |
| 3 | 103 | COUNTA（计算不为空单元格的个数） |
| 4 | 104 | MAX（一组值中的最大值） |
| 5 | 105 | MIN（一组值中的最小值） |
| 6 | 106 | PRODUCT（乘积） |
| 7 | 107 | STDEV.S（估计基于样本的标准偏差） |
| 8 | 108 | STDEV.P（整个样本总体的标准偏差） |
| 9 | 109 | SUM（求和） |
| 10 | 110 | VAR.S（基于给定样本的方差） |
| 11 | 111 | VAR.P（基于整个样本总体的方差） |

ref：要对其进行分类汇总计算的命名区域或引用。函数中至少需要一个ref。

可见，当输入“=SUBTOTAL(9,指定区域)”即可得到该区域的汇总数据。

### 小提示

**关于隐藏值的说明**

有时为了方便数据的查看，会将不需要查看的部分隐藏起来，等需要查看的时候再将其显示出来。尤其在分类汇总中，级别和加减按钮更是方便了数据的显示与隐藏。

然而，不同的函数和参数对于隐藏的判定是不同的，也就是我们在表 6-6 中看到不同的 function_num 可以指定不同的函数进行计算，而且每种函数又对应“包含隐藏值”和“忽略隐藏值”两种参数设置。

选取项目四“职工工资汇总表”的相关数据如图 6-18 所示。该公司实际共有 15 人，销售部门因为会有销售提成，所以发放工资的时间和别的部门不一样，因此序号为 3 号和 6 号的员工信息被隐藏了。

| | A | B | C | E | F | G | H | I | K | L | M | N | O | P |
|---|---|---|---|---|---|---|---|---|---|---|---|---|---|---|
| 1 | 序号 | 姓名 | 部门 | 工资（含津贴） | 全勤工资 | 病事假/旷工扣款 | 加班工资 | 通信费 | 养老保险 | 医疗保险 | 失业保险 | 公积金 | 个人所得税 | 实发工资 |
| 2 | 1 | 邓华超 | 行政部 | 12000 | 200 | 0 | 300 | 500 | 1000 | 250 | 62.5 | 1250 | 283.75 | 10153.75 |
| 3 | 2 | 叶荣飞 | 研发部 | 9000 | 0 | 150 | 0 | 300 | 708 | 177 | 44.3 | 885 | 61.07 | 7274.68 |
| 5 | 4 | 沈朝飞 | 财务部 | 9000 | 200 | 0 | 0 | 300 | 736 | 184 | 46 | 920 | 69.42 | 7544.58 |
| 6 | 5 | 孔人泉 | 生产车间 | 6000 | 0 | 120 | 0 | 150 | 470 | 118 | 29.4 | 588 | 0.00 | 4824.60 |
| 8 | 7 | 凌晨晨 | 生产车间 | 6000 | 200 | 0 | 0 | 150 | 496 | 124 | 31 | 620 | 0.00 | 5079.00 |
| 9 | 8 | 陈琳 | 财务部 | 6000 | 0 | 100 | 0 | 150 | 472 | 118 | 29.5 | 590 | 0.00 | 4840.50 |
| 10 | 9 | 刘滨晓 | 生产车间 | 9000 | 200 | 0 | 300 | 300 | 760 | 190 | 47.5 | 950 | 76.58 | 7775.92 |
| 11 | 10 | 黄郑 | 生产车间 | 6000 | 200 | 0 | 0 | 150 | 496 | 124 | 31 | 620 | 0.00 | 5079.00 |
| 12 | 11 | 项薇雪 | 行政部 | 9000 | 0 | 30 | 0 | 300 | 718 | 179 | 44.9 | 897 | 63.93 | 7367.22 |
| 13 | 12 | 许子臻 | 研发部 | 6000 | 200 | 0 | 0 | 150 | 496 | 124 | 31 | 620 | 0.00 | 5079.00 |
| 14 | 13 | 吴海涛 | 采购部 | 6000 | 200 | 0 | 0 | 150 | 496 | 124 | 31 | 620 | 0.00 | 5079.00 |
| 15 | 14 | 李燕 | 财务部 | 6000 | 200 | 0 | 200 | 150 | 512 | 128 | 32 | 640 | 0.00 | 5238.00 |
| 16 | 15 | 章明晖 | 研发部 | 6000 | 0 | 200 | 0 | 150 | 464 | 116 | 29 | 580 | 0.00 | 4761.00 |
| 17 | | | | | | | | | | | | | | |
| 18 | | SUBTOTAL(9,P2:P16) | | | | SUM(P2:P16) | | | | | | SUBTOTAL(109,P2:P16) | | |
| 19 | | 92874.06 | | | | 92874.06 | | | | | | 80096.25 | | |
| 20 | | | | | | | | | | | | | | |
| 21 | | SUBTOTAL(1,P2:P16) | | | | AVERAGE(P2:P16) | | | | | | SUBTOTAL(101,P2:P16) | | |
| 22 | | 6191.604 | | | | 6191.60 | | | | | | 6161.25 | | |

图 6-18　关于隐藏值的说明

当 SUBTOTAL 的第一个参数为个位数时，会返回包含隐藏值的所有项计算结果；即如前文所述，当参数为 9 时，A19 单元格将返回 P2:P16 范围内所有值的求和值 92874.06，函数实现效果同 SUM 求和（参见 G18 单元格公式及 G19 单元格的计算结果）。但是，当 SUBTOTAL 的第一个参数在原个位数参数前加“10”构成百位数后，返回的结果是忽略隐藏值的求和值 80096.25。由此可见，SUM 函数进行加权时，是对所有项的求和，无法单独实现对可见部分的求和；如果求和范围内有隐藏值，需要格外小心。

SUBTOTAL

同理，当 SUBTOTAL 的第一个参数为“1”时返回的功能类似于 AVERAGE 函数。其他参数的功能请自行测试对比。

实际运用 SUBTOTAL 函数时，并不需要死记硬背每个数字具体对应什么函数，当单元格输入“=SUBTOTAL(”后，Excel 会给出参数供选择，如图 6-19 所示。

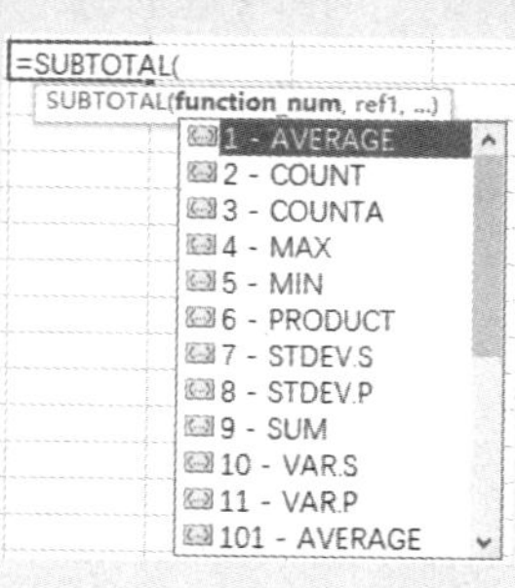


图 6-19　SUBTOTAL 函数备选参数

2）按存货名称查看。在按供应商名称进行数据分析时，因为供应商名称已按序排列，故可直接进行分类汇总；而此处若直接按存货名称进行分类汇总，Excel 会判定 6 日的甲材料入库和 7 日的甲材料入库为不同的分类，所以必须先手动将主分类字段进行排序，Excel 才会按此分类执行汇总。

选择包含商品信息的所有单元格，执行“数据”→“排序和筛选”→“排序”命令，具体路径参见图 6-20 所示。

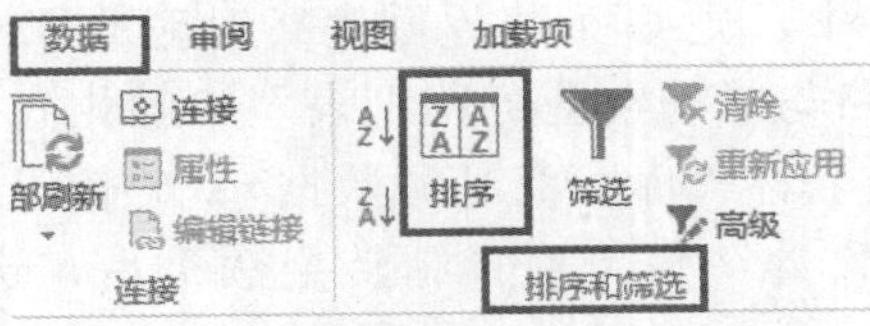


图 6-20　将采购数据进行排序

在弹出的“排序”对话框中，将“主要关键字”设置为“存货名称”，“排序依据”为“数值”，“次序”为“升序”，单击“确定”按钮后即可得到按“存货名称”升序排列的新表。再利用“分类汇总”命令，将“分类字段”设置为“存货名称”，“汇总方式”设置为“求和”，“选定汇总项”中勾选“存货成本”，单击“确定”按钮后即可得到按存货名称查看的分类汇总信息，如图 6-21 所示。

| | A | B | C | D | E | F | G | H | I | J | K | L | M | N |
|---|---|---|---|---|---|---|---|---|---|---|---|---|---|---|
| 1 | 采购业务明细表 | | | | | | | | | | | | | |
| 2 | 年份： | | 2019 | | | | | | | | | | 单位： | 人民币元 |
| 3 | 月 | 日 | 凭证号 | 存货名称 | 单位 | 类别 | 规格型号 | 供应商名称 | 进货数量 | 进货单价 | 可计入成本的费用 | 存货成本 | 税额 | 应付总额 |
| 4 | 11 | 6 | 191106 | 甲材料 | 万支 | 电阻 | 15Ω | 易达公司 | 1000 | 100 | 1000 | 101000 | 13000 | 114000 |
| 5 | 11 | 7 | 191108 | 甲材料 | 万支 | 电阻 | 15Ω | 海心公司 | 5000 | 100 | 0 | 500000 | 65000 | 565000 |
| 6 | | | | 甲材料汇总 | | | | | | | | 601000 | | |
| 7 | 11 | 6 | 191106 | 乙材料 | 万支 | 电阻 | 25Ω | 易达公司 | 2000 | 50 | 2000 | 102000 | 13000 | 115000 |
| 8 | | | | 乙材料汇总 | | | | | | | | 102000 | | |
| 9 | | | | 总计 | | | | | | | | 703000 | | |

图 6-21　按存货名称分类汇总后的数据

# 三、编制“成品入库表”

（1）新建空白工作表并将其更名为“成品入库表”，输入各项目名称：月（A 列）、日（B 列）、凭证号（C 列）、存货名称（D 列）、单位（E 列）、类别（F 列）、规格型号（G 列）、结转数量（H 列）、结转单价（I 列）和结转金额（J 列）。根据个人喜好设置表格样式，如图 6-22 所示。

| | A | B | C | D | E | F | G | H | I | J |
|---|---|---|---|---|---|---|---|---|---|---|
| 1 | 成品入库表 | | | | | | | | | |
| 2 | 年份： | | 2019 | | | | | | 单位： | 人民币元 |
| 3 | 月 | 日 | 凭证号 | 存货名称 | 单位 | 类别 | 规格型号 | 结转数量 | 结转单价 | 结转金额 |

图 6-22　成品入库表

（2）为了方便输入并防止输入错误，可以对“存货名称”列进行“数据验证”设置，在“数据验证”对话框的“来源”处输入“=库存商品”即可。

（3）编辑相关单元格公式。

选择 E4 单元格，输入公式“=VLOOKUP(D4,基础信息表!$I:$L,2,FALSE)”，并将其复制到该列以下的单元格中，则 E 列将返回存货对应的单位。

选择 F4 单元格，输入公式“=VLOOKUP(D4,基础信息表!$I:$L,3,FALSE)”，并将其复制到该列以下的单元格中，则 F 列将返回存货对应的类别。

选择 G4 单元格，输入公式“=VLOOKUP(D4,基础信息表!$I:$L,4,FALSE)”，并将其复制到该列以下的单元格中，则 G 列将返回存货对应的规格型号。

E～G 列的数据查找思路与“采购业务明细表”中的相同，只是修改了查找的区域。同样，为了方便，也可定义名称“库存商品源数据=基础信息表!$I:$L”。

手动输入 H 列“结转数量”和 J 列“结转金额”后，选择 I4 单元格，输入公式“=J4/H4”，即“结转单价=结转金额÷结转数量”，并将其复制到需要计算的该列以下单元格中。

（4）根据当月发生的成品入库业务，完成信息录入工作，录入后结果如图 6-23 所示。

| | A | B | C | D | E | F | G | H | I | J |
|---|---|---|---|---|---|---|---|---|---|---|
| 1 | 成品入库表 | | | | | | | | | |
| 2 | 年份： | | 2019 | | | | | | 单位： | 人民币元 |
| 3 | 月 | 日 | 凭证号 | 存货名称 | 单位 | 类别 | 规格型号 | 结转数量 | 结转单价 | 结转金额 |
| 4 | 11 | 30 | 191125 | B产品 | 件 | 悬挂式 | CIe72 | 410 | 616.89 | 252922.88 |

图 6-23　录入信息后的“成品入库表”

# 任务二　销售与车间领料业务处理

销售是企业生产经营活动的一个重要环节，是取得营业收入的必要手段，也是企业蓬勃发展的源泉。因此，每笔销售业务发生时都要及时减少相应的库存，以免影响企业的后续销售业务。此外，车间领料业务也会减少企业相应的存货。

## 一、编制“销售业务表”

（1）新建空白工作表并将其更名为“销售业务表”，输入各项目名称：月（A 列）、日（B 列）、凭证号（C 列）、摘要（D 列）、存货名称（E 列）、单位（F 列）、类别（G 列）、规格型号（H 列）、客户名称（I 列）、销货数量（J 列）、销货单价（K 列）、成本单价（L 列）、成本总额（M 列）和应收总额（N 列）。根据个人喜好设置表格样式，如图 6-24 所示。

| | A | B | C | D | E | F | G | H | I | J | K | L | M | N |
|---|---|---|---|---|---|---|---|---|---|---|---|---|---|---|
| 1 | 销售业务表 | | | | | | | | | | | | | |
| 2 | 年份： | | 2019 | | | | | | | | | | 单位： | 人民币元 |
| 3 | 月 | 日 | 凭证号 | 摘要 | 存货名称 | 单位 | 类别 | 规格型号 | 客户名称 | 销货数量 | 销货单价 | 成本单价 | 成本总额 | 应收总额 |

图 6-24　销售业务表

（2）为了方便输入并防止输入错误，可以参照前面“数据验证”设置的方法，对“摘要”和“客户名称”列进行设置。其中，“摘要”项数据验证的“来源”处输入“材料，商品”，“客户名称”项数据验证的“来源”处输入“=客户名称”即可。

（3）编辑相关单元格公式。

选择 F4 单元格，输入公式“=IF(D4="材料",VLOOKUP(E4,基础信息表!$D:$G,2,FALSE), IF(D4="商品",VLOOKUP(E4,基础信息表!$I:$L,2,FALSE),"请检查存货名称输入是否正确"))”，并将其复制到该列以下的单元格中，则 F 列将返回存货对应的单位。

选择 G4 单元格，输入公式“=IF(D4="材料",VLOOKUP(E4,基础信息表!$D:$G,3,FALSE), IF(D4="商品",VLOOKUP(E4,基础信息表!$I:$L,3,FALSE),"请检查存货名称输入是否正确"))”，并将其复制到该列以下的单元格中，则 G 列将返回存货对应的类别。

选择 H4 单元格，输入公式“=IF(D4="材料",VLOOKUP(E4,基础信息表!$D:$G,4,FALSE), IF(D4="商品",VLOOKUP(E4,基础信息表!$I:$L,4,FALSE),"请检查存货名称输入是否正确"))”，并将其复制到该列以下的单元格中，则 H 列将返回存货对应的规格型号。

**小提示**

**用 IF 函数区分不同的销售业务**

不同于前一节的工作表架构，采购业务增加的一定是原材料，成品入库增加的一定是库存商品；此处的销售业务，若实现主营业务收入，减少的是库存商品，若实现其他业务收入，减少的是原材料，故要增加“摘要”来区分不同的属性。而材料和商品运用 VLOOKUP 查找的范围不同，故需要增加 IF 函数用于判定。

选择 M4 单元格，输入公式“=J4*L4”，即“成本总额=销货数量×成本单价”；选择 N4 单元格，输入公式“=J4*K4*(1+16%)”，即“应收总额=销货数量×销货单价×（1+税率%）”，并将其复制到需要计算的单元格中。

（4）根据当月发生的销售业务，完成信息录入工作，录入后结果如图 6-25 所示。

| | A | B | C | D | E | F | G | H | I | J | K | L | M | N |
|---|---|---|---|---|---|---|---|---|---|---|---|---|---|---|
| 1 | 销售业务表 | | | | | | | | | | | | | |
| 2 | 年份： | | 2019 | | | | | | | | | | 单位： | 人民币元 |
| 3 | 月 | 日 | 凭证号 | 摘要 | 存货名称 | 单位 | 类别 | 规格型号 | 客户名称 | 销货数量 | 销货单价 | 成本单价 | 成本总额 | 应收总额 |
| 4 | 11 | 16 | 191116 191119 | 商品 | A产品 | 件 | 吸顶式 | IP65 | 华东科技信息公司 | 1000 | 1000 | 400 | 400000 | 1130000 |
| 5 | 11 | 16 | 191117 191119 | 商品 | B产品 | 件 | 悬挂式 | CIe72 | 华成工程建筑公司 | 500 | 1000 | 616 | 308000 | 565000 |
| 6 | 11 | 23 | 191124 | 材料 | 丙材料 | 件 | 集成块 | Eu616 | 龙华公司 | 250 | 40 | 20 | 5000 | 11300 |

图 6-25 录入信息后的“销售业务表”

（5）按照“采购业务表”中分类汇总的方法，通过对“客户名称”或“存货名称”等字段对销售数据进行分析，此处不再赘述。

## 二、编制“车间领料表”

（1）新建空白工作表并将其更名为“车间领料表”，输入各项目名称：月（A 列）、日（B 列）、凭证号（C 列）、存货名称（D 列）、单位（E 列）、类别（F 列）、规格型号（G 列）、领用数量（H 列）、领用单价（I 列）和领用金额（J 列）。根据个人喜好设置表格样式，如图 6-26 所示。

| | A | B | C | D | E | F | G | H | I | J |
|---|---|---|---|---|---|---|---|---|---|---|
| 1 | 车间领料表 | | | | | | | | | |
| 2 | 年份： | | 2019 | | | | | | 单位： | 人民币元 |
| 3 | 月 | 日 | 凭证号 | 存货名称 | 单位 | 类别 | 规格型号 | 领用数量 | 领用单价 | 领用金额 |

图 6-26　车间领料表

多条件求和

（2）同样，对“存货名称”列进行“数据验证”设置，因为车间领料为原材料，故在 D 列“数据验证”的“来源”中输入“=原材料”即可。

（3）同“采购业务表”，设置 E 列、F 列和 G 列相关公式，以确保正确返回存货对应的单位、类别和规格型号。选择 J4 单元格，输入“=H4*I4”，并将其复制到需要计算的以下单元格中。

（4）根据当月发生的领料业务，完成信息录入工作，录入后结果如图 6-27 所示。

| | A | B | C | D | E | F | G | H | I | J |
|---|---|---|---|---|---|---|---|---|---|---|
| 1 | 车间领料表 | | | | | | | | | |
| 2 | 年份： | | 2019 | | | | | | 单位： | 人民币元 |
| 3 | 月 | 日 | 凭证号 | 存货名称 | 单位 | 类别 | 规格型号 | 领用数量 | 领用单价 | 领用金额 |
| 4 | 11 | 8 | 191110 | 甲材料 | 万支 | 电阻 | 15Ω | 3000 | 101 | 303000 |
| 5 | 11 | 8 | 191110 | 乙材料 | 万支 | 电阻 | 25Ω | 1000 | 51 | 51000 |
| 6 | 11 | 8 | 191110 | 丙材料 | 件 | 集成块 | Eu616 | 200 | 20 | 4000 |

图 6-27　录入信息后的“车间领料表”

**小技巧 6-3　多条件求和间的区别**

随着公司的扩大，可能会有多个车间，届时可增设“领用部门”列，方便各部门费用的归集和计算。现假定公司有三个车间，某月相关车间领用数据如图 6-28 所示。

| | A | B | C | D | E | F | G | H | I |
|---|---|---|---|---|---|---|---|---|---|
| 1 | 月 | 日 | 存货名称 | 领用车间 | 领用数量 | 领用单价 | 领用金额 | | |
| 2 | 11 | 1 | 甲材料 | 一 | 3000 | 101 | 303000 | | 一车间共领用了多少甲材料？ |
| 3 | 11 | 1 | 乙材料 | 二 | 1000 | 51 | 51000 | | SUMPRODUCT((C2:C22="甲材料")*(D2:D22="一")*(E2:E22)) |
| 4 | 11 | 1 | 丙材料 | 一 | 200 | 20 | 4000 | | |
| 5 | 11 | 2 | 甲材料 | 二 | 1000 | 100 | 100000 | | 5690 |
| 6 | 11 | 4 | 乙材料 | 三 | 800 | 48 | 38400 | | |
| 7 | 11 | 6 | 甲材料 | 三 | 2000 | 20 | 40000 | | SUMPRODUCT((C2:C22="甲材料")*(D2:D22="一"),(E2:E22)) |
| 8 | 11 | 6 | 乙材料 | 一 | 300 | 98 | 29400 | | |
| 9 | 11 | 6 | 丙材料 | 一 | 2000 | 50 | 100000 | | 5690 |
| 10 | 11 | 8 | 丙材料 | 二 | 500 | 21 | 10500 | | |
| 11 | 11 | 10 | 甲材料 | 二 | 500 | 99 | 49500 | | SUMPRODUCT((C2:C22="甲材料")*1,(D2:D22="一")*1,(E2:E22)) |
| 12 | 11 | 10 | 乙材料 | 二 | 1000 | 49 | 49000 | | |
| 13 | 11 | 11 | 丙材料 | 一 | 200 | 19 | 3800 | | 5690 |
| 14 | 11 | 13 | 甲材料 | 三 | 800 | 95 | 76000 | | |
| 15 | 11 | 14 | 乙材料 | 三 | 1000 | 53 | 53000 | | {=SUM((C2:C22="甲材料")*(D2:D22="一")*(E2:E22))} |
| 16 | 11 | 15 | 丙材料 | 三 | 650 | 19 | 12350 | | |
| 17 | 11 | 21 | 甲材料 | 一 | 890 | 105 | 93450 | | 5690 |
| 18 | 11 | 23 | 乙材料 | 二 | 1000 | 51 | 51000 | | |
| 19 | 11 | 23 | 丙材料 | 三 | 450 | 20 | 9000 | | SUMIFS(E2:E22,C2:C22,"甲材料",D2:D22,"一") |
| 20 | 11 | 24 | 甲材料 | 一 | 1800 | 96 | 172800 | | |
| 21 | 11 | 28 | 乙材料 | 二 | 2100 | 51 | 107100 | | 5690 |
| 22 | 11 | 30 | 丙材料 | 三 | 600 | 18 | 10800 | | |

图 6-28　三车间领料表

若月底要求统计“一车间该月共领用了多少甲材料”，当然可以用前文详述的分类汇总进行归集，也可使用前几个项目介绍的 SUMPRODUCT 函数、SUM 函数或 SUMIFS 函数（公式与结果参见图 6-28），这边我们来比较下三个函数间的区别。

（1）项目五中介绍了 SUMPRODUCT 函数的基础用法和扩展用法，此处就是多条件求和的扩展用法。I3 单元格“=SUMPRODUCT((C2:C22="甲材料")*(D2:D22="一")*(E2:E22))”，I7 单元格“=SUMPRODUCT((C2:C22="甲材料")*(D2:D22="一"),(E2:E22))”、I11 单元格“=SUMPRODUCT((C2:C22="甲材料")*1,(D2:D22="一")*1,(E2:E22))”都能用于求解“一车间该月共领用了多少甲材料”。但是，三者在计算时的过程还是略有差异的，详见“公式”中“公式审核”的“公式求值”。需要说明的是，SUMPRODUCT 函数在进行多条件求和时，一样无法使用通配符进行计算。

（2）SUM 函数同样可以实现多条件求和，即采用 SUMPRODUCT 函数中“*”乘积的思想，只是需要构建数组，所以可以看到 SUM 函数外层有花括号，这是按<Ctrl+Shift+Enter>组合键实现的，详见项目四中数组的相关概念。同样，SUM 函数在进行多条件求和时，一样无法使用通配符进行计算；此外，若所需求和区域中存在文本，SUM 函数也无法进行有效计算。

（3）SUMIFS 函数是实现多条件求和最便捷的函数，并且支持条件中使用通配符进行模糊定义。此外，SUMIFS(sum_range,criteria_range1,criteria1,[criteria_range2,criteria2],...)第二组条件及对应条件区域外加方括号，说明参数是可选项；所以，只输入一组条件及对应条件时，可以实现 SUMIF 函数的求和功能。只是用 SUMIFS 函数进行单条件求和时要注意参数的顺序，因为求和区域 sum_range 在 SUMIFS 函数中是第一个参数，而在 SUMIF(range,criteria,[sum_range])中，求和区域 sum_range 却是第三个参数；所以，当使用这些相似函数时，请确保参数位置摆放的正确性。

# 任务三 库存管理

库存管理是企业进销存管理中不可缺少的环节，无论是采购的原材料、成品入库，还是销售存货，都会影响库存变动；此外，企业还需要根据期初的结余确定期末的结余，以实现对库存量的全面控制。

## 一、创建“库存管理表”

新建空白工作表并将其更名为“库存管理表”，输入各项目名称：存货名称（A 列）、单位（B 列）、类别（C 列）、规格型号（D 列）、期初数量（E 列）、期初金额（F 列）、入库数量（G 列）、入库金额（H 列）、出库数量（I 列）、出库金额（J 列）、期末数量（K 列）、期末金额（L 列）、最低安全库存量（M 列）和预警（N 列）。根据个人喜好设置表格样式，如图 6-29 所示。

| | A | B | C | D | E | F | G | H | I | J | K | L | M | N |
|---|---|---|---|---|---|---|---|---|---|---|---|---|---|---|
| 1 | 库存管理 | | | | | | | | | | | | | |
| 2 | 日期： | 2019年11月 | | | | | | | | | 单位： | | 人民币元 | |
| 3 | 存货名称 | 单位 | 类别 | 规格型号 | 期初数量 | 期初金额 | 入库数量 | 入库金额 | 出库数量 | 出库金额 | 期末数量 | 期末金额 | 最低安全库存量 | 预警 |

图 6-29 库存管理表

## 二、编辑相关单元格公式

将“基础信息表”中的全部存货及其相关信息复制到“库存管理表”中，并录入相关期初数据、最低安全库存量数据，如图 6-30 所示。

| | A | B | C | D | E | F | G | H | I | J | K | L | M | N | O |
|---|---|---|---|---|---|---|---|---|---|---|---|---|---|---|---|
| 1 | 库存管理 | | | | | | | | | | | | | | |
| 2 | 日期： | 2019年11月 | | | | | | | | | 单位： | | 人民币元 | | |
| 3 | 存货名称 | 单位 | 类别 | 规格型号 | 期初数量 | 期初金额 | 入库数量 | 入库金额 | 出库数量 | 出库金额 | 期末数量 | 期末金额 | 最低安全库存量 | 预警 | 安全 |
| 4 | 甲材料 | 万支 | 电阻 | 15Ω | 593 | 64898.72 | | | | | | | | | |
| 5 | 乙材料 | 万支 | 电阻 | 25Ω | 505 | 25748.38 | | | | | | | | | |
| 6 | 丙材料 | 件 | 集成块 | Eu616 | 2358 | 47163.77 | | | | | | | | | |
| 7 | A产品 | 件 | 吸顶式 | IP65 | 6407 | 2562738.05 | | | | | | | | | |
| 8 | B产品 | 件 | 悬挂式 | CIe72 | 2475 | 1473766.43 | | | | | | | | | |

图 6-30 库存管理表预处理

根据不同的存货类目，编辑相关单元格公式。

### 1．原材料的“入库数量”和“入库金额”

因为材料都是采购入库的，所以数据来源为“采购业务表”。

选择 G4 单元格，输入公式“=SUMIF(采购业务表!$D:$D,A4,采购业务表!$I:$I)”，返回本期因为采购而增加的原材料数量。

选择 H4 单元格，输入公式“=SUMIF(采购业务表!$D:$D,A4,采购业务表!$L:$L)”，返回本期因为采购而增加的原材料金额。

将公式复制到乙材料和丙材料入库的相关单元格内。

### 2．产成品的“入库数量”和“入库金额”

因为产成品都是车间生产完工后结转入库的，所以数据来源为“成品入库表”。

选择 G7 单元格，输入公式“=SUMIF(成品入库表!$D:$D,A7,成品入库表!$H:$H)”，返回本期因为完工入库而增加的库存商品数量。

选择 H7 单元格，输入公式“=SUMIF(成品入库表!$D:$D,A7,成品入库表!$J:$J)”，返回本期因为完工入库而增加的库存商品金额。

将公式复制到 B 产品入库的相关单元格内。

### 3．原材料的“出库数量”和“出库金额”

因为本期减少的原材料可能是车间领料造成的，也可能是出售多余材料造成的，所以数据来源中就应该包含“销售业务表”和“车间领料表”两部分的相关数据。

选择 I4 单元格，输入公式“=SUMIF(车间领料表!$D:$D,A4,车间领料表!$H:$H)+SUMIF(销售业务表!$E:$E,A4,销售业务表!$J:$J)”，返回本期减少的原材料数量。

选择 J4 单元格，输入公式“=SUMIF(车间领料表!$D:$D,A4,车间领料表!$J:$J)+SUMIF(销售业务表!$E:$E,A4,销售业务表!$M:$M)”，返回本期减少的原材料金额。

将公式复制到乙材料和丙材料出库的相关单元格内。

### 4．产成品的“出库数量”和“出库金额”

产成品的减少一般来说是因为销售实现了主营业务收入，所以数据来源为“销售业务表”。

选择 I7 单元格，输入公式“=SUMIF(销售业务表!$E:$E,A7,销售业务表!$J:$J)”，返回本期因为销售而减少的库存商品数量。

选择 J7 单元格，输入公式“=SUMIF(销售业务表!$E:$E,A7,销售业务表!$M:$M)”，返回本期因为销售而减少的库存商品成本金额。

将公式复制到 B 产品出库的相关单元格内。

**5．计算“期末数量”和“期末金额”**

由试算平衡等式可知“期末结存=期初结存+本期增加−本期减少”，故选择 K4 单元格，输入公式“=E4+G4−I4”，返回期末结存数量；选择 L4 单元格，输入公式“=F4+H4−J4”，返回期末结存金额。将公式复制到这两列以下的单元格内。

选择 N4 单元格，输入公式“=IF(K4<=M4,"*"," ")”，并将其复制到该列以下单元格中。

## 三、录入业务，美化单元格格式

根据当月发生的相关业务完成信息录入工作，并按个人喜好及查看方便原则，美化相关单元格格式。例如，对于“预警”列来说，首先选中 N 列，执行“开始”→“样式”→“条件格式”→“突出显示单元格规则”→“等于”命令（路径如图 6-31 所示）。

在弹出的对话框中，“为等于以下值的单元格设置格式”输入“*”，“设置为”选择“自定义格式”（如图 6-32 所示）；在弹出的“设置单元格格式”中，将“字体”颜色设置为“白色”，“填充”背景色设置成红色。

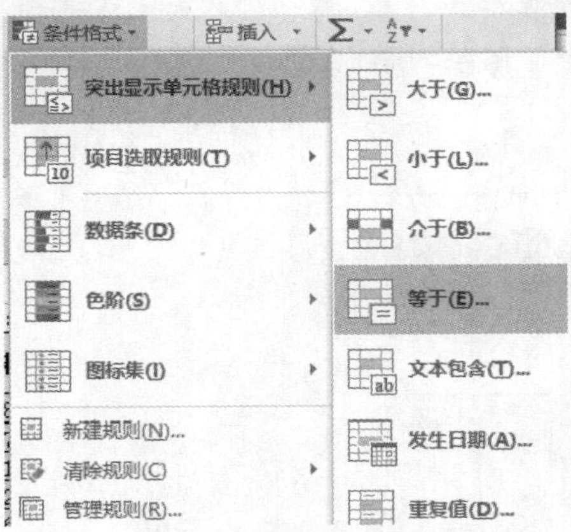


图 6-31　条件格式执行路径

图 6-32　设置突出显示单元格规则

**小提示**

**关于双引号的说明**

在设置预警时，IF 函数返回的是字符串，需要加双引号；而此处，“为等于以下值的单元格设置格式”针对的是单元格对应的值，所以直接输入“*”即可。

单击“确定”按钮后效果图如 6-33 所示，其中“甲材料”显示预警信息，需要通知相关部门及时制订采购计划进行补足，以免耽误企业正常的生产经营。

| | A | B | C | D | E | F | G | H | I | J | K | L | M | N |
|---|---|---|---|---|---|---|---|---|---|---|---|---|---|---|
| 1 | 库存管理 | | | | | | | | | | | | | |
| 2 | 日期： | 2019年11月 | | | | | | | | | 单位： | | 人民币元 | |
| 3 | 存货名称 | 单位 | 类别 | 规格型号 | 期初数量 | 期初金额 | 入库数量 | 入库金额 | 出库数量 | 出库金额 | 期末数量 | 期末金额 | 最低安全库存量 | 预警 |
| 4 | 甲材料 | 万支 | 电阻 | 15Ω | 593 | 64898.72 | 6000 | 601000 | 3000 | 303000 | 3593 | 362898.72 | 3600 | * |
| 5 | 乙材料 | 万支 | 电阻 | 25Ω | 505 | 25748.38 | 2000 | 102000 | 1000 | 51000 | 1505 | 76748.38 | 1500 | |
| 6 | 丙材料 | 件 | 集成块 | Eu616 | 2358 | 47163.77 | 0 | 0 | 450 | 9000 | 1908 | 38163.77 | 1800 | |
| 7 | A产品 | 件 | 吸顶式 | IP65 | 6407 | 2562738.05 | 0 | 0 | 1000 | 400000 | 5407 | 2162738.1 | 3000 | |
| 8 | B产品 | 件 | 悬挂式 | CIe72 | 2475 | 1473766.43 | 410 | 252923 | 500 | 308000 | 2385 | 1418689.3 | 2000 | |

图 6-33 录完信息后的库存管理表

## 小技巧 6-4 条件格式

条件格式可以根据特定条件对数据进行格式标识，以更加直观地获取特定问题的视觉提示，常被应用在单元格、表格和数据透视表中。如图 6-31 所示，“条件格式”的菜单栏由三块内容构成。

**1．仅对部分单元格设置格式**

第一块内容比较好理解，主要包括“突出显示单元格规则”和“项目选择规则”两部分内容，用于设置部分单元格格式。

本例中就运用了“突出显示单元格规则”中的“等于”命令。然而该菜单栏只显示了部分常用的规则，如果想要获取某次考试中“优秀”同学的信息，菜单栏中无法筛选出“大于等于 90”的选项信息。此时，我们就需要单击最下方的“其他规则”，弹出窗口如图 6-34 所示，在“只为包含以下内容的单元格设置格式”下，就多了“大于或等于”的选项；调整下方“格式”后，就能突出显示“优秀”同学的信息了。

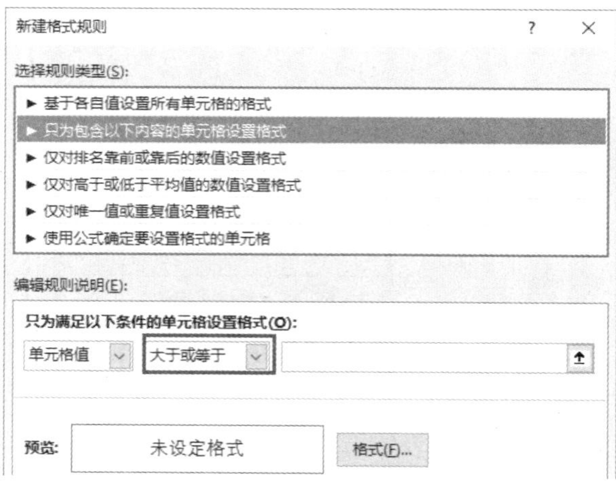


图 6-34 新建格式规则

可见，图 6-34 中“只为满足以下条件的单元格设置格式”下两个下拉菜单配合后面的任意值录入，能实现“突出显示单元格规则”中“大于”“小于”“介于”“等于”“文本包含”“发生日期”在内的多项功能。而“突出显示单元格规则”最后一项“重复值”则属于此处的第五行规则类型：“仅对唯一值或重复值设置格式”。

“项目选择规则”下的“前 10 项”“前 10%”“最后 10 项”“最后 10%”刚好对应“新建格式规则”中的第三行“仅对排名靠前或靠后的数值设置格式”；“高于平均值”和“低于平均值”则对应第四行“仅对高于或低于平均值的数值设置格式”。

**2．使用数据条/色阶/图标集设置所有单元格格式**

第二块数据条/色阶/图标集的内容均属于“新建格式规则”中的第一行“基于各自值设置所有单元格的格式”，只是“格式样式”中的选项不同，所以呈现出来的效果不同。

假定该公司随着业务的壮大，扩充销售团队为 10 人，现对其销售额进行条件格式分析，数据如图 6-35 所示。我们可以按之前所述执行“开始”→“样式”→“条件格式”，按数据条/色阶/图标集进行格式设置；也可以选择所有数据，单击右下方的“快速分析”按钮，分别单击“数据条”“色阶”“图标集”，便能实现数据条、色阶、图标集的格式设置。但若想实现叠加效果，则需要再次全选所有数据进行快速分析，如图 6-36 所示。需要说明的是，用快速分析的缺点是不能进行样式更改，只能采用默认的样式；如需更改，参见下文“管理规则”的描述。

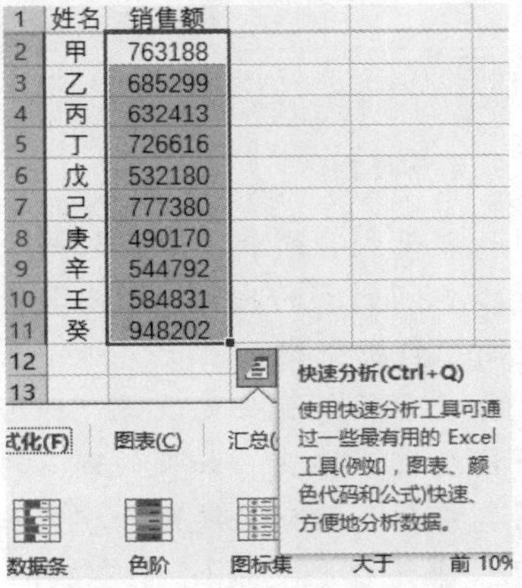


图 6-35　快速分析

图 6-36　数据条与图标集叠加效果图

**3．新建/清除/管理规则**

“新建规则”除了能实现前两块所述的内容，还能实现“使用公式确定要设置格式的单元格”，因为内置格式规则常常会出现不足以满足用户需要的情况。例如，图 6-33 中的预警信息是通过“突出显示单元格规则”实现的，我们也可以用公式增设“安全”列的格式。

选择 O 列，执行“条件格式”→“新建规则”，选中“使用公式确定要设置格式的单元格”，在“为符合此公式的值设置格式”中输入“=$K1>$M1”，并单击下方“格式”按钮，在新弹出的对话框中调整“填充”为绿色，得到图 6-37。需要说明的是，条件格式更改的只是单元格的格式，若想像“预警”列一样出现“*”或文字提醒，则需要在单元格中输入所需的内容。

“清除规则”顾名思义，且选项较为简单，此处不多展开。

下面着重强调一下“管理规则”。例如，想调整图 6-36 中数据条的颜色和图标集，选中 B 列，执行“条件格式”→“管理规则”，弹出“条件格式规则管理器”对话框如

图 6-38 所示。

| 库存管理 | | | | | | | | | | | | | | |
|---|---|---|---|---|---|---|---|---|---|---|---|---|---|---|
| 日期： | 2019年11月 | | | | | | | | | 单位： | | 人民币元 | | |
| 存货名称 | 单位 | 类别 | 规格型号 | 期初数量 | 期初金额 | 入库数量 | 入库金额 | 出库数量 | 出库金额 | 期末数量 | 期末金额 | 最低安全库存量 | 预警 | 安全 |
| 甲材料 | 万支 | 电阻 | 15Ω | 593 | 64898.72 | 6000 | 601000 | 3000 | 303000 | 3593 | 362898.72 | 3600 | * | |
| 乙材料 | 万支 | 电阻 | 25Ω | 505 | 25748.38 | 2000 | 102000 | 1000 | 51000 | 1505 | 76748.38 | 1500 | | |
| 丙材料 | 件 | 集成块 | Eu616 | 2358 | 47163.77 | 0 | 0 | 450 | 9000 | 1908 | 38163.77 | 1800 | | |
| A产品 | 件 | 吸顶式 | IP65 | 6407 | 2562738.05 | 0 | 0 | 1000 | 400000 | 5407 | 2162738.1 | 3000 | | |
| B产品 | 件 | 悬挂式 | CIe72 | 2475 | 1473766.43 | 410 | 252923 | 500 | 308000 | 2385 | 1418689.3 | 2000 | | |

图 6-37　新增安全列的条件格式图

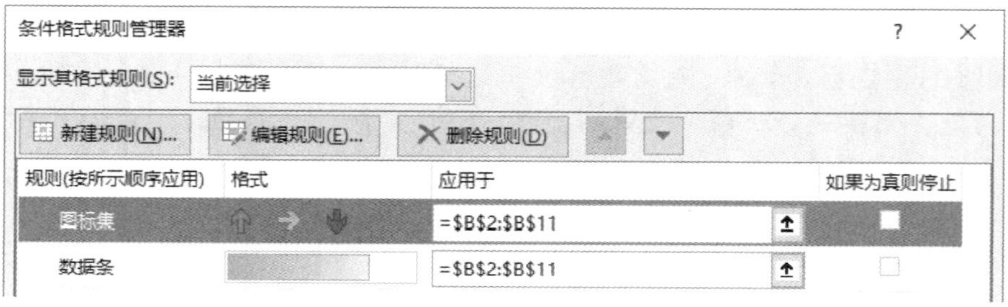


图 6-38　条件格式规则管理器

首先，来了解一下条件格式规则的优先级。一般来说，列表中较高处规则的优先级高于较低处的规则；因为默认情况下，新规则总是添加到列表的顶部，所以具有较高的优先级。例如，图 6-38 中，图标集规则的优先级就高于数据条规则的优先级，如果对优先级不满意，可以使用“删除规则”右侧的“上移”和“下移”箭头更改优先级顺序。需要强调的是，当某个单元格同时存在多个条件时，可能会发生冲突，如果规则不冲突（如此处的图标集规则和数据条规则），两条规则都能得到应用；但如果规则冲突，如一条规则希望字体变为红色，另一条规则希望字体变为绿色，单元格会应用优先级较高的规则。

然后，双击图 6-38 第一条图标集规则，出现了熟悉的界面，只是现在的窗口名称变成了“编辑格式规则”。在下方的“编辑规则说明”中，我们可以更改所有的选项以适应需要，如可将“类型”改成“数字”等，如图 6-39 所示；“确认”后，就能看到规则修改后的效果了。

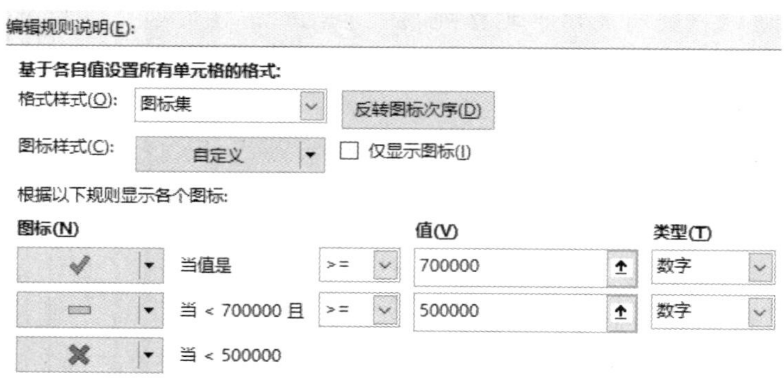


图 6-39　基于各自值设置所有单元格格式

## 四、利用数据透视表进行分析

库存管理除了需要建立预警机制，还需要对期初、期末的数据进行分析。

执行“插入”→“表格”→“数据透视表”命令，如图 6-40 所示，并选择将其放在新工作表中，将该表更名为“数据透视”。设置数据透视表字段，如图 6-41 所示，得到的数据透视表如图 6-42 所示。

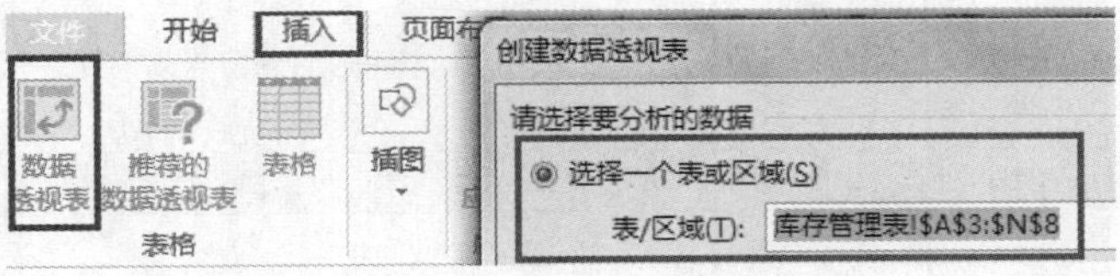


图 6-40　创建数据透视表

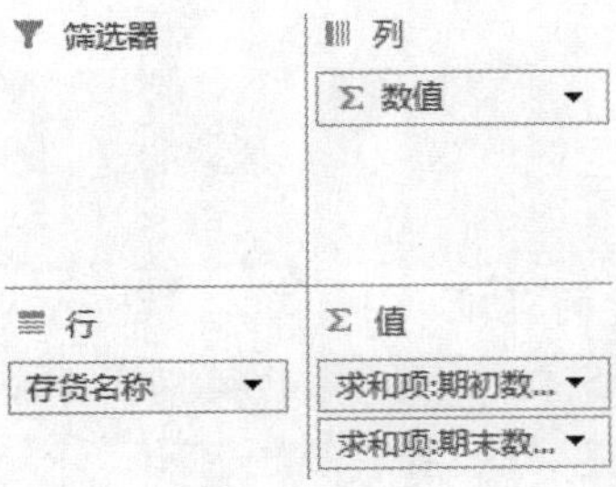


图 6-41 设置数据透视表字段

| | A | B | C |
|---|---|---|---|
| 1 | | | |
| 2 | | | |
| 3 | 存货名称 | 求和项：期初数量 | 求和项：期末数量 |
| 4 | 甲材料 | 593 | 3593 |
| 5 | 乙材料 | 505 | 1505 |
| 6 | 丙材料 | 2358 | 1908 |
| 7 | A产品 | 6407 | 5407 |
| 8 | B产品 | 2475 | 2385 |
| 9 | 总计 | 12338 | 14798 |

图 6-42　库存管理数据透视表

执行“插入”→“图表”→“数据透视图”，在弹出的对话框中选择“柱形图”，调整样式后如图 6-43 所示。

| 存货名称 | 求和项：期初数量 | 求和项：期末数量 |
|---|---|---|
| 甲材料 | 593 | 3593 |
| 乙材料 | 505 | 1505 |
| 丙材料 | 2358 | 1908 |
| A产品 | 6407 | 5407 |
| B产品 | 2475 | 2385 |
| 总计 | 12338 | 14798 |

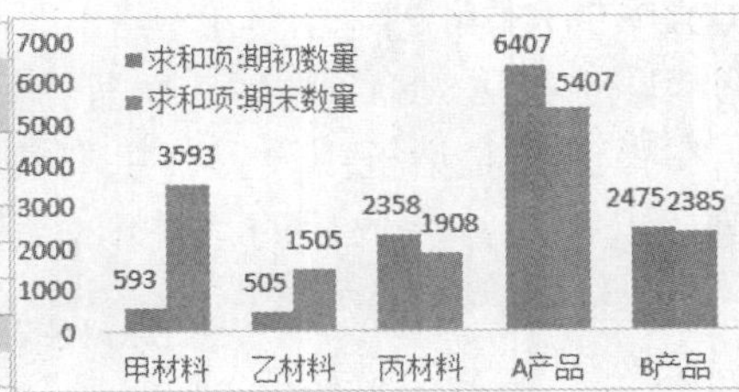


图 6-43　库存管理数据透视表和数据透视图

通过图 6-43 可以看出当月库存的变动情况，也可对比上月数据，这样做对采购和销售具有一定的指导作用，这样就不会造成某种原材料存货太少影响生产，或者存在某种商品积压的情况。

# 任务四　存货明细账

为了方便计算，结转材料、商品的成本，及时发现库存情况，需要按存货的名称、类别、规格型号分别设置活页式明细账。一般情况下，存货的明细账通常采用数量金额式账页。

## 一、编制“进销总记录表”

新建空白工作表并将其更名为“进销总记录表”，按照前几张表格的相关项目设置表头：月（A 列）、日（B 列）、凭证号（C 列）、存货名称（D 列）、单位（E 列）、类别（F 列）、规格型号（G 列）、渠道（H 列）、入库数量（I 列）、入库单价（J 列）、入库成本（K 列）、出库数量（L 列）、出库单价（M 列）和出库成本（N 列）。根据个人喜好设置表格样式如图 6-44 所示。

| | A | B | C | D | E | F | G | H | I | J | K | L | M | N |
|---|---|---|---|---|---|---|---|---|---|---|---|---|---|---|
| 1 | 进销总记录表 | | | | | | | | | | | | | |
| 2 | 年份： | | 2019 | | | | | | | | | 单位： | 人民币元 | |
| 3 | 月 | 日 | 凭证号 | 存货名称 | 单位 | 类别 | 规格型号 | 渠道 | 入库数量 | 入库单价 | 入库成本 | 出库数量 | 出库单价 | 出库成本 |

图 6-44　进销总记录表

分别从“采购业务表”“成品入库表”“销售业务表”“车间领料表”“库存管理表”中复制相关信息。

**小提示**

**关于“选择性粘贴”的说明**

复制其他表相关信息时，可以使用快捷键<Ctrl+C>，但粘贴数据时不能使用快捷键<Ctrl+V>，而应该右击选择“选择性粘贴”→“粘贴数值”→“值”，这样粘贴的数据是计算结果，而不会因为公式中单元格的变化而产生不必要的错误。

因为“进销总记录表”表头设置数据时，只保留了数量、单价、成本三个大项，而入库成本中可能包含其他可计入成本的费用，所以入库单价（J 列）应采用公式计算，如 J4 单元格“=ROUND(K4/I4,2)”。

录完相关数据后，选择 A3:N18 区域，执行“开始”→“编辑”→“排序和筛选”→“自定义排序”，在弹出的对话框中设置“主要关键字”为“日”，“排序依据”为“数值”，“次序”为“升序”，完成后的“进销总记录表”如图 6-45 所示。

| | A | B | C | D | E | F | G | H | I | J | K | L | M | N |
|---|---|---|---|---|---|---|---|---|---|---|---|---|---|---|
| 1 | 进销总记录表 | | | | | | | | | | | | | |
| 2 | 年份： | | 2019 | | | | | | | | | 单位： | 人民币元 | |
| 3 | 月 | 日 | 凭证号 | 存货名称 | 单位 | 类别 | 规格型号 | 渠道 | 入库数量 | 入库单价 | 入库成本 | 出库数量 | 出库单价 | 出库成本 |
| 4 | 11 | 1 | 191101 | 甲材料 | 万支 | 电阻 | 15Ω | 上期结转 | 593 | 109.44 | 64898.72 | | | |
| 5 | 11 | 1 | 191101 | 乙材料 | 万支 | 电阻 | 25Ω | 上期结转 | 505 | 50.99 | 25748.38 | | | |
| 6 | 11 | 1 | 191101 | 丙材料 | 件 | 集成块 | Eu616 | 上期结转 | 2358 | 20 | 47163.77 | | | |
| 7 | 11 | 1 | 191101 | A产品 | 件 | 吸顶式 | IP65 | 上期结转 | 6407 | 399.99 | 2562738.05 | | | |
| 8 | 11 | 1 | 191101 | B产品 | 件 | 悬挂式 | CIe72 | 上期结转 | 2475 | 595.46 | 1473766.43 | | | |
| 9 | 11 | 6 | 191106 | 甲材料 | 万支 | 电阻 | 15Ω | 易达公司 | 1000 | 101 | 101000 | | | |
| 10 | 11 | 6 | 191106 | 乙材料 | 万支 | 电阻 | 25Ω | 易达公司 | 2000 | 51 | 102000 | | | |
| 11 | 11 | 7 | 191108 | 甲材料 | 万支 | 电阻 | 15Ω | 海心公司 | 5000 | 100 | 500000 | | | |
| 12 | 11 | 8 | 191110 | 甲材料 | 万支 | 电阻 | 15Ω | 车间领料 | | | | 3000 | 101 | 303000 |
| 13 | 11 | 8 | 191110 | 乙材料 | 万支 | 电阻 | 25Ω | 车间领料 | | | | 1000 | 51 | 51000 |
| 14 | 11 | 8 | 191110 | 丙材料 | 件 | 集成块 | Eu616 | 车间领料 | | | | 200 | 20 | 4000 |
| 15 | 11 | 16 | 191116<br>191119 | A产品 | 件 | 吸顶式 | IP65 | 华东科技信息公司 | | | | 1000 | 400 | 400000 |
| 16 | 11 | 16 | 191117<br>191119 | B产品 | 件 | 悬挂式 | CIe72 | 华成工程建筑公司 | | | | 500 | 616 | 308000 |
| 17 | 11 | 23 | 191124 | 丙材料 | 件 | 集成块 | Eu616 | 龙华公司 | | | | 250 | 20 | 5000 |
| 18 | 11 | 30 | 191125 | B产品 | 件 | 悬挂式 | CIe72 | 成品入库 | 410 | 616.89 | 252922.88 | | | |

图 6-45　按日期升序后的进销总记录表

**小技巧 6-5 数据的舍入**

四舍五入、取整等问题在任何行业的表格运算中都极其常见。在 Excel 中，舍入问题不仅可以满足工作中对精确位数的要求，还可以避免浮点运算带来的误差。在前面的项目中已经介绍了 ROUND 系列函数，此处将数据的舍入问题进行对比区分。

**1．ROUND 函数/ROUNDUP 函数/ROUNDDOWN 函数**

ROUND 函数用于对数值进行四舍五入；ROUNDUP 函数用于向上舍入（远离零）；ROUNDDOWN 函数用于向下舍入（朝向零）。

三者的语法格式均为：ROUND/ROUNDUP/ROUNDDOWN (number,num_digits)

其中，number 是要四舍五入的数字，num_digits 表示四舍五入的位数，即计算精度。如果 num_digits 大于零，则将数字四舍五入到指定的小数位数；等于零，则将数字四舍五入到最接近的整数；小于零，则将数字四舍五入到小数点左边的相应位数。

**2．INT 函数/TRUNC 函数**

INT 函数的语法格式为：INT(number)

INT 函数只有一个参数 number，表示将数字向下舍入到最接近的整数；当 number 是负数时只会朝着远离零的方向将数字舍入。

TRUNC 函数表示将数字的小数部分截去，以返回整数。

语法格式为：TRUNC(number, [num_digits])

不同于 ROUND 系列函数，num_digits 是一个可选项，参数省略时，默认值为零。

图 6-46 列举部分数据以比较各函数的差别，其中每个数下第一列 num_digits 为-1，第二列为 0，第三列为 1。从图 6-46 返回的数字来看，ROUNDDOWN 函数和 TRUNC 函数的结果是一样的，唯一的区别是公式中参数的写法格式存在细微差别，因为 TRUNC 函数的 num_digits 是可选项，而在 ROUNDDOWN 函数中为必选项，也就是说 ROUNDDOWN 函数即便省略参数，也要保留参数间的逗号。例如，仍以“1.19”的舍入举例，TRUNC 函数和 ROUNDDOWN 函数的公式输入可以罗列如下：TRUNC(1.19)=TRUNC(1.19,)=TRUNC(1.19,0)=ROUNDDOWN(1.19,0)=ROUNDDOWN(1.19,)，请注意逗号和省略的运用。

| | 1.19 | | | 1.12 | | | -1.12 | | | -1.19 | | |
|---|---|---|---|---|---|---|---|---|---|---|---|---|
| ROUND | 0 | 1 | 1.2 | 0 | 1 | 1.1 | 0 | -1 | -1.1 | 0 | -1 | -1.2 |
| ROUNDUP | 10 | 2 | 1.2 | 10 | 2 | 1.2 | -10 | -2 | -1.2 | -10 | -2 | -1.2 |
| ROUNDDOWN | 0 | 1 | 1.1 | 0 | 1 | 1.1 | 0 | -1 | -1.1 | 0 | -1 | -1.1 |
| INT | | 1 | | | 1 | | | -2 | | | -2 | |
| TRUNC | 0 | 1 | 1.1 | 0 | 1 | 1.1 | 0 | -1 | -1.1 | 0 | -1 | -1.1 |

图 6-46 进销总记录表

**3．CEILING 函数/FLOOR 函数**

CEILING 函数用于向上舍入（远离零的方向）最接近指定参数的倍数；FLOOR 函数用于（朝向零的方向）向下舍入最接近指定参数的倍数。

语法格式均为：CEILING/FLOOR(number,significance)

其中，number 是待舍入的数字，significance 是基数。如果 number 正好是 significance 的倍数，则不进行舍入。例如，CEILING(2.5,2)返回 2.5 向上舍入最接近 2 的倍数的值，故为 4；FLOOR(2.5,2)返回 2.5 向下舍入最接近 2 的倍数的值，故为 2；CEILING(4,2)或 FLOOR(4,2)的结果仍为 4，因为 4 是 2 的倍数。

负数方面，如果 number 和 significance 都为负，CEILING 函数返回值按远离零的方向向下舍入；如果 number 为负，significance 为正，则按朝向零的方向向上舍入；FLOOR 函数与之相反。CEILING(−2.5,−2)返回远离零的方向最接近−2 的倍数的值，故为−4；CEILING(−2.5,2)返回−2；反之，FLOOR(−2.5, −2)返回朝向零的方向最接近−2 的倍数的值，故为−2；FLOOR(−2.5,2)则返回−4。在这里需要指出的是，向上向下舍入是针对零值来定义的，所以，正数时远离零的方向是向上舍入，而负数时远离零的方向就变成了向下舍入，坐标轴参考图 6−47。此外，如果 number 为正值，significance 为负值，Excel 会返回错误值“#NUM!”。

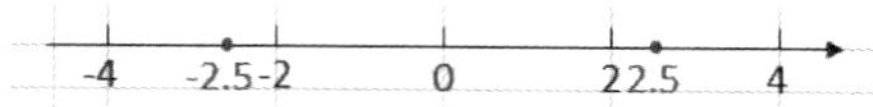


图 6−47　CEILING 函数/FLOOR 函数远离/朝向零方向示意图

顺带一提，在 Excel 2013 中扩充了 CEILING 函数和 FLOOR 函数的功能，新升级的函数分别为 CEILING.MATH 函数和 FLOOR.MATH 函数，增加了模式参数。语法格式调整为：CEILING.MATH/FLOOR.MATH(number,[significance],[mode])

其中，可选项[mode]用于控制 number 是朝向零的方向还是远离零的方向，有兴趣的同学可以自行练习。

**4．ODD 函数/EVEN 函数**

ODD 函数用于将正数向上舍入到最接近的奇数，将负数向下舍入到最接近的奇数；EVEN 函数用于将正数向上舍入到最接近的偶数，将负数向下舍入到最接近的偶数。两者的语法格式同 INT 函数，都只有一个参数 number。

**5．设置单元格格式**

通常，当单元格中有浮点数出现时，为保证该列数据的美观，我们会通过“设置单元格格式”来对数值进行取舍，如将小数位数控制为两位等。然而，这种方式的取舍不同于前四类函数的取舍，数值只是在单元格中显示为指定的位数，而本身并没有发生变化（编辑栏中显示的仍为原值），所以当该单元格发生运算时，仍按原值进行计算。

以“1.15”取一位小数为例，在 A1 单元格中输入“=ROUND(1.15,1)”，而在 A2 单元格中输入“=1.15”，并通过“设置单元格格式”的方法将其格式调整为一位小数。选择 B1 单元格输入“=A1+1.16”，Excel 的计算过程“=1.2+1.16=2.36”，单元格若只显示一位小数，结果为“2.4”；将公式复制到 B2 单元格进行“A2+1.16”运算时，因为“设置单元格格式”只改变单元格格式，不影响数据本身，所以，虽然“1.15”在单元格中显示为“1.2”，但在实际计算中仍为“1.15+1.16=2.31”，若只显示一位小数，结果为“2.3”。A1 单元格和 A2 单元格同样保留一位小数，但执行“A1+1.16”和“A2+1.16”的结果是不一样的；所以，在实际工作中需要注意两者的差别，以免带来不必要的麻烦。

## 二、筛选存货明细表

万隆灯具有限公司有甲材料、乙材料、丙材料三种原材料和 A 产品、B 产品两种库存商品，应分别按材料和商品的类别设置明细账。此处以“甲材料”为例设置其明细账。

打开“进销总记录表”，选择 A3:N3 区域，执行“开始”→“编辑”→“排序和筛选”→“筛选”，A3:N3 每项单元格后方均出现了“▾”式样的三角形下拉列表。单击“存货名称”后方的三角形下拉列表，在弹出的对话框中勾选“甲材料”，单击“确定”按钮后得到只包含“甲材料”的进销总记录表，如图 6-48 所示。

|  | A | B | C | D | E | F | G | H | I | J | K | L | M | N |
|---|---|---|---|---|---|---|---|---|---|---|---|---|---|---|
| 1 | 进销总记录表 | | | | | | | | | | | | | |
| 2 | 年份： | | 2019 | | | | | | | | | 单位： | 人民币元 | |
| 3 | 月 | 日 | 凭证号 | 存货名称 | 单位 | 类别 | 规格型号 | 渠道 | 入库数量 | 入库单价 | 入库成本 | 出库数量 | 出库单价 | 出库成本 |
| 4 | 11 | 1 | 191101 | 甲材料 | 万支 | 电阻 | 15Ω | 上期结转 | 593 | 109.44 | 64898.72 | | | |
| 9 | 11 | 6 | 191106 | 甲材料 | 万支 | 电阻 | 15Ω | 易达公司 | 1000 | 101 | 101000 | | | |
| 11 | 11 | 7 | 191108 | 甲材料 | 万支 | 电阻 | 15Ω | 海心公司 | 5000 | 100 | 500000 | | | |
| 12 | 11 | 8 | 191110 | 甲材料 | 万支 | 电阻 | 15Ω | 车间领料 | | | | 3000 | 101 | 303000 |

图 6-48　只包含“甲材料”的进销总记录表

新建空白工作表，将其更名为“甲材料明细账”，将筛选后的只包含“甲材料”的进销总记录表复制粘贴到新工作表中，删除原“存货名称”列，新增并计算“结存数量”（N 列）和“结存金额”（O 列）。

其中，第 4 行用于结转期初数据，因此 N4 单元格输入“=H4”，O4 单元格输入“=J4”。再者，左侧数据都是按时间顺序依次发生的，因此每行结存数量（金额）=上一行结存数量（金额）+本行入库数量（金额）-本行出库数量（金额），所以 N5 单元格中输入“=N4+H5-K5”，O5 单元格输入“=O4+J5-M5”，并将公式复制到以下的单元格中，最终“甲材料明细账”如图 6-49 所示。

|  | A | B | C | D | E | F | G | H | I | J | K | L | M | N | O |
|---|---|---|---|---|---|---|---|---|---|---|---|---|---|---|---|
| 1 | 进销总记录表 | | | | | | | | | | | | | | |
| 2 | 年份： | | 2019 | | | | | | | | | | 单位： | 人民币元 | |
| 3 | 月 | 日 | 凭证号 | 单位 | 类别 | 规格型号 | 渠道 | 入库数量 | 入库单价 | 入库成本 | 出库数量 | 出库单价 | 出库成本 | 结存数量 | 结存金额 |
| 4 | 11 | 1 | 191101 | 万支 | 电阻 | 15Ω | 上期结转 | 593 | 109.44 | 64898.72 | | | | 593 | 64898.72 |
| 5 | 11 | 6 | 191106 | 万支 | 电阻 | 15Ω | 易达公司 | 1000 | 101 | 101000 | | | | 1593 | 165898.72 |
| 6 | 11 | 7 | 191108 | 万支 | 电阻 | 15Ω | 海心公司 | 5000 | 100 | 500000 | | | | 6593 | 665898.72 |
| 7 | 11 | 8 | 191110 | 万支 | 电阻 | 15Ω | 车间领料 | | | | 3000 | 101 | 303000 | 3593 | 362898.72 |

图 6-49　甲材料明细账

同理，选择其他的筛选条件可分别生成相关材料和商品的明细账，此处不再赘述。

# 实　训　六

## 一、实训目的

1. 学会使用 Excel 设计进销存管理系统。
2. 学会运用筛选及数据分析工具进行进销存管理系统数据的汇总和查询。

## 二、实训资料

RG 公司是一家服装百货代销企业，长期为 CELINE、Chloe、MiuMiu、Marni、Fendi 品牌做代理。该公司 2019 年 12 月的期初库存、采购、销售业务信息见表 6-7～表 6-9。

**表 6-7　期初库存表**

| 存货编码 | 存货名称 | 供应商 | 单位 | 期初数量 | 单价 | 期初余额 |
|---|---|---|---|---|---|---|
| S101 | 男西装 | Marni | 套 | 8 | 30500 | 244000 |
| S102 | 女西装 | Chloe | 套 | 5 | 27000 | 135000 |
| S201 | 男鞋 | Marni | 双 | 10 | 11650 | 116500 |
| S202 | 女鞋 | MiuMiu | 双 | 20 | 13250 | 265000 |
| S203 | 女鞋 | Fendi | 双 | 15 | 18450 | 276750 |
| B101 | 单肩包 | CELINE | 只 | 10 | 15150 | 151500 |
| B102 | 单肩包 | Fendi | 只 | 7 | 23850 | 166950 |
| B201 | 手拿包 | Marni | 只 | 6 | 26650 | 159900 |
| B202 | 手拿包 | Chloe | 只 | 8 | 14350 | 114800 |
| B203 | 手拿包 | MiuMiu | 只 | 12 | 11000 | 132000 |

**表 6-8　采购业务信息**

| 业务日期 | 存货编码 | 单位 | 进货数量 | 进货单价 |
|---|---|---|---|---|
| 12 月 1 日 | S102 | 套 | 4 | 12500 |
| 12 月 2 日 | S201 | 双 | 3 | 20650 |
| 12 月 3 日 | B203 | 只 | 5 | 10600 |
| 12 月 4 日 | S203 | 双 | 5 | 20500 |
| 12 月 8 日 | S202 | 双 | 6 | 8550 |
| 12 月 9 日 | B101 | 只 | 10 | 12900 |
| 12 月 10 日 | B102 | 只 | 5 | 18000 |
| 12 月 10 日 | B201 | 只 | 5 | 28800 |
| 12 月 14 日 | B102 | 只 | 4 | 19900 |
| 12 月 14 日 | S101 | 套 | 3 | 29870 |
| 12 月 18 日 | B101 | 只 | 6 | 18760 |
| 12 月 23 日 | B202 | 只 | 10 | 9680 |

**表 6-9　销售业务信息**

| 销售日期 | 客户 | 商品编码 | 销售数量 | 销售单价 |
|---|---|---|---|---|
| 12 月 2 日 | 淘宝 | S202 | 4 | 18000 |
| 12 月 6 日 | 淘宝 | B101 | 5 | 18600 |
| 12 月 10 日 | 京东 | B202 | 5 | 16000 |
| 12 月 11 日 | 淘宝 | S102 | 3 | 32100 |
| 12 月 11 日 | 淘宝 | B102 | 5 | 25600 |
| 12 月 11 日 | 淘宝 | S203 | 8 | 12300 |
| 12 月 11 日 | 京东 | B201 | 2 | 25600 |
| 12 月 11 日 | 京东 | B101 | 6 | 16500 |
| 12 月 11 日 | 京东 | B202 | 7 | 16800 |
| 12 月 16 日 | 京东 | S101 | 1 | 35100 |
| 12 月 20 日 | 淘宝 | S203 | 4 | 26000 |
| 12 月 22 日 | 京东 | B101 | 3 | 17600 |
| 12 月 23 日 | 淘宝 | B203 | 10 | 11100 |

## 三、实训要求

RG 公司的主管会计想随时了解公司库存、销售情况，以此来决定公司下一步的经营活动，请帮助完成以下操作：

（1）建立供应商名称、客户名称、商品明细的初始信息表。

（2）建立采购业务明细表，包含商品名称、供应商名称、应付金额等。

（3）建立销售业务明细表，包含商品名称、客户名称、应收总额等。

（4）建立库存管理信息表，包含期初数、本期采购数、本期销售数、期末结存数等。

（5）对库存量进行控制，对库存量小于等于 10 的商品和大于等于 20 的商品分别进行条件格式定义，起到提醒的作用。

（6）计算销售成本和毛利。

（7）用 SUMIF 函数对应收、应付金额按供货商、客户名称进行汇总。

（8）生成进销总记录表。

（9）生成商品明细账。

（10）分析相关进销存数据。

# 参 考 文 献


[1] 丁昌萍．Excel 财务应用教程[M]．北京：人民邮电出版社，2011.

[2] 何万能．Excel 在会计和财务中的应用[M]．南京：南京大学出版社，2012.

[3] 李云龙，张健，张丽，等．绝了！Excel 可以这样用[M]．北京：清华大学出版社，2015.

[4] 韩小良，任殿梅．Excel 数据分析之道——职场报表应该这么做[M]．北京：中国铁道出版社，2012.

[5] 黄新荣．Excel 在财务中的应用[M]．北京：人民邮电出版社，2011.

[6] 肖月华，肖子蕾．Excel 在会计及财务中的应用[M]．北京：电子工业出版社，2015.

[7] 罗刚君．Excel 函数、图表与数据透视表从入门到精通[M]．北京：中国铁道出版社，2014.

[8] 高志清．Excel 2010 财务管理与会计应用[M]．北京：中国铁道出版社，2012.